本书系四川省社会科学研究“十三五”规划基地重大项目结项成果

东晋南朝玄学与文艺批评研究

黎　臻◎著

中国社会科学出版社

图书在版编目(CIP)数据

东晋南朝玄学与文艺批评研究 / 黎臻著. —北京：中国社会科学出版社, 2024. 4

ISBN 978 - 7 - 5227 - 3247 - 3

Ⅰ. ①东… Ⅱ. ①黎… Ⅲ. ①玄学—研究—中国—魏晋南北朝时代②中国文学—古典文学研究—魏晋南北朝时代 Ⅳ. ①B235. 05②I206. 35

中国国家版本馆 CIP 数据核字(2024)第 051762 号

出 版 人　赵剑英
责任编辑　杨　康
责任校对　李　莉
责任印制　戴　宽

出　　版　中国社会科学出版社
社　　址　北京鼓楼西大街甲 158 号
邮　　编　100720
网　　址　http://www.csspw.cn
发 行 部　010 - 84083685
门 市 部　010 - 84029450
经　　销　新华书店及其他书店

印刷装订　三河市华骏印务包装有限公司
版　　次　2024 年 4 月第 1 版
印　　次　2024 年 4 月第 1 次印刷

开　　本　710 × 1000　1/16
印　　张　16
字　　数　211 千字
定　　价　89. 00 元

序

壬寅腊八节一过，我和老伴以“阳康”之躯沿着蓉遵高速和兰海高速一路向南。出盆地，渡赤水，奔遵义，走南宁，过海峡，经过四天三夜的舟车劳顿，终于到了三年前因武汉解封离开的海口寓所。不久，黎臻发来微信，说是她在博士后出站报告基础上修改完成的书稿《东晋南朝玄学与文艺批评研究》快出版了，让我写篇序。她在站时，我作为合作导师就这个题目与她有过一些讨论，加上我也比较喜欢魏晋玄学与美学和艺术批评这一类问题，曾经给研究生开过魏晋玄学与美学专题研究课程，于是就很痛快地答应下来。给她回信说，想返蓉再写，因人在旅途，身边没有什么参考材料，担心沧海遗珠。后来又想，万一不小心再次感染，难以按时返乡，岂不耽误她专著的出版。于是，我在海口寓所一边读着黎臻发来的书稿，一边断断续续地写下下面这些话，就当是我的读后感吧。

永嘉中，“困于逆乱”多年的并州刺史刘琨给他的好友卢志之子卢谌写了一封信，这封信写他少壮之时“远慕老庄之齐物，近嘉阮生之放旷”的人生追求和在“国破家亡，亲友凋残”面前觉悟到的“聃、周之虚诞，嗣宗之为妄作”的警醒。刘琨的这封信同他当时一起写的《答卢谌诗》被萧统选进《文选》，成为千古佳作，流传至今。信写得怅恨万端，哀恸悲绝，连为之作注的李善都被感动，说刘琨“久罹厄运，故述丧乱，多感恨之言”。

刘琨的“感恨”代表了从建安、黄初到永嘉南渡之前有志于稜威翰海、扬名天下的魏晋名士对玄学和清谈的反思。从某种意义上讲，这封信宣告了作为一种哲学思潮的玄学与政治的疏离，预示着魏晋玄学的衰颓。奇怪的是，自永嘉南渡至金陵瓦解，魏晋玄学并没有因为中朝倾覆和政治文化中心的迁移而退出历史舞台，在将近二百八十年的时间里，反而有了更广更深更为复杂的发展。在东晋南朝，那种对抽象玄理的追问和对宇宙人生的清谈，对“三玄”“四本”及其衍生的典籍的讲论疏解比起对有无本末、才性同异、自然名教的校练有过之而无不及。帝王贵胄以谈玄而自乐，缙绅宰相以清谈为庙略，士人高门则唯玄是务，空言报国。讲议《庄》《老》，清言“空”“无”已成为官宦士人的容止标配，“如客至之有设”。这一时期的玄学早已褪去正始、太康易代之际的血色外套，悄然换上佛祖的袈裟而还原出它的逻辑本色和思辨内核，对生命、对自然、对自我、对自由的本源求索已成为东晋南朝玄学的主流意识。

与此同时，东晋南朝的文学艺术呈现出既绮丽飘逸又萧瑟悲情的风貌，其玄学色彩既绚烂直陈又内敛含蓄。正始之音一变为田园逸响，再变为山水清音。陶渊明不论魏晋，却虚室生白，梦想嵇康梦想的生存境界；谢灵运寄言摄生客，于大千世界感受激光电闪般的美感和有无相生的境界。“自然”一词已从政治哲学和自然哲学的常用术语演变为艺术哲学的审美范畴，“有”“无”二语也从认识论和本体论的逻辑推演演化为诗文歌赋和六家七宗的符号语言。音乐以自然山水为清音，洗尽“哀乐”的旋律；绘画以“自然”为极品，夺胎于王弼的“无极”之辞；书法以“萧散”为神品，渊源于阮籍的放诞；诗歌以“滋味”为上品，幻化于老庄的无形希声。横绝于中国美学和艺术批评史上的高峰与东晋南朝的玄学有哪些内在的逻辑关系？二者的哲学本质和理论形态有无异同？如果都有，又怎样用科学的方法把它们发明出来？读完黎臻的书稿，我认为她在这个问题上做出了富有成效的探索，就此给出了我以为是迄今为止最好的回答。

书稿一改魏晋玄学与文艺批评的单向研究为双向考察，既溯流而观之，始终抓住魏晋玄学的初始形态和哲学本质与正始、太康时期易代之际的政治争斗来结构全书，展开论述；又旁行而察之，从政治文化中心的迁移和社会阶层结构的变革与士人人格的塑造来探究玄学与文艺批评之间的双重逻辑关系，即从玄学本体论、才性论、本末论与文艺道本、文艺风格、士人人格双向融合的发展逻辑来考察辨识，使东晋南朝玄学与文艺批评的演进规律在这种双重逻辑的基础上表现得更加突出。跨界借用列维·布留尔的话来说，书稿发明概括的这种双重逻辑关系可以称为玄学与美学和艺术批评的“互渗律”。具体如黎臻所谓：“既从玄学本体论、人格论、价值论、方法论的角度探讨文艺批评，又从审美主体、审美对象、审美活动、审美体验等角度来反观玄学，做到将玄学融于文艺批评，亦将文艺批评渗透入玄学，二者相济，可以更全面地认识东晋南朝的玄学状态与文艺批评特征。”书稿发明的这种“互渗律”恰好也是魏晋玄学本身所具有的理论范式，或者说，魏晋玄学本身就是这种“互渗律”的杰作，原本就是纯粹哲学与艺术哲学双重逻辑融冶的典范。《庄子》三言并用，汪洋恣肆；《老子》五千，实为美文；《周易》直观，辞达而已；王弼“扫象”，得意忘言，由数象而意象，陶铸出中国美学和艺术批评理论的新范式。魏晋玄学的这种双重逻辑似有如下两个特征。一个是虚构的真实，即用虚构的人和物与闳侈巨衍的语言以还原事物的本质和表现真理的魅力。二是直观的理性，即寓深刻的哲理于六合之内，妙言齐物而飘逸，非直观则存而不论，颇有现象学的趣味。辩论主张“请循其本”，无逻辑则避而不谈，又有思辨哲学的色彩。这种虚构的真实和直观的理性强调感性与直觉、名理与才性、与文艺批评的理论基因相同，由此二者结下不解之缘。

黎臻敏锐而细致地把握到这种不解之缘，通过对玄学本体论与文艺道本论、玄学人格与文艺价值、玄学思维与批评方法、玄学趣味与批评风尚的内在关系的论述，建构出东晋南朝玄学与文艺批评的双重逻辑结构，在魏晋玄学与美学和艺术批评的领域里拓开一片属于自己的领地。书稿归纳的“从辨名析理到得意忘言，玄学的思维方式成为文艺批评效仿的对象，东晋南朝士人从逻辑方法等方面讲名理、言意思维运用到自己的评价体系中。东晋时期的清谈盛极一时，清谈从剖玄析理到理辞共妙，在思理和美趣两个方面都引起了士人的审美愉悦。清谈作为玄学影响美学的津梁，在审美趣尚上为东晋南北朝文艺批评烙下了深刻的玄学印记。玄学在人格、思维与趣味上与美学相联系，并对文艺批评的转变产生了重要的影响”，找到了东晋南朝玄学具有的艺术哲学本质和文艺批评的思辨哲学本质。仅就这一点而言，书稿的学术探讨已经走在了魏晋玄学与美学和艺术批评研究的前沿。

记不清是谁说过，读书做学问的路径不外两个，一个是对新出土或新发现的材料做发现性的研究，根据新材料得出新的观点和新的思想；另一个是在常见的材料中发明新的问题，从旧材料中得出新结论，这两种路径都有利于学术的发展。从某种意义上讲，后者在解决问题和发明新的思想上要更难一些。其原因在于天下书何其浩茫，一个人终其一生也未必将某一个学术问题所涉及的材料尽收眼底，更不要说对材料的真伪讹误进行真实科学的判断了。就这一点讲，在常见的典籍中发现罕见的问题，或者在旧材料中去找到新的学术生长点就显得更为困难而更有价值。黎臻的书稿便属于第二种类型的研究。例如，对耳熟能详的王微的《论画》、宗炳的《画山水序》，书稿将其置于玄学本体论的话语体系中来讨论它们的艺术之“道”，同时把宗炳《明佛论》中所言之“道”与《画山水序》所论之“道”相融，提出宗炳是“专从山水欣赏的角度来讨论体道的途径”，“澄怀观道”的主体条件是“士人玄学人格在艺术欣赏实践中的重要影响”的观点，给宗炳《明佛论》“人是精神物”的命题作了艺术的诠释。

书稿在突出玄学思辨与审美感悟相互渗透的同时，并未疏远历史本身的发展规律，注意到多样化人格特征形成的历史根源，认为东晋南朝“政权更迭，皇位承袭多由篡逆实现”给新的士人人格的出现以决定性的影响。诚如书稿所论，东晋南朝支离破碎的社会结构和皇室父兄血腥的杀戮逼使士族文人采用多种多样的生存方式以保全性命，与世浮沉。他们或隐忍才华以求苟活，或攀龙附凤以得声名，建安文人洒笔和墨以成酣歌笑语的豪放自由已荡然无存，早已蜕化为奉和应制的无病呻吟。其实，皇室倾轧、父兄相杀以求皇权的巩固和易代，又何尝不是整个封建社会的历史发展规律呢？封建皇权建立的基石是宗法血缘关系，它只有用刀剑斩断宗法血缘关系才能得到巩固和发展。从八王之乱到齐梁萧氏莫不如此，更不要说刘宋子孙的惨烈屠戮。书稿准确地把握到中国古代社会发展的本质规律，为东晋南朝玄学与文艺批评的逻辑“互渗律”找到了历史的支点，从而将自己的求索发明和新的学术观点建立在哲学批判与历史批判相结合的基础之上，让我们看到了中国历史上哲学思想与美学和艺术批评和乐共鸣的最辉煌的一段乐章。

历史总是无情的。东晋南朝既是玄学发展的高峰，也是它们走向衰亡的深渊。当萧绎以《老》《庄》为“欢宴”，与作为“冠带”的儒家和作为“稻粱”的佛教并列之时，迎来了魏晋玄学的消亡之日。而陆德明将《老》《庄》与六艺并列，同尊为历史的经典，实际上也就宣告了魏晋玄学的终结。到了此时，魏晋玄学对人生、自我、自然、自由的求索已成为中古思想的绝唱。也正是因为成了绝唱，魏晋玄学所保存的中国哲学与美学和艺术批评思想的“原味”最为醇厚甘洌。终结了的魏晋玄学却留下了至今仍取之不竭的精神遗产。从“得意忘形”的日常口语，到“存而不论”的哲学命题；从“有情无情”的人格分析，到“神超形越”的艺术批评，以至都快要成为专门之学的“意象”“意境”之说，魏晋玄学的思想精华以精神的隔代遗传深刻地影响着我们今天的精神生活，更不用说与玄学互渗的东晋南朝的美学和艺术批评早已成为中国美学和艺术批评史的不可或缺的内容，正不断地引起中外学者，特别是像黎臻这样的青年学者的关注。

黎臻属于被称为“青椒”——我更愿意用“青骄”来称呼他们。他们在房贷车贷、入托入学、赡养父母、项目申报、成果评奖、职称评审的压力下教书育人，实属不易——的一代。她出站后就在文学院文艺理论教研室担任专任教师，勤勉教学，甘于寂寥。就像当年东晋名流一样，自己与自己“周旋”，一步一步地沿着梁启超、章太炎、王国维、刘师培、鲁迅、陈寅恪、汤用彤等前辈学者的脚印坚毅前行。这部书稿正是她多年独立思考的结果，尽管其中还有一些值得钻研的地方，比如说，东晋南北朝时期的文化交流对玄学的影响及其与文艺批评的关系，但就我读到的同类著作来看，《东晋南朝玄学与文艺批评研究》可谓上乘之作，相信书稿的出版会赢得同行的称道和应有的评价。

钟仕伦

成　都　癸卯正月初十

目　录

绪　论

魏晋玄学是魏晋南北朝时期的时代思潮，它对这一时代的各种文化形式有相当之价值，也适合于此时代向前昂进的要求。汤用彤说："观察往昔之哲学思想而归纳之称为属于某时代者，固因其有特殊之方法、态度，因而较之前代有新异之理论，故在此一文化史中占显明之分野，而此一时代之哲理家（思想家）亦罕能超出其时代之定式……此一时代各种文化活动靡不受此新方法、新理论之陶铸而各发挥此一时代之新型，而新时代之形成即在其哲学、道德、政治、文学艺术各方面均有同方向之新表现，并因此种各方面之新表现而划为另一时代。"① 魏晋南北朝时期，哲学、宗教、美学、文学、音乐、书法、绘画等各方面都出现了划时代的转折，其中，玄学作为时代主流思潮，在理论、方法和态度上与汉代哲学呈现出明显的差异，从根本意义上影响了这一时期的各个文化门类，特别对东晋南朝的文学艺术产生了深远的影响。

本书所要探索的即是魏晋玄学对东晋南朝文艺批评嬗变的影响。玄学的主要内容，是探讨本末、有无的本体之学；其所据经典，为《老子》《庄子》《周易》三玄。关于玄学的分期，学术界看法不一，一般认为存在三个重要的发展阶段：一是以何晏、王弼为代表的正始玄学，二是以阮籍、嵇康为代表

① 汤用彤：《魏晋玄学论稿》，生活·读书·新知三联书店 2009 年版，第 267 页。

的竹林玄学，三是以郭象为代表的元康玄学。许抗生等《魏晋玄学史》[①]、余敦康《魏晋玄学史》[②] 中皆以此分期进行讨论。许抗生还列有以《列子》为代表的两晋之际玄学和以张湛为代表的东晋玄学，余敦康另设东晋玄佛合流阶段。汤用彤《魏晋玄学论稿》中以王弼、阮籍和嵇康、道安和张湛为贵无之学的三个阶段，以向秀、郭象为崇有之学。冯友兰《中国哲学史新编》[③] 列刘劭《人物志》和钟会《四本论》为玄学的先河，王弼、何晏的"贵无论"为玄学建立及发展的第一阶段，嵇康、阮籍及其他竹林名士紧随其后，列裴頠的《崇有论》和欧阳建的《言尽意论》为第二阶段，郭象的《庄子》注为第三阶段，张湛《列子注》为玄学的尾声。玄学的产生与发展的分期皆以关于"有无之辨"的讨论为标准，或在此基础之上以"名教与自然之辨"为主题，划分为贵无论、崇有论或无无论。而东晋以后，玄学式微，东晋佛道思想与玄学的融合、南朝儒学与玄学的融合，都使得玄学呈现出与巅峰时期不同的状态，玄学逐渐内化而积淀成为士人的人格、心态、人生趣味和日常风范等。而东晋南朝士人艺术品格的提升和艺术活动的频繁，使得玄学更多聚积在文学艺术领域，从哲学的剖玄析理转而体现在人物艺术之美上。

文学艺术在魏晋南北朝进入繁盛时期，也是一个新的时期。东晋文艺的一百多年中，人才辈出，王羲之、王献之父子的书法，顾恺之的绘画，戴逵、戴颙父子的雕塑，郭璞的游仙诗，孙绰、许询的玄言诗、陶渊明的田园诗等，超越先贤，彪炳后世，光彩夺目。张可礼《东晋文艺综合研究》中说："东

① 许抗生等：《魏晋玄学史》，陕西师范大学出版社 1989 年版。
② 余敦康：《魏晋玄学史》，北京大学出版社 2016 年版。
③ 冯友兰：《三松堂全集》第 9 卷，河南人民出版社 2001 年版。

晋一朝，文艺占据了整个文化的中心。”① 逮至南朝，文艺批评史上便涌现出了刘勰、钟嵘的文学理论著作，宗炳、王微精妙的山水画理论，谢赫、姚最的绘画品第，庾肩吾、王僧虔的书法理论等。本书选取东晋南朝时期的文艺批评作为研究对象，是希望在东晋南朝兴盛的文艺活动基础之上探讨玄学理论式微之后在东晋南朝的存在状态。

本书所谈及的文艺批评，包括文学及其他艺术的观念、理论，具体的文艺批评、鉴赏以及其他有关文艺理论批评的思想资料。东晋南朝时期的文艺批评，在具体门类上划分，主要有文学、音乐、绘画、书法等；从构成要素上看，有文艺批评的命题及范畴、重要批评家及其著作等。而本书所言的文艺批评不只是这些具体批评的集合，而是从这些批评中提炼出的适用于其他文艺批评的命题、观点、范畴等内容。本书希望通过对玄学、文艺批评发展两方面着手，尝试剖析其内在理路与关系，思考玄学影响东晋南朝文艺批评的所然与所以然的问题，并分析玄学引起的东晋南朝文艺批评中的主体、价值、趣尚、思维等的转变，尝试确认玄学作为这种转变背后所凝聚的内在力量的存在方式。

一 相关研究综述

玄学作为魏晋时期的时代精神，影响了时代文艺。玄学的深邃隽永在哲学思辨上卓然标举于中国人文史册之中，也因士人智慧与深情的结合，将玄学思想外化为独具魅力的文学艺术，并于其中寻找人生与生命的真境界。历来的玄学研究都很重视其与美学、文学及其他艺术的联系。20 世纪 40 年代，汤用彤在西南联大的讲演和美国加州大学的授课讲义中便讨论了

---

① 张可礼：《东晋文艺综合研究》，山东大学出版社 2009 年版，第 1 页。

玄学与文学理论之关系，以“得意忘言”作为立论的基础，指出“言意”在文之性质、功用及其缘由等文学理论重大问题上的根本影响。[①] 他对于玄学与文学的关系研究给后来的玄学研究开启了更广阔的思路，吸引了学者们的眼光聚焦于玄学与美学及时代文艺领域上。

在历来的魏晋南北朝美学史和文学史的著作中，学者们往往都有专章讨论玄学对文学、美学等的影响。李泽厚、刘纲纪著《中国美学史（魏晋南北朝编）》[②] 专门有“魏晋玄学与美学”一章，以“有无”“言象意”“无情与有情”“名教与自然”几个问题作为玄学与美学的联结点，指出玄学为魏晋美学提供了新的哲学基础，使哲学更为深入地渗透到美学中，也为后来哲学向美学的进一步推进奠定了基础。此后，1989 年出版的袁济喜《六朝美学》[③] 有专章讨论“有无之辨与审美”，以玄学作为六朝美学的主要思想基础。

（一）玄学与美学

在玄学与美学关联的具体研究中，研究者首先是从士人风度、人格审美的角度着手的，如张海明《玄妙之境：魏晋玄学美学思潮》[④] 将魏晋风度与名士清谈作为主要对象来讨论；又有盛源、袁济喜所著《六朝清音》[⑤] 从玄言清谈与审美风尚、竹林七贤的人格审美等角度进行分析；钟仕伦主编的《魏晋南北朝美育思想研究》[⑥] 中亦特别注重玄学士人的言谈

① 汤用彤：《魏晋玄学论稿》，第 267—282 页。

② 李泽厚、刘纲纪：《中国美学史（魏晋南北朝编）》，安徽文艺出版社 1999 年版。

③ 袁济喜：《六朝美学》，北京大学出版社 1989 年版。

④ 张海明：《玄妙之境：魏晋玄学美学思潮》，东北师范大学出版社 1997 年版。

⑤ 盛源、袁济喜：《六朝清音》，河南人民出版社 2000 年版。

⑥ 钟仕伦主编：《魏晋南北朝美育思想研究》，中国社会科学出版社 2006 年版。

思理、玄远放达、容貌神明之美，并将人格陶冶与士人艺术人生结合起来。

其次，探讨重要玄学家如王弼、郭象的思想对魏晋美学的影响，如袁济喜《中古美学与人生讲演录》[①] 便以专章论述王弼与郭象。专篇的研究论文亦多有讨论。近年来，研究者把重点放在经典文本的阐释[②]以及对魏晋审美观影响比较大的“自然”话题。[③] 郭象玄学亦被学者们给予了更多的关注，在其本体论思想以及自然与名教主题的方面研究较多，[④] 且着重其对客观自然界的发现、士人主体的人格及人生境界的塑造。[⑤] 关于冯友兰提出的郭象“辨名析理”的玄学研究方法的讨论则主要集中在哲学层面，较少与文艺理论联系起来。

再次，从玄佛合流角度阐释玄学对魏晋南北朝审美思想，有钟仕伦、刘敏等《中古宗教与自然审美》[⑥]，其中设“空观下的玄学自然审美观”“艺术的自然觉醒”“秀骨清像的审美形态”等专门的章节进行讨论。在佛、道二教与玄学的交融问题上，王晓毅《浅论魏晋玄学对儒释道的影响》[⑦] 从语言环境、思维方法、宗教情感、经学义理等角度全面讨论了玄学对

---

① 袁济喜：《中古美学与人生讲演录》，广西师范大学出版社 2007 年版。

② 袁济喜：《王弼的阐释智慧与六朝文论》，《江海学刊》2006 年第 1 期。杨鉴生：《王弼〈易注〉的文学价值》，《晋阳学刊》2010 年第 5 期。

③ 钟仕伦：《王弼的“自然”说与魏晋自然审美观的发展》，《社会科学研究》2011 年第 5 期。

④ 刘运好：《论“迹”与“所以迹”郭象本体论诗学》，《苏州大学学报》（哲学社会科学版）2016 年第 1 期。

⑤ 李昌舒：《郭象哲学与山水自然的发现》，《复旦学报》（社会科学版）2006 年第 2 期。程丽芳：《玄学语境中的诗性人格建构——论郭象的玄学思想与东晋士人的诗性人格》，《社会科学家》2010 年第 10 期。

⑥ 钟仕伦、刘敏等：《中古宗教与自然审美》，商务印书馆 2012 年版。

⑦ 王晓毅：《浅论魏晋玄学对儒释道的影响》，《浙江社会科学》2002 年第 5 期。

儒释道的影响，给后来学者以很深的启发。在玄佛合流的发展中，晋宋之际山水意识的形成与发展成为学者关注的重点，[①]这也是玄佛交融对审美领域影响最大的一个方面。而道教与玄学的研究较少，其中有道教与审美的专门研究如刘敏《从畅玄到畅神：道教对魏晋审美精神自觉的推动作用》[②]，揭示了道教神仙信仰中从"畅玄"的宗教追求向"畅神"的审美体验转化的这一过程。

最后，以范畴为对象的研究，如李戎《始于玄冥反于大通——玄学与中国美学》[③] 中主要对无、空、玄、妙、自然、言意、形神、气韵等范畴进行分析；苏保华《魏晋玄学与中国审美范式》[④] 从中观的角度把握和分析魏晋玄学，对中国古代审美范式加以重新审视、梳理和概括，特别是对"和""中""意象""气韵""意境"等审美范式与玄学的关联做出分析。

（二）玄学与文论

在玄学与文学理论的联结上，其内容主要涵盖几个方面：首先即是玄学通过影响士人心态而影响文学批评，如孔繁《魏晋玄学与文学》[⑤] 以魏晋文学为核心，从玄学影响下的人物批评谈及文学批评。罗宗强《玄学与魏晋士人心态》[⑥] 对士人心态进行综合研究，其中亦谈及士人玄学修养与文学修养的相互作用。此外还有卢盛江《魏晋玄学与文学思想》[⑦]、皮元

---

① 陈道贵：《从佛教影响看晋宋之际山水审美意识的嬗变——以庐山慧远及其周围为中心》，《安徽大学学报》2000 年第 3 期。

② 刘敏：《从畅玄到畅神：道教对魏晋审美精神自觉的推动作用》，《四川师范大学学报》（社会科学版）2017 年第 5 期。

③ 李戎：《始于玄冥反于大通——玄学与中国美学》，花城出版社 2000 年版。

④ 苏保华：《魏晋玄学与中国审美范式》，社会科学文献出版社 2013 年版。

⑤ 孔繁：《魏晋玄学与文学》，中国社会科学出版社 1987 年版。

⑥ 罗宗强：《玄学与魏晋士人心态》，浙江人民出版社 1991 年版。

⑦ 卢盛江：《魏晋玄学与文学思想》，南开大学出版社 1994 年版。

珍《玄学与魏晋文学》[1] 等也十分重视士人心态对文学的影响。

其次是玄学在有无、言意、形神等方面对文艺批评产生影响。黄应全《魏晋玄学与六朝文论》[2] 提出玄学影响六朝文论的三种基本可能性：调和派玄学对调和派文论、竹林玄学对“吟咏情性”文论、元康玄学对“形式主义”文论的影响。袁济喜《魏晋南北朝思想对话与文艺批评》[3] 重点突出了魏晋玄学有无之辨对于思想对话与文艺批评的影响。在专篇论文的研究中，学者们也常以有无、本末、才性、言意等问题来讨论。在才性问题上，研究者注意到文学理论中对作家的主体性发见，并将之与文学分品品评、文学自觉、“才”的主体性范畴的建立等方面联系起来[4]，又将才性问题延伸至审美领域来讨论“气”“清”等审美范畴[5]。而言意问题作为一种思维方式对文论影响很大，特别是陆机《文赋》和刘勰《文心雕龙》中的言意观[6]。此外，玄学的思维方式对南朝其他文论思想也有一定的影响，钟仕伦在《〈金楼子〉研究》[7] 中便注意揭示萧绎论文形式的玄学特征。

---

① 皮元珍：《玄学与魏晋文学》，湖南人民出版社 2004 年版。

② 黄应全：《魏晋玄学与六朝文论》，首都师范大学出版社 2004 年版。

③ 袁济喜：《魏晋南北朝思想对话与文艺批评》，中国人民大学出版社 2011 年版。

④ 张恩普：《才性评析与中古文论的“文品”理论》，《东北师范大学学报》（哲学社会科学版）2007 年第 6 期。赵树功：《论“才为盟主”、“以气为主”的整合与文学自觉的标准》，《文艺理论研究》2008 年第 1 期。

⑤ 袁昌丽：《“清”：六朝人才性美、情感美完满而澄明的显现——六朝美学范畴“清”的内涵研究》，《云南民族大学学报》（哲学社会科学版）2009 年第 4 期。袁济喜：《汉末魏晋以“清”为美探源》，《中国人民大学学报》2016 年第 1 期。

⑥ 贾明：《〈文心雕龙〉中对言意关系的认识——兼论“言不尽意”》，《上海师范大学学报》（哲学社会科学版）1999 年第 3 期。蔡彦峰：《玄学“言意之辨”与陆机〈文赋〉的理论建构》，《文艺理论研究》2009 年第 2 期。

⑦ 钟仕伦：《〈金楼子〉研究》，中华书局 2004 年版。

再次，玄学对诗学的影响的专门研究。刘运好《魏晋哲学与诗学》[①] 在包含玄学、经学等在内的魏晋哲学思想背景下来论述这一时期的诗学，重点探讨《古诗十九首》、嵇阮诗风和陆机诗风。徐国荣《玄学和诗学》[②] 以专题论文的形式探讨了汉魏诗歌艺术传统、《世说新语》与玄言诗、竹林七贤、嵇康父子、玄学与艺术等重要话题。蔡彦峰《玄学与魏晋南朝诗学研究》[③] 从玄学的言意和自然两大主题着手，探讨玄学在魏晋南朝诗史发展中的一些基本课题如叙事诗学、缘情论、诗歌语言观等的内在联系，并分专题探讨正始玄学与嵇阮诗歌、玄学与诗歌艺术、东晋玄佛合流对文学艺术的影响。

（三）玄学与艺术理论的关系研究

在玄学与艺术理论的关系研究方面，早在20世纪60年代中期，徐复观便在《中国艺术精神》[④] 中专章研究“魏晋玄学与山水画的兴起”，将人物与山水、玄学与自然紧密联系起来。2015年出版的《中国艺术批评通史（魏晋南北朝卷）》[⑤] 针对音乐、绘画、书法艺术批评的讨论也涉及玄学思想的影响。

从以上研究成果来看，其在研究内容、研究方法、主要思路等方面呈现出以下几个特点。

第一，魏晋士人风度、士人心态是玄学影响美学的重要方面，且对这方面的研究是最细致深入、影响最深远的。玄学的哲学思辨，主要反映在士人的个性人格、精神境界上，加之这

---

① 刘运好：《魏晋哲学与诗学》，安徽大学出版社2003年版。
② 徐国荣：《玄学和诗学》，中国社会科学出版社2004年版。
③ 蔡彦峰：《玄学与魏晋南朝诗学研究》，人民文学出版社2013年版。
④ 徐复观：《中国艺术精神》，华东师范大学出版社2001年版。
⑤ 袁济喜、何世剑、黎臻：《中国艺术批评通史（魏晋南北朝卷）》，安徽教育出版社2015年版。

一时代的政治制度特征，士人这一主体尤为突出。

第二，经典文本与典型人物也是主要研究对象。综观玄学与美学、文学、艺术等的研究专著与论文，其选取的研究对象多是经典的文学批评文本、专论或是与玄学思想关涉的典型士人。经典文本如《世说新语》《文心雕龙》，典型士人如王弼、郭象、嵇康、陶渊明等。

第三，范畴研究是普遍方式。玄学对两晋南北朝文艺批评的影响，最直接的一个即经典范畴的产生与发展。文艺批评领域中诸多经典范畴如文气、缘情、自然、言意、形神等都与玄学有密不可分的联系，而对范畴的研究也尤为普遍而重要。

第四，研究思路上，大多以时代或玄学发展阶段为序，有的则以专题形式将文学理论、绘画艺术、书法艺术等进行分类研究。时代顺序或玄学本身发展阶段的划分能够更清晰地展现其发展脉络，而专题研究则更突出玄学范畴或命题。对于文学、绘画、书法、音乐等艺术门类的分别研究使得玄学与文艺批评的联系更加细致具体，重点突出。每种艺术形式与玄学的关系更加清晰，也更突出玄学在相应领域的意义和价值。

在本选题上可以进一步探讨的问题主要涉及以下几方面。

第一，玄学的内在发展理路决定了它影响文艺批评的方式与内容。玄学影响文艺、美学问题的思想方式往往是间接的、无形的而又不可忽视的，它为一些文艺问题的解决提供了可借鉴的思想资料，也为佛学影响文艺、美学构建了津梁。

第二，对玄学流变及其对文艺领域的影响有待更多的关注。玄学思辨发展到郭象已经完全成熟，而郭象以后玄学自身以何种路径在发展，对时代影响更多地突出在哪些领域，都是值得探究的问题。

第三，玄学的气质以其最本根的本体论为基础，在辨名析理、得意忘言的思辨特质与逻辑方法上展现出来。这些思维方式都直接影响了东晋南朝文艺批评的基本品格。

第四，对当时士人批判玄学的问题有待进一步深入探讨。玄学在西晋末年便有误国之嫌，它对政治、社会风俗、个人修养所产生的消极影响一直受到时人及后代的批判。在南朝礼学的复兴背景之下，士人重新以礼学反思玄学，以礼学审视文学批评，对这些思想的研究也可以帮助我们更全面地了解玄学，把握玄学与文艺的关联。

因此，本书拟从以下几个方面做一些研究的尝试。

第一，尝试分析玄学与文艺批评交互的内在理路。玄学是魏晋南北朝的时代思潮，它兴起于空灵的哲学思辨，影响了一个时代的政治思想、社会心态及文艺审美等。对于玄学与文艺批评的研究不可偏重某一方面，而应从双视角出发，把握玄学与文艺批评互动的动态过程，并涉及影响二者交互动态的因素如儒学、佛学、名实学等内容。在此研究基础之上，才能获得对玄学与文艺批评的完整而独特的认知。因此本书既从玄学本体论、人格论、价值论、方法论的角度探讨文艺批评，又从审美主体、审美对象、审美活动、审美体验等角度来反观玄学，做到将玄学融于文艺批评，亦将文艺批评渗透入玄学，二者相济，可以更全面地认识东晋南朝的玄学状态与文艺批评特征。

第二，玄学发展历程中的审美化趋势。玄学在发展过程中以“有无”为主题，经历了对“有无”讨论的三个阶段，不断提高其自身的思辨性，对有无、体用、言意等问题进行思考，并向直觉感悟的方向发展，二者相互融合，表现出在思辨上升过程中逐渐向审美转化的趋势。郭象之后，东晋南朝时期的玄学发展呈现出思辨与艺术相结合的新境界，对当时的音乐、文学、绘画、书法等批评产生了重要的影响。对于东晋南朝时期玄学与文艺批评关联的研究，可以探究玄学在东晋以后的发展状态，也为中古时期的文艺思想特征张本。

第三，讨论玄学人生及玄学精神与审美精神的交融，为中华传统文化中的人格精神与美育传承的研究提供参考。东晋南朝士人的玄学人生与艺术人生具有普遍性的精神价值，对玄学与艺术的探讨，是提高全民人格理想与审美境界的有效途径。本书通过对玄学与文艺的讨论，剖析士人人生理想、人生趣味与审美精神，为当下社会中的审美人生选择、人格塑造与审美教育提供理论参考。

二 本书研究的主要问题和内容

本书从玄学思辨的角度对东晋南朝文艺批评的嬗变进行考察，旨在更加深入、全面地讨论玄学在东晋南朝时期对文艺批评的影响，并描摹出东晋南朝时期玄学的形态。从玄学的角度，本书关注于玄学人格、玄学思维、玄学趣味等对文艺批评的影响；从文艺批评的角度，注重观察玄学思想背景下的审美主体、审美客体、审美活动、审美体验等，以期从双视角来观瞻此时期的玄学与文艺批评。

第一，梳理玄学发展各个阶段中与文艺批评紧密联系的主题的概况。魏晋玄学从何晏王弼发端，经历了正始玄学、竹林玄学、元康玄学的阶段，完成了玄学理论的建构，并达到玄学思辨上的高峰。而东晋玄学相较而言缺少理论建树，却选择了新的方向，一是与道教、佛学思想结合，融合了新的血液，开拓了新的哲学视野，从而在哲学思辨领域继续前行；另一个则是进行美学的转化，将玄学思辨内化，进入审美实践中，较为突出地反映在文学艺术领域。东晋士人既崇尚玄言清谈又多才多艺，在绘画、书法等艺术领域取得了非凡的成就，南朝士人兴趣从玄学转向了文学，在文学创作与文学理论方面卓越发展，达到了文学理论史上的一大高峰。玄学的突出表现形态由外向内转化，内化为士人主体精神、审美风尚与理想境界，也对文艺批评中的具体思维方式、言说方式等发生影响。玄学的本末体用之辨、名教与自然等问题将高度思辨与感性把握统一于一体，从而为玄学与文艺的联结提供了可能。

第二，玄学本体论与文艺道本论的嬗变。魏晋时期学术的整体风格相较于汉代而言更显虚胜和空灵，主要是由于其探讨的对象由外在具象及其联系转向内在本质及内外层次的总体性把握。魏晋玄学的“有无”“本末”问题，打开了研究文艺本体论的大门。士人们寻求到了一种新的方式，来重新思考文艺的本质，引起了对文艺本体论的探讨。

第三，玄学人格理想与文艺价值论的嬗变。在关于“有无”问题探讨的基础上，玄学为士人设计了理想的圣人人格，向着这个目标，士人在追寻理想境界的过程中用它来指导自己在现实中的人格实践。这不仅影响了士人日常生活中的体验，也对文艺价值的转变产生了重要作用。

第四，玄学思维与文艺批评方法的嬗变。玄学的本体论思维是玄学气质的基础，它引导人们思考世界的本质，进而讨论文艺的本质，并自觉地在文艺批评中运用本末体用的方法进行阐释。而玄学的基本方法辨名析理、得意忘言，不仅从整体境界上提升了艺术的高度，也为批评思维和批评方式提供了范式与引导。玄学对言意问题的讨论主要反映在文学领域，言意之辨不仅在文学创作上产生影响，也使得经学注疏、文学批评方法发生变化，并引起了意象批评的盛行。

第五，玄学趣味与文艺批评风尚的嬗变。玄学最重要的表现形式是清谈。受到玄学发展的影响，清谈活动在目的、语言、体验、个人风度等方面表现出不同的审美风尚。特别是清谈中对语言艺术的欣赏，也从一个方面促进了南朝时期声律的发展。而清谈中对于诗赋、音乐等其他艺术形式的品评与玄学相勾连。玄学中所表现的崇尚“自然”“清”的审美趋向也逐渐进入士人的视野，并增加了新的内涵。

第一章　魏晋玄学的发展

玄学的产生，一方面是对道家之学的复兴，另一方面又融进了时代的新内容，围绕儒道关系而展开。正始时期，何晏、王弼旨在调和儒道；竹林时期，嵇康、阮籍则侧重于儒道的对立；西晋末年的郭象，又在理论形态上较为完满地将儒道合一。

汤用彤在《魏晋玄学论稿》中论及玄学兴起时说："夫历史变迁，常具继续性。文化学术虽异代不同，然其因革推移，悉由渐进。魏晋教化，导源东汉。王弼为玄宗之始，然其立义实取汉代儒学阴阳家之精神，并杂以校练名理之学说，探求汉学蕴摄之原理，扩清其虚妄，而折衷之于老氏。于是汉代经学衰，而魏晋玄学起。"① 玄学对有无问题的探讨将学术思想从汉代质实中提出来，并以本末体用的思维方式进行分析，奠定了魏晋南北朝文化的基调。而从有无关系中引申出来的自然与名教之辨则是玄学讨论得较多的话题，也是与文艺联结最紧密的话题之一。从摒弃名教、于自然中寻求解脱之道，发展至调和名教与自然，士人始终在人格理想与精神境界上寻求自我满足。东晋南朝玄学在思理上未能继续推进，却极大地开拓了精神的境界，并以文艺作为其重要表达方式之一，玄学因此内化而凝聚于其间。

① 汤用彤：《魏晋玄学论稿》，第 25 页。

第一节　玄学初期的有无之辨及其思维方式

从汉末经学危机产生开始，士人为寻求新的思想而作出了不断的努力。名理学重新发展，人们思考君臣之名分、内容及其理想关系，从儒道合流的角度对人进行分析，一方面对理想的君主材质与大臣之材等提出要求；另一方面又直接在自我人生态度和政治态度上实践。东汉安、顺至桓、灵之际的陈藩、李膺、郭林宗、黄宪等人，已首开魏晋士风之先声，逮及魏初，这种以儒法为指导的政治态度和追求生命自由与逍遥的人生态度更加紧密地结合在一起，正始时期，以何晏、王弼、夏侯玄、钟会等人为代表的士人，以其积极进取的入世精神，结合所追求的人性自然的精神彼岸，在士人群体的思想领域中开出一条新的道路。这给这一时期的时代思潮以极为重要的影响。

融合儒道、调和名教与自然的新思潮在太和时便开始萌动，以何晏、夏侯玄为首的士人聚在一起品评人物、清谈论辩，注重探讨社会与宇宙人生哲理，并向政治哲学领域拓展。何晏在他的《景福殿赋》中讨论了圣人人格问题。他的《景福殿赋》是奉命而制，歌功颂德，但其中却暗含了他对理想圣人与现实帝王的看法。何晏将魏明帝美化为一位名教与自然合一的理想君主，并将君主无为作为圣人人格的一个重要方面。《景福殿赋》中说："钦先王之允塞，悦重华之无为。命共工使作缋，明五采之彰施。图象古昔，以当箴规。"① 可见无为是君王理想人格的重要要求。何晏还认为魏武、魏文二帝的功业是"体天作制，顺时立政"，并进一步指出其"远则袭

① （清）严可均辑：《全上古三代秦汉三国六朝文》，中华书局 2017 年版，第 1272 页。

阴阳之自然，近则本人物之至情”① 的特质。这种看法，一转汉代以元气自然论思想论证政治理想的路径，而探索本体与现象的联结。何晏指出，圣人的人格特点就是“体无”。理想的帝王“与天地合其德”（《论语·宪问》注）②，“以道为度”（《论语·子罕》注）③，唯道是从，与道合一。而道之深远几微也表现在其言行上，因此圣人之言的属性是“深远不可易知”（《论语·季氏》注）④，与天道一样，“深微，故不可得而闻也”（《论语·公冶长》注）⑤，但其表现出来的述作、礼法、威仪等“文彩形质”是“可得以耳目自修也”（《论语·公冶长》注）⑥。

何晏还讨论了名教与自然的关系，他将名教归于现象范畴，十分重视名教中的孝悌和礼，对仁义等各种规范也自觉遵循。他在注《论语·子罕》“岁寒，然后知松柏之后凋”时说：“喻凡人处治世，亦能自修整，与君子同；在浊世，然后知君子之正，不苟容也。”⑦ 他在《景福殿赋》中也对魏帝提出了自己期望：“故将立德，必先近仁。欲此礼之不愆，是以尽乎行道之先民。”“睹农人之耘耔，亮稼穑之艰难。惟飨年之丰寡，思无逸之所叹。感物众而思深，因居高而虑危。惟天德之不易，惧世俗之难知。观器械之良窳，察俗化之诚伪。瞻贵贱之所在，悟政刑之夷陂。亦所以省风助教，岂惟盘乐而崇侈靡？”⑧ 何晏将其社会政治理想与自然之道、圣人之道联结

---

① （清）严可均辑：《全上古三代秦汉三国六朝文》，第 1271 页。

② （南朝梁）皇侃撰，高尚榘校点：《论语义疏》，中华书局 2013 年版，第 379 页。

③ （南朝梁）皇侃撰，高尚榘校点：《论语义疏》，第 209 页。

④ （南朝梁）皇侃撰，高尚榘校点：《论语义疏》，第 432 页。

⑤ （南朝梁）皇侃撰，高尚榘校点：《论语义疏》，第 111 页。

⑥ （南朝梁）皇侃撰，高尚榘校点：《论语义疏》，第 110 页。

⑦ （南朝梁）皇侃撰，高尚榘校点：《论语义疏》，第 229—230 页。

⑧ （清）严可均辑：《全上古三代秦汉三国六朝文》，第 1272—1273 页。

起来，开始以本体论思维去思考名教问题，并向往着合乎自然的理想社会。

以政治哲学为目的来思考“有无”问题的何晏，开始思考“无”的本体地位，何晏《道论》说：“有之为有，恃无以生，事而为事，由无以成。”① 何晏认为“有”是自然界之各种物象，而“无”则是支配这些存在的实有。“无”是从道中抽象出来的。他的《无名论》也摒弃了汉代儒道元气说和道气说，以“无名”来称呼这一超言绝象的本体。《晋书》也有记载：

> 魏正始中，何晏、王弼等祖述《老》《庄》，立论以为：“天地万物皆以无为本。无也者，开物成务，无往不存者也。阴阳恃以化生，万物恃以成形，贤者恃以成德，不肖恃以免身。故无之为用，无爵而贵矣。”②

何晏确立“无”的本体地位，并开始注重探索“无”与“有”之间的相互联结，特别落脚到政治伦理方面。何晏的一个重要方法，是“思其反”。他在注《论语·子罕》“未之思也，夫何远之有”时阐释道：“夫思者当思其反。反是不思，所以为远也。能思其反，何远之有？言权可知，唯不知思耳。思之有次序，斯可知之耳。”③ 何晏认为道与权两者的联结，一方面由用求体，从纷纭万变的现象上升到总的原则；另一方面由体及用，从总原则返回到具体，以掌握权变能力。

王弼在承认“无”的本体化生万物之外，讨论重心在有

① 杨伯峻：《列子集释》，中华书局 1985 年版，第 10 页。
② （唐）房玄龄等：《晋书》，中华书局 1974 年点校本，第 1236 页。
③ （南朝梁）皇侃撰，高尚榘校点：《论语义疏》，第 233 页。

形事物与无形本体之间的关系。在本体论思维方式下，王弼围绕着“本末体用之辨”的中心，运用“形名之辨”的逻辑方式和“得意忘言”的阐释方式，建立了自己的哲学体系。这些方法对魏晋南北朝文艺思想的影响甚大。

本末方法，是将事物归结为“本”“末”两个层次，这两个层次是既对立又统一的，可以说是事物的现象与本质的关系。王弼分析《老子》《庄子》《论语》都是首先使用本末方法来进行阐释的。他指出，本体始终存在，古今不变。“五物之母，不炎不寒，不柔不刚；五教之母，不皦不昧，不恩不伤。虽古今不同，时移俗易，此不变也，所谓‘自古及今，其名不去’者也。”① 有生于无，如母生子：“凡有皆始于无，故未形无名之时，则为万物之始。及其有形有名之时，则长之、育之、亭之、毒之，为其母也。”② 同时母子即有无，也具有本末关系：“母，本也。子，末也。”③ 还具有体用关系：“夫大之极也，其唯道乎！自此已往，岂足尊哉！故虽〔德〕盛业大，富（而）有万物，犹各得其德，〔而未能自周也。故天不能为载，地不能为覆，人不能为赡。万物〕虽贵，以无为用，不能舍无以为体也……以无为用，〔则〕（德）〔得〕其母，故能己不劳焉而物无不理。下此已往，则失用之母。”④ 把握了本体，可以驾驭支配现存的一切事物，“故古今通，终始同；执古可以御今，证今可以知古始；此所谓‘常’者也”⑤。进一步地，王弼又谈到了“一”与“多”的理论。他在《周易略例》中说：“夫众不能治众，治众者，至寡者也。

① （三国魏）王弼著，楼宇烈校释：《王弼集校释》，中华书局 1980 年版，第 195 页。

② （三国魏）王弼著，楼宇烈校释：《王弼集校释》，第 1 页。

③ （三国魏）王弼著，楼宇烈校释：《王弼集校释》，第 139 页。

④ （三国魏）王弼著，楼宇烈校释：《王弼集校释》，第 94 页。

⑤ （三国魏）王弼著，楼宇烈校释：《王弼集校释》，第 195 页。

夫动不能制动，制天下之动者，贞夫一者也。故众之所以得咸存者，主必致一也；动之所以得咸运者，原必无二也。”① 寡能治众，一能统多，静能制动。在寻找本末之间的关系时，王弼更明确地提出了“崇本息末”的观点，认为本体比现象更重要，要发挥本体对现象的统率作用。

此外，王弼还使用了校实定名、辨名析理的方法，一方面解决事物的概念和本质之间的关系问题，另一方面则在此基础之上进一步探求事物的规律及其与其他事物之间的关系。这种方法使王弼考察了“有”“无”“圣”“智”等诸多概念，通过比较概念的异同来研究概念之间的关系，分析概念的内涵。王弼还采用“得意忘言”的方式对儒家经典进行阐释。他探讨了言意之间的关系问题，对儒家经典中的语句进行重新解释，使之以适合玄学的新思想，为现实服务。

王弼在他的玄学体系构建中所涉及的命题、使用到的方法，都对魏晋南北朝文艺思想产生了重要的影响。他所确立的以无为本的宇宙观、对于万物本体的追寻与探讨，极大地促进了文艺领域中士人对于文艺本体的讨论；他的形名学和名理学的思维方式，为文艺批评领域中的概念辨析与发展轮廓钩稽提供了思路；而他关于言意的讨论，开掘了这一哲学命题的美学深度，在这一时期文艺领域中有关审美境界的获得、对艺术形式美的关注等方面，给了很大的启示。此外，王弼关于“自然”“情性”等的讨论，也是魏晋玄学中相关问题探究的肇始，在后人不断的关注与阐释中，这些问题也不断地给予文艺思想领域以养分与活力。可以说，以何晏、王弼为代表的正始玄学不仅是魏晋玄学的开始，也是魏晋南北朝文艺批评达到高峰的奠基石。

---

① （三国魏）王弼著，楼宇烈校释：《王弼集校释》，第591页。

第二节 于自我与自然中寻求解脱之道

魏晋玄学在阮籍、嵇康处被赋予了更多的人生意义。由于个性气质的不同，阮籍、嵇康的政治态度不一，且与何晏、王弼有明显的差异。阮籍在青少年时期崇尚儒家思想，对社会和政治抱着积极参与的态度，但在魏晋之交政治动乱之中理想逐渐破灭，对现实失望，产生退隐的思想。四十岁以后，阮籍被迫出仕，与司马氏保持着一段较长时间的僚属关系，在这种进退维谷的境地中，阮籍怀抱“遗落世事”的态度，采取一种游戏、几乎敷衍的方式对待司马氏政权。他的思想也经历了由儒入老再入庄、由儒道结合到儒道对立的复杂过程。且阮籍的个性相对软弱，他在面对现实和政治环境的压迫时，内心的压抑更为深重，表现出较为浓厚的封建专制重压下的士人阶层的悲剧性。

阮籍的思想对东晋南朝文艺批评的影响，主要集中在个体精神世界方面。早期的阮籍力图论证儒家自然与名教的合理性，其理论形态未达到王弼的高度，而后期以庄学的自然贬斥名教，将理论转入人自身的心灵世界与自我意识。这也进一步提高了后来艺术活动中的主体的审美品格。

（一）对名教与自然矛盾的揭露与批判

汉代名教趋于虚伪而不近人情，遭到了士人的轻视甚至反对，但他们又并未从根本上否定名教，而是希望建立起与新的历史时代相适应的伦理道德关系。他们从道家思想中寻找道与自然，以期将名教之道德伦理与制度廓清与净化。一般认为玄学中关于名教与自然的讨论大致经历了三个阶段，王弼的名教出于自然论，阮籍、嵇康的越名教而任自然论，郭象的名教即自然论。在玄学思想中，原本作为道体属性的自然常常被理解为道体本身。如夏侯玄说："天地以自然运，圣人以自然用。自然者，道也。道本无名，故老氏曰强为之名。"（《列子·仲尼》张湛注引）[①] 王弼《老子注》中也有类似的说法，如他注"道法自然"说："道不违自然，乃得其性。"指自然是道的本性。"法自然者，在方而法方，在圆而法圆，于自然无违也"，事物按照各自的法则而存在，即是合乎自然。"自然者，无称之言，穷极之辞也。"[②] 即将自然与本体之道等同起来。王弼说"自然，其端兆不可得而见，其意趣不可得而睹也"，[③] 便是此义。

名教，最早见于《管子·山至数》篇："名教通于天下。"[④] 袁宏《后汉纪》卷二十六《孝献皇帝纪》中解释："夫君臣父子，名教之本也。然则名教之作，何为者也？盖准天地之性，求之自然之理，拟议以制其名，因循以弘其教，辩物成器，以通天下之务者也。"[⑤] 名教以君臣父子为根本，以天地之性、自然之理为标准而制定等级名分，以此发扬道德教化。南朝宋人郑鲜之在《滕羡仕宦议》中总结："名教大极，忠孝而已。"[⑥] 他认为名教规定的重要内容是为臣要尽忠，为子要尽孝。人们应自觉遵守名分所规定的等级制度。王弼认为，只有"崇本息末"，才能从根本上消除东汉名教的虚伪。"故见素朴以绝圣智，寡私欲以弃巧利，皆崇本以息末之谓也。"[⑦] 他以崇本举末的思想为基础证明了名教的基础是"自然"："母，本也。子，末也。得本以知末，不舍本以逐末

① 杨伯峻：《列子集释》，第 121 页。

② （三国魏）王弼著，楼宇烈校释：《王弼集校释》，第 65 页。

③ （三国魏）王弼著，楼宇烈校释：《王弼集校释》，第 41 页。

④ 黎翔凤撰，梁运华整理：《管子校注》，中华书局 2004 年版，第 1326 页。

⑤ （东汉）荀悦、（东晋）袁宏撰，张烈点校：《两汉纪》下，中华书局 2017 年版，第 509 页。

⑥ （清）严可均辑：《全上古三代秦汉三国六朝文》，第 2570 页。

⑦ （三国魏）王弼著，楼宇烈校释：《王弼集校释》，第 198 页。

也。”（《老子》第五十二章注）[①] “仁义，母之所生，非可以为母。形器，匠之所成，非可以为匠也。舍其母而用其子，弃其本而适其末，名则有所分，形则有所止。虽极其大，必有不周；虽盛其美，必有患忧。功在为之，岂足处也。”（《老子》第三十八章注）[②] 母，本也，指道，而道即自然，因此以自然为本。子，末也，指各种各样的事物亦包括以仁义为主要内容的名教。王弼说“仁义，母之所生”，守住本以保存子，即守住自然以保存名教，崇自然可以使名教可以很好地发挥其作用，如果丢掉本，破坏了道之自然，则会产生纷争混乱。如果能把握住本，那么便会合理呈现。由此，名教是出于自然的，并可以表现自然。综合王弼的论述，我们可以认为王弼的“崇本息末”之“末”为东汉虚伪的名教，而“崇本举末”之“末”，则是他希望建立起来的符合自然之道的名教。

而阮籍、嵇康以为“自然”是宇宙本来的样子，由浑然一体之元气构成，是混沌、有秩序、和谐的整体。阮籍《达庄论》：“天地生于自然，万物生于天地。”[③]《通老论》：“道者，法自然而为化。”[④] 嵇康《太师箴》：“浩浩太素，阳曜阴凝。二仪陶化，人伦肇兴。”[⑤]《明胆论》：“夫元气陶铄，众生禀焉。”[⑥] 人类社会应当遵循自然的此种和谐秩序，但后来政治的产生破坏了应有的秩序，扰乱了和谐，使得名教与自然产生对立。阮籍、嵇康抨击了儒家的名教，揭露名教与自然之间的深刻矛盾。嵇康《太师箴》说：

---

① （三国魏）王弼著，楼宇烈校释：《王弼集校释》，第139页。

② （三国魏）王弼著，楼宇烈校释：《王弼集校释》，第95页。

③ 陈伯君校注：《阮籍集校注》，中华书局1987年版，第138页。

④ 陈伯君校注：《阮籍集校注》，第159页。

⑤ （三国魏）嵇康著，戴明扬校注：《嵇康集校注》，中华书局2014年版，第533页。

⑥ （三国魏）嵇康著，戴明扬校注：《嵇康集校注》，第428页。

> 季世陵迟，继体承资。凭尊恃势，不友不师。宰割天下，以奉其私。故君位益侈，臣路生心。竭智谋国，不吝灰沉。赏罚虽存，莫劝莫禁。若乃骄盈肆志，阻兵擅权，矜威纵虐，祸（蒙）〔崇〕丘山。刑本惩暴，今以胁贤。昔为天下，今为一身。下疾其上，君猜其臣。丧乱弘多，国乃陨颠。①

君臣上下不尊礼法，私欲横行，以刑胁贤，可以说到了灭亡的末世。阮籍《大人先生传》中同样深刻批判了现实社会政治：

> 今汝造音以乱声，作色以诡形；外易其貌，内隐其情，怀欲以求多，诈伪以要名；君立而虐兴，臣设而贼生，坐制礼法，束缚下民，欺愚诳拙，藏智自神，强者睽眂而凌暴，弱者憔悴而事人，假廉以成贪，内险而外仁，罪至不悔过，幸遇则自矜，驰此以奏除，故循滞而不振。②

这些“造音以乱声，作色以诡形”的欲望导致了“诈伪”的名教，能剥夺人的天性。在社会中不受礼法束缚，不受世间人事的限制，才能够达到超越的境界。在嵇阮来看，这种名教是有违“天地之本”“万物之性”的，会伤害人的本性，破坏和谐的人际关系。那么，既然无法在自然与名教的和谐中处身，又如何寻求自我解脱之道呢？阮籍与嵇康侧重以两种不同的方式来解答。

（二）解脱之道

阮籍在《大人先生传》中描述了“飘飘于天地之外，与

① （三国魏）嵇康著，戴明扬校注：《嵇康集校注》，第534页。
② 陈伯君校注：《阮籍集校注》，第170页。

造化为友”[①] 的自由，这种自由，远非隐士等有好恶之情、有彼我之别而不能浑忘一切、玄同彼我者可比，而是真正超越一切贫贱祸福、富贵生死而遨游于无限的精神自由。最重要的是，阮籍能够高扬自我，不顺世应俗而将超越的我异举于天地之间。他的“我”是“超世而绝群，遗俗而独往，登乎太始之前，览乎沕漠之初，虑周流于无外，志浩荡而自舒”[②] 的“我”。他在《达庄论》中说：“庄周之书何足道哉！犹未闻夫太始之论，玄古之微言乎！直能不害于物而形以生，物无所毁而神以清，形神在我而道德成，忠信不离而上下平。”[③] 形神在我而道成，是阮籍崇尚自然不拘世俗而高扬自我的生命精神的表达。

相较于阮籍，嵇康提出了“君子”人格，他在《释私论》中说：“夫称君子者，心无措乎是非，而行不违乎道者也。何以言之？夫气静神虚者，心不存于矜尚；体亮心达者，情不系于所欲。矜尚不存乎心，故能越名教而任自然；情不系于所欲，故能审贵贱而通物情。物情顺通，故大道无违；越名任心，故是非无措也。是故言君子，则以无措为主，以通物为美。”[④] 嵇康认为君子要做到“越名教而任自然”和“审贵贱而通物情”两个方面。一个人应顺应他的自然本性而生活，在人与物的关系中，能够“情不系于所欲”，使物情顺通，便是与大道无违。李泽厚《中国美学史》中说：“嵇康这种思想的深刻之处在于它认为真正的无私是超越了对是非利害的考虑的。不论人们以之为是为非、为利为害，君子都照样实行而无所顾虑。”[⑤]

此外，阮籍在《达庄论》中确定了“万物一体”的主题。

---

① 陈伯君校注：《阮籍集校注》，第 170 页。

② 陈伯君校注：《阮籍集校注》，第 185 页。

③ 陈伯君校注：《阮籍集校注》，第 156 页。

④（三国魏）嵇康著，戴明扬校注：《嵇康集校注》，第 402 页。

⑤ 李泽厚、刘纲纪：《中国美学史（魏晋南北朝编）》，第 142 页。

《达庄论》："天地生于自然，万物生于天地。自然者无外，故天地名焉；天地者有内，故万物生焉。当其无外，谁谓异乎？当其有内，谁谓殊乎？"[①] 阮籍从宇宙生成论的角度出发，认为一切事物都包含在天地之内，万物为一体。而"人生天地之中，体自然之形。身者，阴阳之积气也。性者，五行之正性也；情者，游魂之变欲也；神者，天地之所以驭者也"[②]。人与天地万物同为一体，是自然的体现者。从这一角度出发，他们将精神寄托于自然之中。在《大人先生传》中，阮籍所确定的圣人形象也是以自然为体的："夫大人者，乃与造物同体，天地并生，逍遥浮世，与道俱成，变化散聚，不常其形。"[③] "养性延寿，与自然齐光，其视尧舜之所事若手中耳。以万里为一步，以千岁为一朝，行不赴而居不处，求乎大道而无所寓。先生以应变顺和，天地为家，运去势颓，魁然独存，自以为能足与造化推移，故默探道德，不与世同。"[④] 阮籍所描述的大人先生是他所寻求的一个与自然本体合一的精神境界，也是自我意识的寄托。嵇康在他的《答难养生论》中也描述了他所倾慕的精神境界："顺天和以自然，以道德为师友，玩阴阳之变化，得长生之永久，任自然以托身，并天地而不朽者，孰享之哉？"[⑤] 在政治斗争的凶险生活中，嵇康坚持洁身自好、坚守人格；阮籍则高举自我，倡导人生的逍遥解脱、不理世事。他们都在寻求心理困境的解脱之道，追求自我的精神境界。

阮籍、嵇康从外在政治治乱和伦理秩序转向对内在生命与精神的关注，也在个体生命意义的角度与东晋南朝文艺批评联系起来，在深度和广度上大大丰富了这一时期的文艺思想。

---

① 陈伯君校注：《阮籍集校注》，第 138 页。

② 陈伯君校注：《阮籍集校注》，第 140 页。

③ 陈伯君校注：《阮籍集校注》，第 165 页。

④ 陈伯君校注：《阮籍集校注》，第 161—162 页。

⑤ （三国魏）嵇康著，戴明扬校注：《嵇康集校注》，第 304 页。

第三节 名教与自然的调和

玄学发展到阮籍、嵇康时期，已经出现了与统治者相悖离的“越名教而任自然”的思想，对政权产生了一定的威胁，此时统治阶层亟待维护儒学的正统地位、解决儒学所面临的危机。晋武帝以儒学为本、以百家为末，希望能够做到长治久安。但当时儒学流于虚伪，无法对君主的权力进行限制。儒学和玄学的统一在何晏、王弼时期便已开始，而贵无的思想在残酷的政治事实面前推演出了“越名教而任自然”的观点，引导了虚无放诞、不尊礼法的士风，为了维护统治、纠正玄学自身的偏差，当时的士人重新思考了名教与自然的关系，因此产生了裴𬱟的《崇有论》。裴𬱟站在维护名教的角度进行讨论，提出了节制欲望的重要性：“众理并而无害，故贵贱形焉。失得由乎所接，故吉凶兆焉。”① “人之既生，以保生为全，全之所阶，以顺感为务。若味近以亏业，则沈溺之衅兴；怀末以忘本，则天理之真灭。故动之所交，存亡之会也。”② 因此裴𬱟进而提出节制欲望应该使用礼制，并站在礼制的角度对当时士族放荡虚浮的行为进行了批判。他说：“是以立言藉于虚无，谓之玄妙；处官不亲所司，谓之雅远；奉身散其廉操，谓之旷达。故砥砺之风，弥以凌迟。放者因斯，或悖吉凶之礼，而忽容止之表，渎弃长幼之序，混漫贵贱之级。其甚者至于裸裎，言笑忘宜，以不惜为弘，士行又亏矣。”③ 裴𬱟指出，所谓玄妙、雅远、旷达者，于政事礼教无益。士人任心而行，弃名教礼法于不顾，这种行为是需要纠正的。

---

① （唐）房玄龄等：《晋书》，第1044页。
② （唐）房玄龄等：《晋书》，第1045—1046页。
③ （唐）房玄龄等：《晋书》，第1045页。

逮及西晋末年，郭象《庄子注》继续讨论名教与自然的问题，将它们重新统一于一体。郭象以独化论代替了王弼的“以无为本”，在此基石之上建立了自己的理论体系。

郭象接过了王充与裴頠“自生”的观念，提出了“独化”论。王充在《论衡·自然》中说：“天动不欲以生物，而物自生，此则自然也。施气不欲为物，而物自为，此则无为也。”①裴頠《崇有论》说：“夫至无者无以能生，故始生者自生也。”② 万物都是自生的，而不是由无生出来。因此郭象说：“无既无矣，则不能生有；有之未生，又不能为生。然则生生者谁哉？块然而自生耳。”（《庄子·齐物论》注）③ 郭象在独化论中还提出了几个概念。一是自尔。“夫物事之近，或知其故，然寻其原以至乎极，则无故而自尔也。自尔则无所稍问其故也，但当顺之。”（《庄子·天运》注）④ 万物“无故而自尔”，“自己而然，则谓之天然。天然耳，非为也，故以天言之。〔以天言之〕所以明其自然也”（《庄子·齐物论》注）。⑤因此自生、自尔，即自然。在万物之外并没有一个先物而存在的天：“故天者，万物之总名也，莫适为天，谁主役物乎？故物各自生而无所出焉，此天道也。”（《庄子·齐物论》注）⑥并没有特殊物在一切物之上，也没有可以役使万物的主宰。因此，贵无论中的“无”，因为“有生于无”带有宇宙生成论的含义而被郭象否定了。二是相因。“天下莫不相与为彼我，而彼我皆欲自为，斯东西之相反也。然彼我相与为唇齿，唇齿者

① 黄晖：《论衡校释》，中华书局1990年版，第776页。

② （唐）房玄龄等：《晋书》，第1046页。

③ （清）郭庆藩撰，王孝鱼点校：《庄子集释》，中华书局1961年版，第50页。

④ （清）郭庆藩撰，王孝鱼点校：《庄子集释》，第496页。

⑤ （清）郭庆藩撰，王孝鱼点校：《庄子集释》，第50页。

⑥ （清）郭庆藩撰，王孝鱼点校：《庄子集释》，第50页。

未尝相为，而唇亡则齿寒。故彼之自为，济我之功弘矣，斯相反而不可以相无者也。”（《庄子·秋水》注）[①] 任何事物都是因自己而存在，各自有自己的规定性，而事物之间的互相作用也被规定在一个原始的和谐之中。三是内外。郭象区分了内外与人我，他认为万物的发展都是“宗于体中而不待乎外”[②]的，并将这一观点延伸至人生实践中。他认为，内是本，外是末；己是本，人是末；由己是宗内，从人是循外。在本末内外中要做到“自尔”，“任而不助”，即任自然。因此这些本末内外都是通过自然统一起来，进而达到“畅然俱得，泯然无迹”（《庄子·齐物论》注）[③] 的境界。郭象也以内外来反对传统名教的教条，他说：“夫知礼意者，必游外以经内，守母以存子，称情而直往也。若乃矜乎名声，牵乎形制，则孝不任诚，慈不任实，父子兄弟，怀情相欺，岂礼之大意哉！”（《庄子·大宗师》注）[④] 外者，礼教的形式；内者，人的本性。本性是母，形式是子，须得守母以存子。因此他反对虚伪的形式，维护顺自然本性而生的名教。

郭象对名教与自然的调和是玄学本身发展的结果，玄学从产生之初即对名教自然进行讨论，直至郭象取得了受到士人认可的理论，这种思想不仅支撑了东晋南朝士人的政治选择与人生选择，也对东晋南朝士人的主体精神和审美理想都产生了重要的影响。

第四节　精神境界的开拓

东晋及以后，玄学在思理上未进入更高阶段，却获得了精

① （清）郭庆藩撰，王孝鱼点校：《庄子集释》，第 579 页。
② （清）郭庆藩撰，王孝鱼点校：《庄子集释》，第 112 页。
③ （清）郭庆藩撰，王孝鱼点校：《庄子集释》，第 112 页。
④ （清）郭庆藩撰，王孝鱼点校：《庄子集释》，第 267 页。

神境界上的极大开拓。东晋时期，玄学与人物品藻、山水审美联系得越来越紧密，玄言清谈也成为主要的表达方式。玄学思辨上，以张湛《列子注》为主要代表，对人之生死问题进行了深入思考。玄学的有无问题在当时盛行的佛学中也有相应的讨论，也使得佛玄融合的趋势愈来愈明显，佛学在诸多义理上参与了玄学讨论，并表现出玄学化的气质。

一 对生死问题的思考

东晋玄学在理论上需要解决的首要问题是生死解脱。因此形神关系问题、人和宇宙的关系问题成为重点。张湛《列子注》将王弼的“贵无”思想与郭象的“自生”思想结合起来，又将玄学本体论与汉代元气论融为一体，以此为理论基础来解决生死解脱的问题。

张湛提出“群有以至虚为宗”，又指出“万物自生”，“有”不是由“无”生成的，而是根据“无”而生生化化的。张湛说：“谓之生者，则不无；无者，则不生。故有无之不相生，理既然矣，则有何由而生？忽尔而自生。忽尔而自生，而不知所以生；不知所以生，生则本同于无。”（《列子·天瑞》注）[①] 张湛又说：“夫尽于一形者，皆随代谢而迁革矣；故生者必终，而生生物者无变化也。”（《列子·天瑞》注）[②] 任何事物从现象上来看是有生有灭的，就其本体上来看，则是无生灭变化的。只有无生灭变化的本体才能成就各种现象：“生生物者不生，形形物者无形，故能生形万物，于我体无变。”（《列子·天瑞》注）[③] 因此，“群有”都是根据至虚而生生化化的，如果人们能反本而体认“至虚”，就不会执着于

① 杨伯峻：《列子集释》，第5—6页。
② 杨伯峻：《列子集释》，第10页。
③ 杨伯峻：《列子集释》，第19页。

现象，从而能超越生死而得解脱。张湛认为物之生为气之聚，物之灭为气之散，散则复归于“太虚”，由气聚之个体虽有生灭，但宇宙全体却无生灭。人为万物之一，气聚为生，气散而死，气散亦即复归于“太虚”之中。如果人能够认识到自己是来源于“太虚”，又归于“太虚”，与“太虚”成为一体，那么人就能够领悟到“超生死，得解脱”的道理，这样个体也就无生无灭了。从个体而言，张湛还以假寐来阐释生死问题，以求泯灭生死界限。他在《列子·周穆王》注中这样说道：“所谓神者，不疾而速，不行而至。以近事喻之，假寐一昔，所梦或百年之事，所见或绝域之物。其在觉也，俛仰之须臾，再抚六合之外。邪想淫念，犹得如此，况神心独运，不假形器，圆通玄照，寂然凝虚者乎?”[①] 这种“神”，能够见于须臾之间游行于六合之外，能见死亡，适绝域。就如慧远所说：“神也者，圆应无生，妙尽无名，感物而动，假数而行。感物而非物，故物化而不灭。假数而非数，故数尽而不穷。”[②] 慧远认为“神”是不灭而无穷的，因此也应合了因果报应、六道轮回等佛教教义。张湛在这里以“神”来解析梦境，以为人在做梦的时候，对梦境是有亲身感受的，就如同自己在清醒时的生活一样。这种感受虽一样，但所感知的内容却是不一样，在梦境里可以超越古今山河的时空阻隔，变幻莫测。郭象也曾在《庄子·齐物论》注中说：“世有假寐而梦经百年。”[③] 在梦境中的感知就如同在清醒生活中的感知一般，而死亡也就像一个梦境。人们有着不灭不穷的灵魂，在生时感知死亡，在死后过生时的生活。张湛还以佛学“万物唯

---

① 杨伯峻：《列子集释》，第94页。

② （晋）慧远著，张景岗点校：《庐山慧远大师文集》，九州出版社2014年版，第9页。

③ （清）郭庆藩撰，王孝鱼点校：《庄子集释》，第113页。

识”的思想诠释外界事物的变化都是源于人为的执着意念。“意所偏惑，则随志念而转易。及其甚者，则白黑等色，方圆共形，岂外物之变？故语有之曰，万事纷错，皆从意生。”[①] 世间万物随“意”转移，“意”决定了“白黑”颜色，决定了“方圆”形状。“意”决定了对生死的感受，知死如梦、生来如觉。

张湛援引佛教的“神”论，是玄学发展的必然趋向。佛教般若学与玄学有诸多相近之处，当时的僧人多用玄学解释佛教教义。佛教认为死是生的必然，乃“自然之常势，必至之定期”，而人生“所遇虽殊，终归枯朽”，应该“推而安之”（郗超《奉法要》）[②]，平静地对待死亡。而在超越生死的问题上，佛教以神不灭论和生死轮回说来解释。东晋名僧慧远撰写了《沙门不敬王者论》等文章，扩大了神不灭论的影响。他认为神是异于物质的精神性的幽微，“精极而为灵者也”，[③] 对物起着决定性的作用，它感应万物而不是物，万物化灭而它不会化灭，凭借于名数而本身不是名数，名数终结而它并不会穷尽。神可以离开形体而独立存在，随着万物的变化流转而在冥冥之中不断延续。佛学义理的加入，是东晋时期玄学讨论的新趋势，它使得东晋玄学的精神境界更加开阔、内容更加丰富，佛学给予了玄学士人新的天地，也在一定程度上促进了玄学从思辨向审美的进程。玄学士人从中获取了新鲜的思想，余敦康说：“他们发现佛教的般若思想不仅能提供一种与玄学相类似的精神境界，而且在义理的讨论方面也相当投机，甚至能提出超过玄学的新解。”[④]

---

① 杨伯峻：《列子集释》，第272页。

② （南朝梁）释僧祐撰，李小荣校笺：《弘明集校笺》，上海古籍出版社2013年版，第724页。

③ （南朝梁）释僧祐撰，李小荣校笺：《弘明集校笺》，第267页。

④ 余敦康：《魏晋玄学史》，第449页。

二 逍遥义的新阐释

在精神境界方面，即色宗的代表人物支遁对当时的士人产生了重要的影响。支遁的思想首先建立在他对般若的理解之上。《出三藏记集》卷八载支遁《大小品对比要钞序》：

> 夫《般若波罗蜜》者，众妙之渊府，群智之玄宗，神王之所由，如来之照功。其为经也，至无空豁，廓然无物者也。无物于物，故能齐于物；无智于智，故能运于智。是故夷三脱于重玄，齐万物于空同，明诸佛之始有，尽群灵之本无，登十住之妙阶，趣无生之径路。何者？赖其至无，故能为用。①

支遁以“以无为本”的观点来理解般若，认为般若所阐述的原理即“至无”“空同”，只有体认了至无的本体，才能达到无为而无不为的境地。支遁随后指出体认“至无”本体的方法：

> 若存无以求寂，希智以忘心，智不足以尽无，寂不足以冥神。何则？故有存于所存，有无于所无。存乎存者，非其存也；希乎无者，非其无也。何则？徒知无之为无，莫知所以无；知存之为存，莫知所以存。希无以忘无，故非无之所无，寄存以忘存，故非存之所存。莫若无其所以无，忘其所以存。忘其所以存，则无存于所存；遗其所以无，则忘无于所无。忘无故妙存，妙存故尽无，尽无则忘玄，忘玄故无心。然后二迹无寄，无有冥尽。是以诸佛因

① （南朝梁）释僧祐撰，苏晋仁、萧炼子点校：《出三藏记集》，中华书局1995年版，第298页。

般若之无始，明万物之自然。[①]

支遁谈到"所存"与"所以存"、"所无"与"所以无"，一是现象，一是本体，二者不可割裂。只有通过现象去认识本体，又反过来通过本体认识现象，反复往还，才能"二迹无寄，无有冥尽"，才能"明万物之自然"。支遁运用玄学中的本体论整体思维的方法，建立了他的理论基础，提出了"即色游玄论"。色是现象，玄是本体，就现象而去认识本体。支遁的即色论指出："夫色之性也，不自有色。色不自有，虽色而空。故曰色即为空，色复异空。"（《世说新语·文学》刘孝标注引《支道林集·妙观章》）[②] 支遁提出了"色即为空"的命题，论证了色不自有、因缘而成，否定了客观世界的真实性，从而保存了一种假有。他的观点很好地迎合了玄学思潮，满足了东晋门阀士族的精神需要。而在名教与自然的关系上，支遁对郭象的名教即自然的观点是赞同的，他在给晋哀帝的上书中说：

常无为而万物归宗，执大象而天下自往，国典刑杀，则有司存焉。若生而非惠，则赏者自得；戮而非怒，则罚者自刑。弘公器以厌神意，提铨衡以极冥量。所谓天何言哉，四时行焉。[③]

支遁指出圣人把握了"无"这一本体，即可以使万物归宗、天下自往。名教中的礼制都是顺自然而为的。这与郭象玄

---

① （南朝梁）释僧祐撰，苏晋仁、萧炼子点校：《出三藏记集》，第 299 页。

② （南朝宋）刘义庆著，（南朝梁）刘孝标注，余嘉锡笺疏，周祖谟、余淑宜、周士琦整理：《世说新语笺疏》，中华书局 2007 年版，第 263 页。

③ （南朝梁）释慧皎撰，汤用彤校注，汤一玄整理：《高僧传》，中华书局 1992 年版，第 162 页。

学中的圣人之理想人格及名教与自然的调谐观点是一致的。支遁在此基础之上阐释了《庄子》逍遥义，在名士中产生了深远的影响。《世说新语·文学》引刘孝标注曰："支氏《逍遥论》曰：'夫逍遥者，明至人之心也。庄生建言大道，而寄指鹏、鷃。鹏以营生之路旷，故失适于体外；鷃以在近而笑远，有矜伐于心内。至人乘天正而高兴，游无穷于放浪，物物而不物于物，则遥然不我得，玄感不为，不疾而速，则逍然靡不适。此所以为逍遥也。若夫有欲当其所足，足于所足，快然有似天真。犹饥者一饱，渴者一盈，岂忘烝尝于糗粮，绝觞爵于醪醴哉？苟非至足，岂所以逍遥乎？'此向、郭之《注》所未尽。"① 支遁的逍遥论否定了向、郭，提出至人玄感而无为、无往而不逍遥的观点。他将逍遥境界定义为至人之心，在《大小品对比要钞序》也描绘了"至人"的精神境界："夫至人也，览通群妙，凝神玄冥，灵虚响应，感通无方……故千变万化，莫非理外。神何动哉，以之不动，故应变无穷。"② 至人者，能凝守精神，逍遥自足。支遁所展示的精神境界为当时士人提供了"一个更玄远神秘的追求目标和精神享受"③。

第五节 南朝玄谈余风

玄学进入南朝以后，受到政治环境的影响而让位于儒学；在理论上也未有创新，受到佛道影响甚深；士人阶层的玄谈风尚也开始进入文学领域，玄学作为一种哲学思潮逐渐在思辨层面淡出，而内化于士人的行为风度、思维方式、艺术审美等各

---

① （南朝宋）刘义庆著，（南朝梁）刘孝标注，余嘉锡笺疏，周祖谟、余淑宜、周士琦整理：《世说新语笺疏》，第 260 页。

② （南朝梁）释僧祐撰，苏晋仁、萧炼子点校：《出三藏记集》，第 299—300 页。

③ 余敦康：《魏晋玄学史》，第 478 页。

个方面，与文艺联系得更加紧密。而玄学所表现出来的玄言清谈业以失去了思辨的光芒，在这一时期多成为名士身份的装饰、门第中人的谈资。

南朝的玄风流行，主要在于高门世族子弟延续了玄士修养，多习玄理，擅长玄谈。史书中载，南朝时期王谢家族、陈郡袁氏、汝南周氏、吴郡张氏子弟中仍扇玄风。何尚之称琅玡王球“正始之风尚在”①，陈郡谢庄“有口辩”②，袁豹“好学博闻，善谈雅俗”③，汝南周颙“兼善《老》、《易》，与张融相遇，辄以玄言相滞，弥日不解”④，其子周舍“博学多通，尤精义理，善诵书，背文讽说，音韵清辩……辞理遒逸，由是名为口辩”⑤，吴郡张充“尤明《老》、《易》，能清言”⑥。而南朝历代宗室诸王也大有喜好玄学清谈者，《梁书》记载贞惠世子萧方诸“明《老》、《易》，善谈玄，风采清越，辞辩锋生”⑦。能清言、善谈玄，是士人倾慕魏晋玄学名士、自觉继承名士行为的一种方式。玄谈行为在此时也逐渐流于表面，成为名士生活的装饰，王僧虔在其《诫子书》中便指出：“汝开《老子》卷头五尺许，未知辅嗣何所道，平叔何所说，马、郑何所异，《指》《例》何所明，而便盛于麈尾，自呼谈士。”⑧ 文学艺术离不开生活，当玄学成为日常生活的一部分，如《诫子书》所谓有无之辨、三玄四本、声无哀乐“如客至之有设”⑨，而世家大族又以文传家，这就从主体和对象

① （唐）李延寿：《南史》，中华书局 1975 年点校本，第 782 页。
② （唐）李延寿：《南史》，第 554 页。
③ （唐）李延寿：《南史》，第 698 页。
④ （南朝梁）萧子显：《南齐书》，中华书局 1972 年点校本，第 732 页。
⑤ （唐）姚思廉：《梁书》，中华书局 1973 年点校本，第 375 页。
⑥ （唐）姚思廉：《梁书》，第 328 页。
⑦ （唐）姚思廉：《梁书》，第 620 页。
⑧ （南朝梁）萧子显：《南齐书》，第 598 页。
⑨ （南朝梁）萧子显：《南齐书》，第 598 页。

两个方面为玄学（作为政治哲学和自然哲学的玄学）走向文艺奠定了社会基础。

第六节　士人对玄学的批判

从“端委搢绅”的博士意识到“玉柄麈尾”的名士精神，汉晋时期的思潮与学风发生了划时代的变化。魏晋南北朝时期的主流思想玄学在当世乃至后代各家都有不同的评价。对玄学思潮有不少反对的声音，侯外庐《中国思想通史》中将其分为“反对派”“骑墙派”和“抹杀派”。反对派多以儒学正统自命，心存异端之见；葛洪则是儒道两面论的代表，对清谈的批评多以不能折中的事实为根据；抹杀派则多是言伪行僻之诋诬。[①] 若从反对者的立场和反对的内容来看，魏晋南北朝时期对于玄学的批判大约有以下几类。

一是从士风、政治的角度反对玄学。早在玄学兴起之初，很多士人便质疑其对社会政治的影响。《世说新语·识鉴》注引《晋阳秋》记载，玄学名士王衍少时拜见从舅羊祜：“申陈事状，辞甚俊伟。祜不然之，夷甫拂衣而起。祜顾谓宾客曰：‘此人必将以盛名处当世大位，然败俗伤化者，必此人也！’”[②] 羊祜以德服人，作风谨慎，以道素自居，自然不欣赏王衍之虚谈。《晋书》中记载，西晋士人陈頵以为“庄老之俗倾惑朝廷，养望者为弘雅，政事者为俗人，王职不恤，法物坠丧”[③]。很多士人还针对社会政治之失向朝廷上疏，希望能够改变这种状况，虽然对于玄风盛行的趋势影响微乎其微，但也反映了站

① 侯外庐：《中国思想通史》第 3 卷，人民出版社 2011 年版，第 23—34 页。

② （南朝宋）刘义庆著，（南朝梁）刘孝标注，余嘉锡笺疏，周祖谟、余淑宜、周士琦整理：《世说新语笺疏》，第 462 页。

③ （唐）房玄龄等：《晋书》，第 1893 页。

在儒学立场的士人对于玄风的思考。如在西晋立国之初，傅玄便上书要求整顿士风："近者魏武好法术，而天下贵刑名；魏文慕通达，而天下贱守节。其后纲维不摄，而虚无放荡之论盈于朝野，使天下无复清议，而亡秦之病复发于今。陛下圣德，龙兴受禅，弘尧舜之化，开正直之路，体夏禹之至俭，综殷周之典文，臣咏叹而已，将又奚言！惟未举清远有礼之臣，以敦风节；未退虚鄙，以惩不恪，臣是以犹敢有言。"[①] 傅玄又上疏主张崇儒学、立太学，其子傅咸也对时俗颇为不满，一再上疏直陈时弊。两晋之交的熊远，其祖父熊翘"性廉直，有士风"。江东草创之时，熊远上疏指出"自丧乱以来，农桑不修，游食者多，皆由去本逐末故也"，提出皇帝要"躬耕帝藉，以劝农功"。建兴初年，熊远又对正旦之时的制礼作乐提出建议。熊远为御史中丞时，又因"时冬雷电，且大雨，帝下书责躬引过"而上疏陈当今为政之三失，其中有"今当官者以理事为俗吏，奉法为苛刻，尽礼为谄谀，从容为高妙，放荡为达士，骄蹇为简雅，此三失也"[②]。熊远站在道德、仁义的角度批判了玄学士人的风气，希望新朝能够加以黜陟，改变社会风俗。

东晋时期，干宝《晋纪・总论》总结了西晋时期政治统治与社会风气，对当时由玄学引起的弊风进行了批判："朝寡纯德之士，乡乏不二之老。风俗淫僻，耻尚失所，学者以《庄》《老》为宗，而黜《六经》，谈者以虚薄为辩，而贱名俭，行身者以放浊为通，而狭节信，进仕者以苟得为贵，而鄙居正，当官者以望空为高，而笑勤恪……由是毁誉乱于善恶之实，情慝奔于货欲之途，选者为人择官，官者为身择利。而秉钧当轴之士，身兼官以十数。大极其尊，小录其要，机事之失，

---

① （唐）房玄龄等：《晋书》，第 1317—1318 页。
② （唐）房玄龄等：《晋书》，第 1884—1887 页。

十恒八九。而世族贵戚之子弟，陵迈超越，不拘资次，悠悠风尘，皆奔竞之士，列官千百，无让贤之举。”[①] 干宝指出当时士人寡德，所宗经典为《庄》《老》而摒弃六经，所谈内容尚虚薄而贱名俭，重放浊而轻节信，进仕途径贵苟得而鄙居正，为政尚清显而笑勤恪，总结了当时政治与士风之弊。葛洪在《抱朴子》中也以诸多事实讽刺当时的玄学与清谈：“故其所讲说，非道德也；其所贡进，非忠益也。唯在于新声艳色，轻体妙手，评歌讴之清浊，理管弦之长短，相狗马之勦驽，议遨游之处所，比错涂之好恶，方雕琢之精粗，校弹棋樗蒲之巧拙，计渔猎相掊之胜负，品藻妓妾之妍蚩，指摘衣服之鄙野，争骑乘之善否，论弓剑之疏密。招奇合异，至于无限。盈溢之过，日增月甚。”[②] 士人范宁对于玄学的声讨更是将中原倾覆的罪责一并算上。他认为当时浮虚相扇、儒雅日替，其源出于王弼何晏二人，并著论曰：“王何蔑弃典文，不遵礼度，游辞浮说，波荡后生，饰华言以翳实，骋繁文以惑世。搢绅之徒，翻然改辙，洙泗之风，缅焉将坠。遂令仁义幽沦，儒雅蒙尘，礼坏乐崩，中原倾覆。古之所谓言伪而辩、行僻而坚者，其斯人之徒欤！”范宁将何王二人比作桀纣，“一世之祸轻，历代之罪重”[③]。

东晋时期玄风大扇，亦有很多士人将中朝倾覆、衣冠南渡江左归咎于玄学。王羲之与谢安对清谈的不同看法在当时极具代表性。《世说新语·言语》中记载了他们的讨论：

> 王右军与谢太傅共登冶城。谢悠然远想，有高世之志。王谓谢曰：“夏禹勤王，手足胼胝；文王旰食，日不

---

① （南朝梁）萧统编，（唐）李善注：《文选》，上海古籍出版社 1986 年标点本，第 2186—2187 页。

② 杨明照：《抱朴子外篇校笺》（上），中华书局 1991 年版，第 162 页。

③ （唐）房玄龄等：《晋书》，第 1984—1985 页。

暇给。今四郊多垒，宜人人自效。而虚谈废务，浮文妨要，恐非当今所宜。”谢答曰：“秦任商鞅，二世而亡，岂清言致患邪？”①

东晋一朝，对评价清谈与西晋灭亡的问题存在对立两派。西晋玄学名士王衍对自己评价道：“呜呼，吾曹虽不如古人，向若不祖尚浮虚，戮力以匡天下，犹可不至今日。”② 桓温就此也曾对其进行过批判：“遂使神州陆沈，百年丘墟，王夷甫诸人，不得不任其责！”③ 中朝倾覆与西晋清谈的关系这一重大问题常常为时人所争论。史书中也有：“元康以来，贱经尚道，以玄虚宏放为夷达，以儒术清俭为鄙俗。永嘉之弊，未必不由此也。”④ “（虞预）憎疾玄虚，其论阮籍裸袒，比之伊川被发，所以胡虏遍于中国，以为过衰周之时。”⑤ 虽有诸多士人斥责浮虚之风，但清谈始终为统治阶级所喜爱，如简文帝、王导、庾亮、谢安等人，不仅是政治领袖，亦是清谈领袖。因此玄风得以大扇，而此争论亦纷纷未得已。对于玄学“祖尚浮虚”与“神州陆沉”之间的内在联系，陈寅恪曾有过专门的辨析。他认为在玄学初期，“清谈为当日政治上的实际问题，与其时士大夫的出处进退关系至为密切。换言之，此时期的清谈，是士大夫藉以表示本人态度及辩护自身立场的东西”。而到了东晋时期，“只为口中或纸上的玄言，已失去政治上的实际性质，仅止作为名士身份的装饰品”。玄学中所倡

① （南朝宋）刘义庆著，（南朝梁）刘孝标注，余嘉锡笺疏，周祖谟、余淑宜、周士琦整理：《世说新语笺疏》，第 153 页。

② （唐）房玄龄等：《晋书》，第 1238 页。

③ （南朝宋）刘义庆著，（南朝梁）刘孝标注，余嘉锡笺疏，周祖谟、余淑宜、周士琦整理：《世说新语笺疏》，第 979 页。

④ （唐）房玄龄等：《晋书》，第 1858—1859 页。

⑤ （唐）房玄龄等：《晋书》，第 2147 页。

导的自然与名教的调和，使得士人“自可兼尊显的达官与清高的名士于一身，既享朝端的富贵，仍存林下的风流，而无所惭忌”，在权力核心的士人也是清谈的核心，就政治社会而言无疑是有害的，“如果是林泉隐逸清谈玄理，则纵使无益于国计民生，也不致误国。清谈误国，正因在朝廷执政即负有最大责任的达官，崇尚虚无，口谈玄远，不屑综理世务之故”。因此，陈寅恪最后总结清谈误国是西晋灭亡的原因之一：“那时候的西晋官场是，一面侈谈名教与自然‘将无同’，一面穷极奢侈享受，名士与高官合为一体，而变乱就在这种风气中孕育。此风不到西晋最后灭亡，不能终止。”① 对清谈误国的态度历来不一，不论正误与否，我们首先应该看到，当时的士人站在统治阶级的立场，依然在竭尽全力反思清谈的社会影响。

二是从士人修养的角度反对玄学。何曾尝谓阮籍曰：“卿恣情任性，败俗之人也。今忠贤执政，综核名实，若卿之徒，何可长也！”（《世说新语·任诞》刘孝标注引干宝《晋纪》）② 玄学士人的浮华自然地站到了儒家礼法、忠贤的对立面。《晋书》记载，诸葛恢曾言：“今天下丧乱，风俗陵迟，宜尊五美，屏四恶，进忠实，退浮华。”（《晋书》卷七十七《诸葛恢传》）③ 姚兴时，“京兆韦高慕阮籍之为人，居母丧，弹琴饮酒。（给事黄门侍郎古成）诜闻而泣曰：‘吾当私刃斩之，以崇风教。’遂执剑求高。高惧，逃匿，终身不敢见诜。”（《晋书》卷一百一十七《姚兴传》）④ 而士人摒弃儒典而崇《老》《庄》，亦受到了许多士人的批评。东晋时期，庾峻以时重

① 万绳楠整理，陈寅恪著：《魏晋南北朝史讲演录》，黄山书社2000年版，第45—60页。

② （南朝宋）刘义庆著，（南朝梁）刘孝标注，余嘉锡笺疏，周祖谟、余淑宜、周士琦整理：《世说新语笺疏》，第855页。

③ （唐）房玄龄等：《晋书》，第2042页。

④ （唐）房玄龄等：《晋书》，第2979页。

《庄》《老》而轻经史，“惧雅道陵迟，乃潜心儒典”（《晋书》卷五十《庾峻传》）[①]。陶侃谓：“《老》《庄》浮华，非先王之法言而不敢行。君子当正其衣冠，摄以威仪，何有乱头养望，自谓宏达邪?”（《世说新语·政事》刘孝标注引《晋阳秋》）[②]范宣谓：“正始以来，世尚《老》《庄》。逮晋之初，竟以裸裎为高。仆诚太儒，然‘丘不与易’”（《晋书》卷九十一《儒林传·范宣传》）[③]，“陈郡周勰为谢安主簿，居丧废礼，崇尚庄老，脱落名教。（韩）伯领中正，不通勰，议曰：‘拜下之敬，犹违众从礼。情理之极，不宜以多比为通。’时人惮焉。”（《晋书》卷七十五《韩伯传》）[④] 永嘉时，“凡百草创，学校未立”，戴邈上疏曰：“臣愚以世丧道久，人情玩于所习；纯风日去，华竞日彰，犹火之消膏而莫之觉也。”（《晋书》卷六十九《戴邈传》）[⑤] 并向元帝上谏崇兴礼学，以改变虚浮现状。

当时的一些隐逸之士对元康年间的玄学放达思想也作了批判。东晋隐士戴逵曾著有《放达为非道论》，认为“达”应当指达道而言，不惑其迹，而元康放达是“好遁迹而不求其本”[⑥]。元康士人效仿的竹林之放是有激而发，而元康之放则为无德而仿迹，犹如时人仿效名士郭林宗行路折巾角一样，徒慕其迹，而失其实。而葛洪则进一步批判郭林宗本人“才非应期，器不绝伦，出不能安上治民，移风易俗；入不能挥毫属笔，祖述六艺。行自炫耀，亦既过差；收名赫赫，受饶颇多。”（《抱朴子外篇·正郭》）[⑦] 诽骂祢衡：“虽言行轻人，密

① （唐）房玄龄等：《晋书》，第1392页。

② （南朝宋）刘义庆著，（南朝梁）刘孝标注，余嘉锡笺疏，周祖谟、余淑宜、周士琦整理：《世说新语笺疏》，第212页。

③ （唐）房玄龄等：《晋书》，第2360页。

④ （唐）房玄龄等：《晋书》，第1993页。

⑤ （唐）房玄龄等：《晋书》，第1848—1849页。

⑥ （清）严可均辑：《全上古三代秦汉三国六朝文》，第2250页。

⑦ 杨明照：《抱朴子外篇校笺》（下），中华书局1997年版，第462页。

愿荣显，是以高游风林，不能幽翳蒿莱；然修己驳刺，迷而不觉。故开口见憎，举足蹈祸。赍如此之伎俩，亦何理容于天下而得其死哉！”（《抱朴子外篇・弹祢》）[①] 他对于当时士人的放诞行为也颇有指摘：“蓬发乱鬓，横挟不带，或亵衣以接人，或裸袒而箕踞，朋友之集，类味之游，莫切切进德，訚訚修业，攻过弼违，讲道精义……宾则入门而呼奴，主则望客而唤狗。其或不尔，不成亲至，而弃之不与为党……终日无及义之言，彻夜无箴规之益。诬引老、庄，贵于率任，大行不顾细礼，至人不拘检括，啸傲纵逸，谓之体道。呜呼惜乎！岂不哀哉！”（《抱朴子外篇・疾谬》）[②]

三是从思想的角度反对浮虚。王坦之“尚刑名之学，尝著《废庄论》”（何法盛《晋中兴书》）[③]，江惇“性好学，儒玄并综。每以为君子立行，应依礼而动，虽隐显殊途，未有不傍礼教者也。若乃放达不羁，以肆纵为贵者，非但动违礼法，亦道之所弃也。乃著《通道崇检论》”（《晋书》卷五十六《江惇传》）。[④] 而部分玄学士人也反对当时行为放诞浮虚者。乐广主张将儒道会通，赞同名教本于自然的观点，因此对于王澄、胡毋辅之等人“皆以任放为达，或有裸体者”的行为不敢苟同，“笑曰：‘名教中自有乐地，何为乃尔也！’”（《世说新语・德行》）[⑤] 阮浑“亦欲作达”，遭到阮籍的反对，刘孝标在注中揭示：“彼非玄心，徒利其纵恣而已。”（《世说新语・任诞》）[⑥]

---

① 杨明照：《抱朴子外篇校笺》（下），第488页。

② 杨明照：《抱朴子外篇校笺》（上），第631—632页。

③ （清）汤球辑，杨朝明校补：《九家旧晋书辑本》，中州古籍出版社1991年版，第380页。

④ （唐）房玄龄等：《晋书》，第1539页。

⑤ （南朝宋）刘义庆著，（南朝梁）刘孝标注，余嘉锡笺疏，周祖谟、余淑宜、周士琦整理：《世说新语笺疏》，第29—30页。

⑥ （南朝宋）刘义庆著，（南朝梁）刘孝标注，余嘉锡笺疏，周祖谟、余淑宜、周士琦整理：《世说新语笺疏》，第863页。

以名教的角度反对虚浮者，裴頠在思想上作出了极大的贡献。裴頠字逸民，河东闻喜人。裴頠出身高门士族，祖父裴潜官至魏尚书令，父亲裴秀官至晋司空，封巨鹿郡公。裴頠在父亲去世后承袭爵位，为西晋一朝重臣。裴頠少时便雅有远识，《晋书》本传记载当时的御史中丞周弼称赞他“頠若武库，五兵纵横，一时之杰也”①，贾充称其“才德英茂，足以兴隆国嗣”②。裴頠“博学稽古”，是儒学士人。惠帝即位时，天下暂宁，裴頠“奏修国学，刻石写经”③，特重儒业，曾与王衍辩论，不相上下，王衍之理也未能真正驳倒他。裴頠与乐广也曾有过辩论，“頠辞论丰博，广笑而不言。”故而，时人称裴頠为“言谈之林薮”④。他在被玄学清谈所笼罩的时代，能够很清醒地察觉到当时的风教凌迟、儒学不振。裴頠站在名教的立场，批判了何晏、王弼的贵无思想，提出自己的学说。

裴頠在《崇有论》中对玄学的贵无论进行了批判。他说：“是以贤人君子，知欲不可绝，而交物有会。观乎往复，稽中定务。惟夫用天之道，分地之利，躬其力任，劳而后飨。居以仁顺，守以恭俭，率以忠信，行以敬让，志无盈求，事无过用，乃可济乎！故大建厥极，绥理群生，训物垂范，于是乎在，斯则圣人为政之由也。”⑤ 裴頠认为摒弃一切欲望是不可以的，重要的是掌握与物相交往中决定吉凶存亡的关键，因此必须观察变化，然后考订适当的准则，决定自己努力的方向。运用天道时，要分享地利、亲自劳作、劳而后享。运用仁道，要恭俭忠信、行为敬让，这样就不会有过分的行为，事情也可以成功。而何、王的贵无论不懂得这个大道理，而只看到了淫

---

① （唐）房玄龄等：《晋书》，第1041页。
② （唐）房玄龄等：《晋书》，第1041页。
③ （唐）房玄龄等：《晋书》，第1042页。
④ （唐）房玄龄等：《晋书》，第1042页。
⑤ （唐）房玄龄等：《晋书》，第1044页。

欲的危害，这是偏。因此裴頠主张节欲而非绝欲。其次，在贵无思想对社会政治的危害上，裴頠指出其“贵无”即“贱有”：“遂阐贵无之议，而建贱有之论。贱有则必外形，外形则必遗制，遗制则必忽防，忽防则必忘礼。礼制弗存，则无以为政矣。”① 一旦忽视了礼制规范，政治统治无法维持，会对国家和社会造成严重的危害。现实社会中所出现的诸多现象都是因此而生的：“故砥砺之风，弥以陵迟。放者因斯，或悖吉凶之礼，而忽容止之表，渎弃长幼之序，混漫贵贱之级。其甚者至于裸裎，言笑忘宜，以不惜为弘，士行又亏矣。”② 而在贵无论的思想根源上，裴頠认为其来源先秦道家的“有生于无”观点是错误的，他认为“若谓至理信以无为宗，则偏而害当矣”③。

裴頠的对玄学的批判与反思，在当时士人中产生了比较大的影响。裴松之评论：“陆机《惠帝起居注》称‘頠雅有远量，当朝名士也’，又曰‘民之望也’。頠理具渊博，赡于论难，著《崇有》、《贵无》二论，以矫虚诞之弊，文辞精富，为世名论。”（《三国志·魏书·裴頠传》）④ 刘勰也评论：“次及宋岱郭象，锐思于几神之区；夷甫裴頠，交辨于有无之域；并独步当时，流声后代。”（《文心雕龙·论说》）⑤ 刘勰认为，崇有与贵无，“徒锐偏解，莫诣正理”（《文心雕龙·论说》）⑥，各执一方，都是偏解。裴頠的思想，虽在理论思维上不及何晏、王弼，但却以崇有论为武器，从理论上对当时玄学所引起的虚浮荒诞的社会风气进行了批判与反思。

---

① （唐）房玄龄等：《晋书》，第1044页。

② （唐）房玄龄等：《晋书》，第1045页。

③ （唐）房玄龄等：《晋书》，第1046页。

④ （晋）陈寿撰，陈乃乾校点：《三国志》，中华书局1959年标点本，第673页。

⑤ （南朝梁）刘勰著，范文澜注：《文心雕龙注》，人民文学出版社1958年版，第327页。

⑥ （南朝梁）刘勰著，范文澜注：《文心雕龙注》，第327页。

第七节　玄学与文艺批评的联结

关于魏晋南北朝美学的大转变，宗白华在《美学散步》中指出，这个时候中国人的美感开始表现出一种新的审美理想，即认识到“初发芙蓉”比之于“错彩镂金”是一种更高的美的境界。在艺术中重视思想人格而轻于文字雕琢，表现出一种自然可爱的美，表现出活泼泼的生活和独立的自我。这样的转变，魏晋玄学是最大的动力。玄学作为魏晋南北朝的主流思想，对当时的社会、政治、生活、艺术以及士人个体都产生了重要的影响。而玄学与美学以何种方式产生联系，也是讨论玄学影响文艺批评的关捩。李泽厚《中国美学史》中有专章“魏晋玄学与美学”，讨论玄学与美学的关系。其中认为玄学与美学的联结点在于“超越有限而达到无限”，“玄学与美学的内在的联结点则主要在于个体在人格理想上、在内在的自我精神上超越有限达到无限。虽然有限与无限的关系是道家以及名家也涉及到，但玄学把它和人生问题联结起来，比过去更为自觉、深入和集中了。这是玄学的主要特色，也是它对美学的主要贡献所在。”① 玄学作为有无的本体之学，其对有无的讨论与美学产生了最基本的关联，而玄学开拓出的人格境界与自我精神，为玄学美学提供了基础。从玄学与文艺美学相交的具体层面来看，玄学在文艺本体论、价值论、方法论、审美趣味等方面都对文艺批评产生深刻的影响。

王弼、郭象对于圣人人格的阐释为东晋南朝士人树立了理想的人格境界，并对士人的现实人格发挥了积极的作用。士人秉持玄学人格而进行审美活动，保有玄心、率性任真、自然应

---

① 李泽厚、刘纲纪：《中国美学史（魏晋南北朝编）》上，第104页。

物，在审美主体、审美体验等方面都有玄学的内蕴。何晏、王弼讨论有无问题，提倡贵无论，对寻求美的本质和提高艺术的境界起了重大的作用。他们对本体论进行整体思维的探索，又将文艺置于哲学思辨的视野范围之内，在抽象思维的观照下强调具体现象和感性经验，使得本体与现象圆融为一体，亦将哲学与艺术圆融为一体。而从辨名析理到得意忘言，玄学的思维方式成为文艺批评效仿的对象，东晋南朝士人从逻辑、方法等方面将名理、言意思维运用到自己的评价体系中。东晋时期的清谈盛极一时，清谈从剖玄析理到理辞共妙，在思理和美趣两个方面都引起了士人的审美愉悦。清谈作为玄学影响美学的津梁，在审美趣尚上为东晋南北朝文艺批评烙下了深刻的玄学印记。玄学在人格、思维与趣味上与美学相联系，并对文艺批评的转变产生了重要的影响。

第二章　玄学本体论与文艺道本论

从文化风貌上看，人们常常将汉代“滞重”与魏晋“空灵”相对比。“滞重”偏感性形象，“空灵”重抽象思辨。其探讨的对象也由外在具象及其联系转向内在本质及内外层次的总体性把握。魏晋玄学对有无本末的探讨，打开了文艺本体论的大门。士人们寻求到了一种新的方式，来重新思考文艺的本原。

第一节　玄学关于宇宙本体的讨论

玄学探讨宇宙之本体，是继承先秦时期老子思想而来的。《老子》第二十五章集中讨论了这一本源：“有物混成，先天地生，寂兮寥兮，独立不改，周行而不殆，可以为天下母。吾不知其名，字之曰道，强为之名曰大。大曰逝，逝曰远，远曰反。故道大，天大，地大，王亦大。域中有四大，而王居其一焉。人法地，地法天，天法道，道法自然。”[①] 道既是浑然的、独一无二的，也是无声无形的。它先于万物存在，也产生了天下万物。而这样的一个本源，是不应该为之立名的，如今勉强为之立名为“道”，从不同的角度对“道”的特征进行把握，又可以名之曰：大、逝、远、反。道的最根本的属性，即自然

① （三国魏）王弼著，楼宇烈校释：《王弼集校释》，第63—65页。

与无为。

王弼在注解这一段话时，将这一不可立名的思想加以发挥："名以定形。混成无形，不可得而定，故曰'不知其名'也。"① 无形之物无法定名，因为一旦定名，便有偏向与区分，与其浑然圆融、无偏无私的特性相背离，便不是其本身了。因此王弼指出，老子"言道取于无物而不由也，是混成之中，可言之称最大也"②。王弼在《老子指略》中提出了"名"与"称"的区别："名也者，定彼者也；称也者，从谓者也。名生乎彼，称出乎我。"③"名号生乎形状，称谓出乎涉求。"④名达本质，称表描述。因此他将"道"下降为对宇宙本体的称呼之一，与"玄""深""大""微""远""一""太极""极""母""本""根"等称谓相并立。而王弼对于宇宙本体也进一步讨论：

> 夫物之所以生，功之所以成，必生乎无形，由乎无名。无形无名者，万物之宗也。不温不凉，不宫不商，听之不可得而闻，视之不可得而彰，体之不可得而知，味之不可得而尝。故其为物也则混成，为象也则无形，为音也则希声，为味也则无呈。故能为品物之宗主，苞通天地，靡使不经也。(《老子指略》)⑤

宇宙本根无形无名，不能为人所察觉和感知，它具有抽象的内涵，因而能包通天地，为万物之宗。在王弼的形名观念下，他以"无名"来表示宇宙本根，也就是"无"。他在《老

① （三国魏）王弼著，楼宇烈校释：《王弼集校释》，第63页。
② （三国魏）王弼著，楼宇烈校释：《王弼集校释》，第63页。
③ （三国魏）王弼著，楼宇烈校释：《王弼集校释》，第197页。
④ （三国魏）王弼著，楼宇烈校释：《王弼集校释》，第198页。
⑤ （三国魏）王弼著，楼宇烈校释：《王弼集校释》，第195页。

子》四十章注中说："天下之物，皆以有为生。有之所始，以无为本。将欲全有，必反于无也。"[①] "无"处于最高层次的对宇宙本根进行言说的范畴，汤一介称"无"为"不存在而有"，是抽掉一切具体规定性的"有"，即最抽象的"一般"[②]。在王弼这里，"道"是"无之称也"，是从某一个观察角度出发对"无"这一本体的称谓。而这"无"与万有的关系，表现了王弼对宇宙万物存在的理解。他将"无"与"有"的关系阐释为本末体用的关系。无形无名的本体存在于万事万物之中，起着决定性的作用。事物的外在现象是因为发挥了内在宇宙本根"无"的作用，作为本体的"无"和作为外用的"有"紧密联结、不可分离。

在嵇康、阮籍时期，宇宙万物的实体之本质又复归到汉人的元气说，且在本体论的阐释上少王弼之抽象思考，而多予以"浪漫之外装"[③]。阮籍在《达庄论》中说道："天地生于自然，万物生于天地。自然者无外，故天地名焉；天地者有内，故万物生焉。当其无外，谁谓异乎？当其有内，谁无殊乎？"[④]嵇康《太师箴》亦有："浩浩太素，阳曜阴凝。二仪陶化，人伦肇兴。"[⑤]《明胆论》："夫元气陶铄，众生禀焉。"[⑥] 阮籍以宇宙生成论的模式论述了自然生天地、天地生万物的过程，同时他又以天地为自然之别名，以万物为天地之内容，一切事物都包括在天地之内，描述了《达庄论》的"万物一体"的主题。

而郭象的哲学是"无无"的或者说是"崇有"的。在郭

① （三国魏）王弼著，楼宇烈校释：《王弼集校释》，第110页。
② 汤一介：《郭象与魏晋玄学》，中国人民大学出版社2015年版，第327页。
③ 汤用彤：《魏晋玄学论稿》，第214页。
④ 陈伯君校注：《阮籍集校注》，第138页。
⑤ （三国魏）嵇康著，戴明扬校注：《嵇康集校注》，第533页。
⑥ （三国魏）嵇康著，戴明扬校注：《嵇康集校注》，第428页。

象的哲学体系中，“无”不能生“有”，“有”依据自身之“自性”而成为“唯一的存在”，这个存在是无始无终的、绝对的。郭象认为，世间万物都是独自产生、存在和变化的，“欻然自生，非有本”（《庄子·庚桑楚》注）[①]。且事物的存在是无条件的，不需要任何外在的力量，“物各自造”（《庄子·齐物论》注）[②]。各事物保持着自然之性，其运动、发展都遵循着这一“自性”，从而表现出自然、自为的状态。

到了东晋，张湛《列子注》中，结合了西晋玄学及佛学的思想，提出“群有以至虚为宗，万品以终灭为验”[③] 的观点，认为宇宙万物以不生不灭的“至虚”为本体，以“群有”为变化。张湛仍然坚持以无为本，将有无问题延伸为“至虚”与“群有”的问题，“寂然至虚凝一而不变”（《列子·天瑞》注）[④]，“夫生生物者不生，形形物者无形，故能生形万物，于我体无变。”[⑤]“夫万物与化为体，体随化而迁。化不暂停，物岂守故？故向之形生非今形生，俯仰之间，已涉万变。”[⑥]“群有”有形、有化而万变，“至虚”无形、无化而不变。“无”是“群有之总名”，是本体，而“群有”是现象。张湛阐释万物之存在，已然延续了汉人元气说，并辅以玄学有无观点。

受到佛教的影响，东晋士人大都崇尚佛学。其时盛行的本无宗，以道安与竺法深为代表。道安早年在北方，重禅数，中年辗转至襄阳之后，即崇般若。他所谓“无”，乃是“冥造之前，廓然而已”。他认为：“元气陶化，则群像禀形。形虽资化，权化之本，则出于自然。自然自尔，岂有造之者哉！由此

---

① （清）郭庆藩撰，王孝鱼点校：《庄子集释》，第 800 页。
② （清）郭庆藩撰，王孝鱼点校：《庄子集释》，第 112 页。
③ 杨伯峻：《列子集释》，第 279 页。
④ 杨伯峻：《列子集释》，第 1 页。
⑤ 杨伯峻：《列子集释》，第 19 页。
⑥ 杨伯峻：《列子集释》，第 30 页。

而言，无在元化之先，空为众形之始，故称本无。”（《名僧传钞·昙济传》）[①] 万物之本是廓然无形无象的元气，此仍以汉代宇宙论为基础探讨宇宙本体问题。

可以看到，汉代元气说在魏晋时期的影响仍然很大，在何晏与王弼开始以抽象的思维辨析宇宙本体之后，一方面开启了新的理路，引导士人从“无”“有”的角度探讨本质与现象的问题，使得玄学的生命力继续伸张；另一方面元气说依然深入人心，而阮籍、嵇康即以此为基础讨论人与自然、人与社会的关系，发表新论。宇宙本体的讨论，也经历了“贵无”“崇有”“无无”的阶段的发展（冯友兰语）。士人探讨本体及其与现象之间的关系，对所生活的世界从形而上的角度进行理解与感知，为探讨自身与世界的关系奠定了思想基础。

第二节　东晋南朝文艺道本论的嬗变

受到玄学对本体的追寻的影响，士人对于文艺的本体也开始重新思考，尤其以虚胜的本体论意义的探索和揭示代替了道德意义的讨论，将文艺独立的审美价值凸显出来。

在绘画理论中，自东晋始，士人便开始对其本体进行思考。从顾恺之的《论画》、宗炳的《画山水序》和王微的《叙画》来看，这一时期士人表现出对绘画本体“道”的思考与追寻的兴趣。受到玄学的影响，士人在绘画艺术的讨论上首先关注其本体，对“一”“体”“道”等的阐释明显增多，且思考越来越深入。顾恺之说：“《伏羲神农》，虽不似今世人，有奇骨而兼美好，神属冥芒，居然有得一之想。”（《魏晋胜流画赞》）[②] 其中的“得一之想”，是在绘画创作与欣赏时对于本体的无限

---

① 汤用彤：《汉魏两晋南北朝佛教史》，商务印书馆2015年版，第200页。

② （唐）张彦远：《历代名画记》，中华书局1985年版，第184页。

接近与体验。王微《叙画》首句便有“以图画非止艺行，成当与《易》象同体”[①]，将绘画艺术抬高到与书法艺术同等的地位，并认为其具有与《周易》之象共同的本质，即具有“道”这一本体。宗炳更是从不同角度反复论证“道”“圣人”“山水”之间的联系，提出“圣人含道暎物，贤者澄怀味象”“圣人以神法道”“山水以形媚道”[②] 等观点。在文学理论的领域，最为突出的即刘勰《文心雕龙》中的核心观点“原道—征圣—宗经”，将“道”“自然”等的本体意义与外现之“文”的内涵统归于“道—文”关系之中，以本末体用的方法，对儒、道、玄、佛的思想进行融合创新，奠定了新的理论体系的基石。

一 王微《叙画》对绘画本体的探索

王微《叙画》首句云：

> 辱颜光禄书。以图画非止艺行，成当与《易》象同体。而工篆隶者自以书巧为高，欲其并辨藻绘，核其攸同。[③]

王微赞同颜延之的观点，将绘画从艺提到了与《易》象同体的地位。张彦远《历代名画记》中《叙画之源流》引：“颜光禄云：‘图载之意有三：一曰图理，卦象是也；二曰图识，字学是也；三曰图形，绘画是也。’”[④] 其中认为卦象、字学、绘画皆属于图的三个方面的表达形式，象着重其理，字着重其识，画着重其形，而其内在的本体乃是同一的。因此，图

① （唐）张彦远：《历代名画记》，第 212 页。
② （唐）张彦远：《历代名画记》，第 208 页。
③ （唐）张彦远：《历代名画记》，第 212 页。
④ （唐）张彦远：《历代名画记》，第 9 页。

画与《易》象同体。且以书法为高、以绘画为末流的观点也应该被摒弃，因为这三者都属于“本体”的外现。王微肯定了这一观点，并将绘画之“形”与其“体”结合起来讨论。

王微首先强调绘画不只是具有“案城域、辩方州、标镇阜、划浸流”实用价值，而应该重视其所内蕴的“灵”和欣赏过程中审美者的“动心”。在这里，绘画创作与欣赏过程中的动态美感体验得到了细致描述。山水之形本有内在的灵趣，在绘画创作过程中，艺术家以一管之笔描绘形象的横纵变化，也将山水给人之神思运于指掌之间。他的“本乎形者融灵，而动者变心”① 的判语，正是在绘画与《易》象同体的基础之上完成的。由此出发，王微特别讲到了用笔问题：“曲以为嵩高，趣以为方丈，以叐之画，齐乎太华；枉之点，表夫隆准。”② 曲折内敛，委曲其笔画写嵩山的高耸之势；急促前行，放笔挥写方丈山的开阔缥缈。而山川高耸之处需要沉着有力、急速有势的点按之画。绘画的笔势与点画都是为形能通于神灵而服务的。

王微接着又讲了通过绘画的具体技巧写山水之神，绘山水之态：“眉额颊辅，若晏笑兮，孤岩郁秀，若吐云兮，横变纵化，故动生焉，前矩后方出焉。”③ 正是由于绘画用笔技巧，山川之形呈现出人的神态来，山水姿态也灵动变化，而这也更有利于主体之“心”对于山水之“灵”的感应。

我们可以看到王微讨论绘画的基本思路，是沿着“本体—画法—通灵—动心”来建构的。他指出绘画的本质，并积极探讨在此本质统率之下的形色如何通过绘画技法巧妙通神地表达出来，以及技法成功之后所达到的艺术效果。这艺术效

① （唐）张彦远：《历代名画记》，第 212 页。
② （唐）张彦远：《历代名画记》，第 213 页。
③ （唐）张彦远：《历代名画记》，第 213 页。

果又跟绘画的本质紧密结合起来，形成了一个完整的统一体。

东晋时期，玄学的本末体用之说已经深入人心，士人对于“道寓于形器”已经达成共识。在易学领域，殷浩、孙盛还发生过“《易》象妙于见形”的辩论，辩论的基础仍然是易道由抽象的易象或具体的形器表现出来，易象相较于形器更高妙，这也是象数派和义理派达成的共识。而颜延之将易象、文字、绘画三者并立起来讨论，认为此三者从不同角度反映着本体的“道”，这是在书法、绘画领域的一个新见。王微继承这个观点，以“道”为绘画艺术的本体，从形神的角度加以深入分析，形成了他的道本论思想。

二 宗炳《画山水序》的道本论体系

宗炳在《画山水序》中从绘画的本体、创作、鉴赏诸方面建立起了自己的理论体系，提出了“圣人含道暎物，贤者澄怀味象”“圣人以神法道”“山水以形媚道”[①] 等观点。

王弼认为，圣人高于常人之处是在于神明，同于常人之处在于五情。圣人“神明茂”，故可以“体冲和以通无”，且能够做到“应物而无累于物”[②]。宗炳提出“圣人含道暎物”，正是从圣人与“道”、与“物”之间的关系而言的。“含”可以释为内藏、内存，这种内藏是生禀而不可以致知的；“道”则是宇宙万有之本体。圣人“含道”，又“以神法道”，正是他能够体认、感知“道”之奥秘，遵循道的属性与规律，能够以自己之精神去契合“道”。而圣人与“物”之间的关系，则是物自来相映。这比贤人的主动的“味”要更高一个层次。

同时，“圣人以神法道”，从神、道的紧密关系上将圣人之“神”与本体之“道”结合起来。东晋顾恺之在《魏晋胜

① （唐）张彦远：《历代名画记》，第208页。

② （晋）陈寿撰，陈乃乾校点：《三国志》，第795页。

流画赞》中说："《伏羲神农》，虽不似今世人，有奇骨而兼美好，神属冥芒，居然有得一之想。"① 已经在吉光片羽中探索神与道的联系。"得一"即"得道"，"神"深邃渺茫，与"一"同在。宗炳在《明佛论》中说："自道而降，便入精神。"② 宗炳从没有停留在对本体"道"的阐释上，而是将本体之道落实到贤人及普通人身上，深入探索如何去获得此"道"。他说："神本亡端，栖形感类，理入影迹。"③ 提出要从外现之"影"来体道，因此，他专从山水欣赏的角度讨论体道的途径。为此，宗炳为圣人以山水体道设立了先行条件，即山水须是本体之道的外现："山水质有而趣灵"，"山水以形媚道"，因此"轩辕、尧、孔、广成、大隗、许由、孤竹之流，必有崆峒、具茨、藐姑、箕、首、大蒙之游焉"④。

在完成了人与道、山水之间的内在联系的建构之后，宗炳从言、象、意角度出发，再一次将山水画纳入这个体系之中。山水画"以形写形，以色貌色"，能收山水于寸幅之间，亦蕴有象外之旨。欣赏山水画时，宗炳提出"应目会心""应会感神，神超理得""畅神而已"⑤，以个人之精神与本体之道的交流过程来描述山水画欣赏的过程，并揭示了山水画艺术的"畅神"的审美价值。

值得注意的是，宗炳特别强调"澄怀观道"的主体条件，这也反映了士人玄学人格在艺术欣赏实践中的重要影响。

首先，玄心为士人成为审美主体提供了审美基础，特别是审美心境的激活。士人无我无待的玄学人格标准，是"澄怀"的基础。自老子提出了"涤除玄览"的观点，庄子将其发展

① （唐）张彦远：《历代名画记》，第 184 页。
② （清）严可均辑：《全上古三代秦汉三国六朝文》，第 2547 页。
③ （唐）张彦远：《历代名画记》，第 210 页。
④ （唐）张彦远：《历代名画记》，第 208 页。
⑤ （唐）张彦远：《历代名画记》，第 210 页。

为“心斋”“坐忘”，荀子讲“虚一而静”，都是从哲学的角度提出认识外物的方式，要求主体虚静空明的心境。

王弼注老子“涤除玄览，能无疵乎”曰：“玄，物之极也。言能涤除邪饰，至于极览，能不以物介其明，疵（之）其神乎？则终与玄同也。”[①] 王弼所言“极览”，即老子之“玄览”。览，即宗炳在“澄怀观道”中所言之“观”，楼宇烈《王弼集校释》中解释为“一种排除一切物欲障碍之神秘的精神境界”[②]。而郭象注《庄子·大宗师》“坐忘”曰：“夫坐忘者，奚所不忘哉！既忘其迹，又忘其所以迹者，内不觉其一身，外不识有天地，然后旷然与变化为体而无不通也。”[③] 王弼郭象对“涤除玄览”和“坐忘”的阐释使得士人能够以虚静空明的审美心胸去对待外物，能够“对审美对象进行主客融一的聚精会神的观照，从而产生审美体验”[④]。

其次，士人的接物方式为审美活动准备了相应的经验。玄学影响着士人的生活方式、人生趣味，体现在人际交往、政治仕途、游览山水等各个方面。而这些则成为其审美活动中最重要的经验，“当他的丰厚的生活经验（包括审美经验与非审美经验）已为其审美体验的瞬间触发储备了能量，这时，只要他受现实生活的最新信息的触动，他就会调动自己的全部经验，意识、意志和情感的力量去推动、去升华和开发自己全部生活积累和审美经验，投入审美体验的凝神境界中去。从而‘感到运用身体和精神两方面各种力量的乐趣’（马克思语）。”[⑤] 宗炳提出“澄怀观道”的命题，也是由其自身审美能力与审美经验的基础所决定的。

---

① （三国魏）王弼著，楼宇烈校释：《王弼集校释》，第 23 页。
② （三国魏）王弼著，楼宇烈校释：《王弼集校释》，第 24 页。
③ （清）郭庆藩撰，王孝鱼点校：《庄子集释》，第 285 页。
④ 胡经之：《文艺美学》，北京大学出版社 1989 年版，第 60 页。
⑤ 胡经之：《文艺美学》，第 60 页。

宗炳，字少文，南阳涅阳（今河南镇平）人。祖父宗承，官至宜都太守。父宗繇，曾任湘乡令。母亲师氏，“聪辩有学义”。宗炳出身低微，因孝道为乡闾所称。晋义熙七年，刘裕领荆州，欲征宗炳为主簿，宗炳以“栖丘饮谷，三十余年”为答拒绝了征召，颇有隐逸之志。后来宗炳前往庐山，就慧远“考寻文义”，又“西陟荆、巫，南登衡岳，因而结宇衡山，欲怀尚平之志”。而宗炳妻子罗氏“亦有高情，与炳协趣”。宗炳“妙善琴书”，《宋书》本传中说“古有《金石弄》，为诸桓所重，桓氏亡，其声遂绝，唯炳传焉。太祖遣乐师杨观就炳受之”①。宗炳还精于言理，善于玄谈。《宋书》记载士人张敷“性整贵，风韵端雅，好玄言，善属文。初，父邵使与南阳宗少文谈《系》《象》，往复数番，少文每欲屈，握麈尾叹曰：‘吾道东矣。’于是名价日重”②。宗炳游历山水归江陵之后，因老疾俱至，将所游历山水画图于室而“卧以游之”。《历代名画记》中说宗炳有“《嵇中散白画》《孔子弟子像》《狮子击象图》《颍川先贤图》《永嘉邑屋图》《周礼图》《惠持师像》并传于代也，凡七本”③。又《南齐书》卷五十四《高逸·宗测传》有“（测）欲游名山，乃写祖炳所画《尚子平图》于壁上”④。谢赫《古画品录》将宗炳列在第六品，“炳于六法，亡所遗善。然含毫命素，必有损益。盖迹非准的，意可师效，在第六品”⑤。张彦远以为：“宗公，高士也，飘然物外情，不可以俗画传其意旨。”⑥ 宗炳的精神主要寄托于他的《画山水序》中。

---

① （南朝梁）沈约：《宋书》，第 2278—2279 页。
② （南朝梁）沈约：《宋书》，第 1395 页。
③ （唐）张彦远：《历代名画记》，第 211 页。
④ （南朝梁）萧子显：《南齐书》，第 941 页。
⑤ （唐）张彦远：《历代名画记》，第 210—211 页。
⑥ （唐）张彦远：《历代名画记》，第 211 页。

宗炳好游览山水，在遍游荆、巫、衡、岳之后，“有疾还江陵，叹曰：‘老疾俱至，名山恐难遍睹，唯当澄怀观道，卧以游之。’凡所游履，皆图之于室”①。在提出“观道”的同时，他亦将对山水的审美转移到对山水画作的审美当中，提出了“圣人含道暎物，贤者澄怀味像”（《画山水序》）②，建立了味象与观道的联系。宗炳的“澄怀”是“味象”直至“观道”的必要条件，要求主体“以空明虚静的精神状态去从自然本身得到审美享受”③。以虚静之心观物，即可以从有限进到无限、从功利进入超功利的美的观照，因而才能使山水之象、所载之道进入审美的观照中来，成为美的对象。在审美活动中，“澄怀”表现出“用志不分，乃凝于神”的聚精会神的心理状态，主体摆脱日常生活中的功利、礼俗，从而受到外物直接的兴发感动，引起审美愉悦。而从“澄怀”到“味象”，进而“观道”，宗炳主要以佛学的思想来阐释。宗炳曾问道于慧远，在精神感应理论上阐发了慧远的思想。宗炳说：“意有精粗，感而得形随之。”（《答何衡阳难〈释白黑论〉》）④“众变盈世，群象满目，皆万世已来精感之所集矣。”⑤“神道之感，即佛之感也。”（《明佛论》）⑥可以看出，宗炳特别强调了精神超越于物质而独立存在，精神是无限的、永恒的。宗炳在《何衡阳难〈释白黑论〉》中还明确提出“人是精神物”⑦的观点。物质世界由精神所生，是精神的表现，因而味山水之象可以观大化之道；人是精神物，又从另一个方面论证了

---

① （南朝梁）沈约：《宋书》，第2279页。

② （唐）张彦远：《历代名画记》，第208页。

③ 叶朗：《中国美学史大纲》，上海人民出版社1985年版，第211页。

④ （南朝梁）释僧祐撰，李小荣校笺：《弘明集校笺》，上海古籍出版社2013年版，第184页。

⑤ （南朝梁）释僧祐撰，李小荣校笺：《弘明集校笺》，第98页。

⑥ （南朝梁）释僧祐撰，李小荣校笺：《弘明集校笺》，第125页。

⑦ （南朝梁）释僧祐撰，李小荣校笺：《弘明集校笺》，第188页。

“澄怀”与味象、观道的相关联审美过程。从玄学的角度看来，山水与道相通，因此山水可以承载人的主体精神，作为人追求无限与自由的安放之处。

三 刘勰的原道论

在刘勰之前，荀子提出过“明道”的文学观。荀子的“道”带有道家思想中哲理之道的含义，他说“万物为道一偏”（《荀子·天论》）[①]，并将这种“道”具体化为圣人之道。他在《荀子·儒效》中说：“圣人也者，道之管也。天下之道管是矣，百王之道一是矣，故《诗》、《书》、《礼》、《乐》之归是矣。《诗》言是，其志也；《书》言是，其事也；《礼》言是，其行也；《乐》言是，其和也；《春秋》言是，其微也……天下之道毕是矣。”[②] 此具体化的天下之道带有道德精神意义上的儒家之道的色彩。圣人正是此道之象征，《诗》《书》《礼》《乐》《春秋》则是圣人之心的产物。在文艺批评的标准上，荀子进一步指出儒家经典的正统意义，要求言辞、文艺等都应合乎“道”。《荀子·正名》有：“辨说也者，心之象道也。心也者，道之工宰也。道也者，治之经理也。心合于道，说合于心，辞合于说，正名而期，质请而喻。”[③] 荀子以“道—心—说—辞”的过程，在“正道辨奸”的话题讨论中，说明了文与道之关系。“道”是规律属性上的描述，为“治之经理”。这里的“治”，规定了“道”的社会政治意义，或可以说是儒家道德的本义。“心”是“道之工宰”，亦不涉及本体论意义，而是作为“道”与“文”沟通的途径，可与“性”“情”的

① （清）王先谦撰，沈啸寰、王星贤点校：《荀子集解》，中华书局1988年版，第319页。

② （清）王先谦撰，沈啸寰、王星贤点校：《荀子集解》，第133—134页。

③ （清）王先谦撰，沈啸寰、王星贤点校：《荀子集解》，第423页。

功用同。荀子也在此处再一次强调了儒家道德、圣人、儒家经典的正统意义。

在具体论“乐”的方面，荀子从人之性情的外发之必然着手，强调圣人、先王立乐的重要功用：“使其声足以乐而不流，使其文足以辨而不諰，使其曲直、繁省、廉肉、节奏足以感动人之善心，使夫邪污之气无由得接焉。”（《荀子·乐论》）①“乐”可以使“民和睦”“人之心庄”。这一功用落实到对人性的规范与政治教化意义上，是在荀子性本恶论的基础之上进行阐释的。这也规定了圣人制礼作乐的主动性。同时，荀子在《乐论》中说：“君子以钟鼓道志，以琴瑟乐心，动以干戚，饰以羽旄，从以磬管。故其清明象天，其广大象地，其俯仰周旋有似于四时……故鼓似天，钟似地，磬似水，竽笙、箫和、筦籥似星辰日月，鼗、柷、拊、鞷、椌、楬似万物。”②荀子在阐释乐舞之象与天地自然的联系，是从“比德”角度出发的，即以乐所外发之“人情”与天地自然相应的属性相联系。这里的天地自然亦不具备本体论意义。

汉代扬雄继承了荀子“道—圣—经”的文学思想并将其系统化阐释，将文学完全纳入礼教之中。扬雄倡导文学创作必须合乎儒家之道，以圣人为榜样，以五经为法式。人的言语行为要以圣人为标准，“在则人，亡则书”（《法言·吾子》）③，只有儒家五经才代表正道：“舍舟航而济乎渎者，末矣；舍《五经》而济乎道者，末矣。弃常珍而嗜乎异馔者，恶睹其识味也；委大圣而好乎诸子者，恶睹其识道也。”（《法言·吾子》）④

而在刘勰“原道—征圣—宗经”的理路中，受到玄学思想

① （清）王先谦撰，沈啸寰、王星贤点校：《荀子集解》，第379页。

② （清）王先谦撰，沈啸寰、王星贤点校：《荀子集解》，第381—384页。

③ 汪荣宝撰，陈仲夫点校：《法言义疏》，中华书局1987年版，第82页。

④ 汪荣宝撰，陈仲夫点校：《法言义疏》，第67页。

影响最深的当属刘勰对“道”的内涵的扩展。对于刘勰“原道”中的“道”的含义，历来有多家不同的观点，从内容上看，有持儒、释、道各家之道观点的，也有以儒道、儒玄合流，或多家融合之说。在道的属性上，有客观规律自然之道、宇宙本体之道、自然崇拜说等。《原道》中“道”的内涵是从“道—文”关系来阐释的，因此我们先从“道—文”关系的讨论着手。王弼提出的体用如一、本末不二的思想或多或少影响了后来的玄学家，也对文学理论道本论中的“道—文”关系产生了启发。刘勰综合王弼体用的观点和向秀郭象“实由文显”的观点，完成了“道—文”的最基本的理论框架，并在此框架内进行了“道—圣—文”的进一步阐发。

首先，“道—文”关系中的“文”的内涵。刘勰讨论“文”内涵有三：其一，道之文也。“夫玄黄色杂，方圆体分，日月叠璧，以垂丽天之象；山川焕绮，以铺理地之形；此盖道之文也。”[①] 这里的“文”，按其本义解释为经纬错综、华彩可观之文。其二，圣人经典。刘勰说“道沿圣以垂文，圣因文而明道”[②]，即在经典意义上指称“文”。圣人以道为本原，精研其道而撰成经典，因此经典是明道的。其三，文章或文学。在明确了道、圣、经典的地位之后，普通文章书辞的创作便要遵循“道”的法则，以圣人经典为最高标准。

其次，道的本体意义的凸显。从刘勰《原道》中对于“道—文”关系的讨论来看，其中的“道”首先是作为天地万物的本体之“道”存在的，而与儒家的圣人之道有差异。《原道》中，道的此种本体意义正是经由“道—文”关系彰显出来的。《原道》首段中阐述的道是作为本体意义上的“道”出现的。宇宙之玄黄、日月、山川作为“文”，皆为“道之文”，

① （南朝梁）刘勰著，范文澜注：《文心雕龙注》，第1页。
② （南朝梁）刘勰著，范文澜注：《文心雕龙注》，第3页。

是“道”向外的显现。刘勰关注的是文赖以存在的内在依据，这一方面是受到玄学思想的影响，刘勰也如当时士人一样，在思考人生、艺术时多采以虚胜玄远的思维方式，从宇宙万物的终极依据着手来进行讨论；另一方面，刘勰也从佛学中汲取其虚灵、超越的一面，用“道”来为“至道宗极，理归乎一；妙法真境，本固无二”（《灭惑论》）[①] 之本体立名。“道”的这一层本体论意义奠定了“道—文”关系的玄学特征，即道与文表现出本末体用的关系。文是道的向外的显现，因此它的属性特征与道的属性特征相符，而它的功能也与道的功能一致，“辞之所以能鼓天下者，乃道之文也”[②]。

再次，刘勰将“文”与“自然”紧密联系起来。“自然”在魏晋玄学中有多种含义。首先是作为道体的“自然”，指万物存在之根据；王弼有：“道不违自然，乃得其性，〔法自然也〕……自然者，无称之言，穷极之辞也。”[③] 其次，“自然”还指“道”的本性或状态，是事物存在的自然而然的状态。再次，论及美的领域，自然而然还带有天然、天成的含义。而刘勰在随后讨论文的生成过程和文之美的时候，“自然”一词体现了这些内涵。《原道》说：“仰观吐曜，俯察含章，高卑定位，故两仪既生矣。惟人参之，性灵所钟，是谓三才。为五行之秀，实天地之心，心生而言立，言立而文明，自然之道也。”[④] 人乃五行之秀、天地之心，天地皆文，人必然亦有文。后文即阐述了文由道生的过程及其必然性。刘勰认为文（文学）的生成过程是自然的，它经由了“道—圣—文”的理路发展。同时，文的美是符合道之美的，即自然天成。

---

① （南朝梁）释僧祐撰，李小荣校笺：《弘明集校笺》，第427页。
② （南朝梁）刘勰著，范文澜注：《文心雕龙注》，第3页。
③ （三国魏）王弼著，楼宇烈校释：《王弼集校释》，第65页。
④ （南朝梁）刘勰著，范文澜注：《文心雕龙注》，第1页。

如此来看，刘勰在阐述“道—文”关系时，对于文、道的内涵及使用，既以儒家圣人与经典为最高，又融合了道家、玄学中对于道之本体与状态的观点，并将“自然”在玄学中的丰富意义运用于其中。他的论证观点正如王弼为融合儒道所作的努力一样，把文学的本质放到一个至高的形而上的本体之上而将儒家的观点作为其本体的外在显现。儒家之道、圣人与经典，只能是在“有”的层面上所显现出来的最高的典范与标准，而虚灵、充满意蕴而又不可言说的本体之“道”才是文学的本原。

第三章　玄学人格理想与文艺价值论

玄学关于有无的讨论表现在社会人生的层面，便形成了名教与自然之辨的话题。东晋南朝士人对二者的取舍与偏重，造就了独特的仕隐趣味与山水趣味，他们所向往的人格境界也正是名教与自然的调和。从东晋时起，“得意”的精神目标便引导着他们的政治选择与人生选择，这种“得意”在文学批评、绘画批评领域亦逐渐演变成了“畅神”“自适”的价值观念。

第一节　玄学人格理想中的名教与自然

任继愈在《中国哲学发展史》中说：“名教与自然的关系问题是中国哲学中传统的天人关系问题在魏晋时期的特殊的表现形式。”[①] 名教与自然的问题关乎天人关系，亦将重点放在了个体生命之上。据袁宏《三国名臣序赞》中对夏侯玄的评论“君亲自然，匪由名教”[②] 来看，夏侯玄在体认名教与自然关系时，首先将其作为一对相对立的概念来对待。名教是以忠（君臣关系）、孝（父子关系）为根本的等级名分、道德教化的指称，是当时处理社会生活的准则。而“自然”这一概念，在魏晋玄学中主要有“自然而然”义和“本体”义两种阐释。

---

① 任继愈主编，孔繁等撰：《中国哲学发展史：魏晋南北朝》，人民出版社1988年版，第145页。

② （清）严可均辑：《全上古三代秦汉三国六朝文》，第1787页。

“自然而然”是指事物本身的自然状态或自然本性。在“本体”意义上使用时，“自然”与“无”的内涵是一致的。如王弼注“道法自然”曰：“道不违自然，乃得其性，〔法自然也〕。法自然者，在方而法方，在圆而法圆，于自然无所违也。自然者，无称之言，穷极之辞也。”[①] 在这里，“自然”被阐释为上述所说的两个方面的意义。一方面，“自然”是事物存在和发展的标准，而本体的“无”顺应万物自然本性而“无为”。“建德者，因物自然，不立不施。”“大夷之道，因物之性。”[②] 另一方面，“自然”也是“无称之言，穷极之辞”，“其端兆不可得而见也，其意趣不可得而睹也”[③]，具有与“无”相同的属性。那么，如何看待二者之间的关系，成为魏晋玄学讨论天人关系的重点，也是探讨个体生存方式的思想基础。

名教与自然关系的讨论，首先系于对圣人理想人格的建立。圣人在处理人与世界的关系时表现出最高的境界，是玄学士人所企及的对象。在王弼哲学中，理想人格以容纳道家思想的儒家圣人孔子的形象展现出来。首先，圣人可以“体无”。“无”作为本体，是超越具体事物而又不离具体事物的。孔子不说“无”是因为“无”不可言说；而孔子说“有”，是因为“无”不离具体事物，说“有”能达到“体无”，即经过一种内于心灵的体认与神会而达到“通远虑微，应变神化”(《论语·阳货》注)[④] 的境界。因此，孔子说“有”，是通过现象对“无”这一本体进行体认、神会；圣人与“无”有一种内在的关联，不是经由言语建立的外在联系，一旦言说，本

---

① （三国魏）王弼著，楼宇烈校释：《王弼集校释》，第65页。
② （三国魏）王弼著，楼宇烈校释：《王弼集校释》，第112页。
③ （三国魏）王弼著，楼宇烈校释：《王弼集校释》，第41页。
④ （三国魏）王弼著，楼宇烈校释：《王弼集校释》，第632页。

体之“无”即变成了对象，人与“无”之间也就不能得到真正的融通。就这一点上，“体无”的孔子比说“无”的老子更高明。经过这样的阐释，王弼哲学中的圣人品格可以说是：“不废名教，而德合自然（‘本体之无’）。”① 这开启了两晋时期关于名教与自然的讨论，也为后来士人对理想人格的追寻奠定了思想基础。而在圣人如何应对万有的方面，王弼更是进一步提出圣人有情的观点：“圣人茂于人者神明也，同于人者五情也，神明茂故能体冲和以通无，五情同故不能无哀乐以应物，然则圣人之情，应物而无累于物者也。今以其无累，便谓不复应物，失之多矣。”② 圣人有情，是圣人与一般人之间的沟通，也是“无”与“有”、“自然”与“名教”之间相融通的体现。圣人因天禀之神明而能“体无”，且具有与常人相同的“五情”而能应接万物。“神明”与“五情”正是圣人对“无”和“有”体认的基础，“应物而无累于物”则是手段或方式。圣人具此二者，更说明了自然与名教的融一。汤一介评论：“王弼恰恰是认为，圣人唯其‘应物而无累于物’，方可‘体冲和以通无’。因为，‘理想境界’并不需要在‘现实生活’之外去追求（寻找），而即应实现在现实社会生活之中，‘名教’不仅应该而且必须是‘天道自然’的体现。”③

因此，王弼着重从社会政治问题的角度来论述圣人人格的实践。王弼提出了“崇本息末”和“崇本举末”两个观点。他在《老子指略》中说：“《老子》之书，其几乎可一言而蔽之。噫！崇本息末而已矣。”④ “崇本息末”是王弼在阐释老子思想时所作的总结，这里的“本”具有老子之“道”的属性，

① 汤一介：《郭象与魏晋玄学》，第 110 页。
② （晋）陈寿撰，陈乃乾校点：《三国志》，第 795 页。
③ 汤一介：《郭象与魏晋玄学》，第 113 页。
④ （三国魏）王弼著，楼宇烈校释：《王弼集校释》，第 198 页。

即自然无为，“自然”被阐释为自然而然、自然本性，而圣人应该顺其自然，在统治策略上表现为“见素朴”“绝圣智”“寡私欲”“弃巧利”等方面。而王弼提出的另一个观点“崇本举末”，则是针对“自然”为本体之“无”而言的。他在《老子》第三十八章注中说道：“载之以道，统之以母，故显之而无所尚，彰之而无所竞。用夫无名，故名以笃焉；用夫无形，故形以成焉。守母以存其子，崇本以举其末，则形名俱有而邪不生，大美配天而华不作。故母不可远，本不可失。”[①] 王弼在这里将“本”“末”阐释为无名无形之本体与实体的社会，亦即从“自然”的本体内涵出发，融合自然与名教之间的关系。仁义、形器皆为实体社会的部分，要解决社会问题，使得社会发展完善，需要通过本体发挥作用。崇本之后方可达到“举末”“存子”的结果，即“用其诚，则仁德厚焉，行义正焉，礼敬清焉”[②]。

正如前文所说，理想世界终须从现实生活之中去寻找。王弼提出的圣人人格理想的最终落脚点仍然是政治哲学的问题。他主要从哲学思辨的高度上提出要“不废名教，而德合自然”，而对于士人的个人人生，却没有提出具体的实践和方法论上的指导。然而由于社会政治环境，士人很难在自己的现实人生中践行这样的人格。王弼自己也因为个性，年轻生命戛然而止，无法将之付诸人生实践。后来的士人，在具体的人生实践中思考名教与自然的关系，描摹着理想人格的模样，并孜孜以求。

竹林玄学中的代表人物嵇康、阮籍和向秀以个人的精神人格出发，在名教与自然关系的讨论中追寻着玄学人生的实践。阮籍、嵇康不满现实的社会政治，反对当时的“伪名教”“假

---

① （三国魏）王弼著，楼宇烈校释：《王弼集校释》，第 95 页。
② （三国魏）王弼著，楼宇烈校释：《王弼集校释》，第 95 页。

名教”，提出“越名教而任自然”的观点。汤用彤《魏晋玄学论稿》中将嵇、阮思想中的“自然”概括为自然三义：“自然为元气，盖就实体说，自然为‘混沌’（‘玄冥’）、为‘法则’（‘秩序’）、为‘和谐’（‘天和’），盖就其状态说。”[①] 而人类社会本应和“自然”一样，是和谐有秩的统一整体，但是人为的“名教”破坏了和谐的“自然”。阮籍《大人先生传》说：“造音以乱声，作色以诡形；外易其貌，内隐其情，怀欲以求多，诈伪以要名；君立而虐兴，臣设而贼生，坐制礼法，束缚下民。”[②] 礼法、是非、音声色欲之状都会毁伤人的天真本性，有伦常就会有分别、造作、争斗，这种人为的“名教”是有违天地之本、万物之性的。因此他们提出了理想的圣人人格正是对这种“名教”的超越，超越世界之分别，得放任，而至逍遥。[③] 嵇、阮从个体角度理解自然，使自然带有了人的本性的意义。

与他们同一时期的向秀，亦是从人的本性角度出发，但与嵇康有着不同的看法，并对嵇康提出的超世之想产生疑问。嵇康表达的是“守之以一，养之以和，和理日济，同乎大顺……无为自得，体妙心玄，忘欢而后乐足，遗生而后身存”（《养生论》）[④] 的理想，向秀则提出人的性情和生活欲求也属于“自然之理”，不应该被压抑，而应该顺应它们，在此基础之上“节之以礼”。向秀指出：“夫人含五行而生，口思五味，目思五色，感而思室，饥而求食，自然之理也。但当节之以礼耳。”（《难养生论》）[⑤] 向秀将顺应人的本性与要求本性受到“礼”的节制结合起来，主张合情又合礼的理想人格。

① 汤用彤：《魏晋玄学论稿》，第 215 页。
② 陈伯君校注：《阮籍集校注》，第 170 页。
③ 汤用彤：《魏晋玄学论稿》，第 218 页。
④ （三国魏）嵇康著，戴明扬校注：《嵇康集校注》，第 255 页。
⑤ （三国魏）嵇康著，戴明扬校注：《嵇康集校注》，第 285 页。

郭象在《庄子注》中便将名教与自然圆融地统一起来了。郭象认为“万物”是唯一的存在。自然是道的属性，是万物的保持神秘和谐的自我规定性，“自然即物之自尔耳”[①]。对于个体来说，“人安能故有此自然哉？自然耳，故曰性。”[②] 每一事物都有各自的“性”，此“性”是自然而然的，不是自己可以选择的，且不可以改变。郭象的“自然”有以下的含义：天人之所为皆是自然，人为亦即自然；因为自己为自己的“自为”也是“无为”的一种表现形式，与“有为”不同；而“自为”是根据事物各自之“性”而“为”的，因此任其“自性”也是“无为”。在这样的“自然”基础之上，郭象提出了“名教”与“自然”相合为一的观点，并以此为士人人格的设计铺设了道路。

因为每个事物都有自我的“性”，顺物之性则“所之皆适”，“物各有足，足于本也”[③]。万物各安其性，各足所本，社会秩序才会稳定和谐。而对于士人个体而言，获得了自我精神上的体悟即可以获得绝对的个体自由。他在《逍遥游》注中解释道：“故乘天地之正者，即是顺万物之性也；御六气之辩者，即是游变化之途也；如斯以往，则何往而有穷哉！所遇斯乘，又将恶乎待哉！此乃至德之人玄同彼我者之逍遥也。”[④] 在社会人生中，郭象将自然自尔、无所用心和顺应性分、各足所本作为人格基础，以此获得精神上的逍遥境界。

郭象在自性、无待、自然的基础之上，提出了自生、无心、顺物的观点。他指出，理想的圣人人格即符合内圣外王之道。郭象指出，内圣与外王是相合一的，这是万物最根本的道

① （清）郭庆藩撰，王孝鱼点校：《庄子集释》，第764页。
② （清）郭庆藩撰，王孝鱼点校：《庄子集释》，第694页。
③ （清）郭庆藩撰，王孝鱼点校：《庄子集释》，第239页。
④ （清）郭庆藩撰，王孝鱼点校：《庄子集释》，第20页。

理。圣人能够“常游外以（宏）〔冥〕内”，首先在于其“无心以顺有”[①]。他说：“所贵圣王者，非贵其能治也，贵其无为而任物之自为也。”[②] 他在《庄子·逍遥游》注中还指出：“然则体玄而极妙者，其所以会通万物之性，而陶铸天下之化，以成尧舜之名者，常以不为为之耳。”[③] 郭象要求圣人与大化同体，即需要顺应社会内在的整体和谐。

郭象这种理想的圣人人格放在士人个体身上，则是要求达到精神上的逍遥。个人性命有定，知足知止，纯任天真即可。郭象在《大宗师》注中说：“故圣人常游外以（宏）〔冥〕内，无心以顺有，故虽终日（挥）〔见〕形而神气无变，俯仰万机而淡然自若。”[④] 郭象认为，游外与宏内并不是对立的，圣人向外可以与人群共处，处理政务，向内可以超越现实、淡然自若。其精神境界不受外界事物的影响。这种游外与宏内，是“即世间而出世间”的，郭象说“游外者依内，离人者合俗”[⑤]，即内外相冥，泯灭界限，无分别，顺自然。他将方内与方外、现实与超现实、即世间与出世间沟通起来。而圣人在内外之中、世间与出世间之中，应该出入无间，应时而变，即郭象所言“必与时消息，故在皇为皇，在王为王，岂有背俗而用我哉”[⑥]。同时，郭象还将理想人格描述为一种逍遥自任的境界：“夫唯与物冥而循大变者，为能无待而常通，岂〔独〕自通而已哉！又顺有待者，使不失其所待，所待不失，则同于大通矣。”[⑦] 在对待外物时达到“玄同彼我”的境界，有待者，循物而变，可以

---

① （清）郭庆藩撰，王孝鱼点校：《庄子集释》，第 268 页。
② （清）郭庆藩撰，王孝鱼点校：《庄子集释》，第 364 页。
③ （清）郭庆藩撰，王孝鱼点校：《庄子集释》，第 31—32 页。
④ （清）郭庆藩撰，王孝鱼点校：《庄子集释》，第 268 页。
⑤ （清）郭庆藩撰，王孝鱼点校：《庄子集释》，第 271 页。
⑥ （清）郭庆藩撰，王孝鱼点校：《庄子集释》，第 448 页。
⑦ （清）郭庆藩撰，王孝鱼点校：《庄子集释》，第 20 页。

自通；无待者，不仅可以自通，而且能“常通”。世间有有待、无待，皆各安其性，天机自张，受而不知，便能达到逍遥境界。

东晋南朝士人对于圣人人格的阐释基于玄学调和名教与自然的思考，对儒家圣人予以玄学化的阐释，表现出了玄儒兼综的人格特质。虽无玄学论著出现，但在经学注疏中我们可以看出玄儒兼综之圣人品格。皇侃《论语义疏》中对于《论语·子罕》中“子绝四：毋意，毋必，毋固，毋我”的疏文可见一斑。皇侃以此阐释了圣人生命的四个层次，即无心、行化、应物、教化成而身退。第一，圣人不同于凡人，凡人动静由己，从主观上执着其心意；而“圣人无心，泛若不系舟，豁寂同道，故无意也”①。《子罕》后文有“子曰：吾有知乎哉？无知也”，皇侃亦疏“无知”为“无意”②。皇侃从体用角度认为圣人所体是道、是无，而所用是知。孔子称“无知”，其中的“知”，是用知，有用即有偏、有尽，因此圣人不用知，而是忘知、无知。随后皇侃又引缪协语“无为寂然，何知之有？唯其无也，故能无所不应”③以证己意。第二，圣人行化时，能够应物之求，而不将自己的意愿强加于物。《子罕》篇“有鄙夫来问于我，空空如也。我叩其两端而竭焉”，皇侃疏为“无必”，有鄙夫来问，“我”亦无隐，竭尽我诚。又引李充语：“圣人善诱，不为贤鄙异教。”④由此，皇侃还申发了“无可无不可”的思想。在《雍也》篇“子见南子，子路不悦”条中，皇侃引缪播语表达了圣人“毋必”之义：“应物而不择者，道也；兼济而不辞者，圣也。……涅而不缁，则处污不辱，无可无不可，故兼济而不辞。”⑤卫灵公无道，庶民困

① （南朝梁）皇侃撰，高尚榘校点：《论语义疏》，第209页。
② （南朝梁）皇侃撰，高尚榘校点：《论语义疏》，第214页。
③ （南朝梁）皇侃撰，高尚榘校点：《论语义疏》，第215页。
④ （南朝梁）皇侃撰，高尚榘校点：《论语义疏》，第214页。
⑤ （南朝梁）皇侃撰，高尚榘校点：《论语义疏》，第148页。

穷，救民之路在于南子。子见南子，在儒家思想上乃济世救民、权变之道，缪播阐释为圣人应变万方，任何抉择亦无可无不可，唯须执一统万，守“无”之本，行大化之道，随顺自然而已。皇侃因此用它来解释圣人的第二个生命层次。第三，圣人应物，而不执固。皇侃举《述而》“举一隅而示之，不以三隅反，则吾不复”的事例，说明圣人为教不执固，“圣虽已应物，物若不能得行，则圣亦不追固执之”①。第四，圣人教化成而身退。意即圣人晦迹，教化成则身退而无我。皇侃以圣人“无意”为本，将儒家圣人行教归结为随顺大化、无知无我、功遂身退的玄学人格，既肯定教化，又将其阐释为立足于“无为”基础之上的自然顺化。

魏晋时期士人对理想的圣人人格的阐释，解决的是天人关系的问题，落实到士人的具体人生实践上，亦即社会和人生的问题。从玄学思想的发展来看，何晏、王弼、裴頠重在讨论理想的社会状态，解决社会政治问题，嵇康、阮籍则侧重阐释在现实处境中的个性人生和生命境界，而郭象将社会与人生、理想与现实皆统一于一体，进一步为士人人生实践提供理论支撑。圣人在主体精神上体无而有情，在应外接物上无心以俯仰万机、淡然自若。这给当时士人现实人格的确立以深刻的启发。东晋南朝士人在内与外两端表现出对圣人境界的追求，并影响着文学理论的发展。

第二节　玄学人格引导下的“得意”与“自适”

东晋南朝士人的玄学人格，经过政治、思想环境的变化而逐渐沉淀下来。罗宗强在《魏晋南北朝文学思想史》中说：

---

① （南朝梁）皇侃撰，高尚榘校点：《论语义疏》，第 209 页。

“两晋玄风，深深地融入士文化里，成为士人人生追求、生活情趣、生活方式的不可分割的部分。作为士阶层的文化生活传统，它有自己的承继性，在生活里遗存着。”[①] 自郭象玄学将王弼的“超现实的‘自然’逐步拉回到现实的‘万有’之中”[②]，倡导了“虽在庙堂之上，然其心无异于山林之中”[③]“即世间而出世间”[④] 的人生方式，士人便找到了精神的依托，不再纠结出世与入世的形式，而更多的是在现实人生中去获得“得意”“自适”等精神追求与审美愉悦。

一　东晋士人的出处同归与“得意”

在庄子的影响下，西晋士人常常向往不拘礼俗的自由人格境界。《世说新语·识鉴》记载：“张季鹰辟齐王东曹掾，在洛见秋风起，因思吴中菰菜羹、鲈鱼脍，曰：‘人生贵得适意耳，何能羁宦数千里以要名爵！’遂命驾便归。”[⑤] “人生贵得适意耳”，便是这种自由的人格境界，也是高级的审美境界。

东晋时期，受到时局的重大打击，初过江时士人对国家倾危的感叹尤为明显。卫玠于中朝倾覆之际携家渡江，见江水茫茫，“百端交集”，发出“苟未免有情，亦复谁能遣此”[⑥] 的难堪愁绪。而过江诸人于新亭相视流泪，叹“风景不殊，正自有山河之异”[⑦]，感叹家国沦落，对洛中有强烈的怀旧心绪。

---

① 罗宗强：《魏晋南北朝文学思想史》，中华书局2006年版，第131页。

② 汤一介：《郭象与魏晋玄学》，第236页。

③（清）郭庆藩撰，王孝鱼点校：《庄子集释》，第28页。

④ 冯友兰：《贞元六书》，中华书局2014年版，第765页。

⑤（南朝宋）刘义庆著，（南朝梁）刘孝标注，余嘉锡笺疏，周祖谟、余淑宜、周士琦整理：《世说新语笺疏》，第467页。

⑥（南朝宋）刘义庆著，（南朝梁）刘孝标注，余嘉锡笺疏，周祖谟、余淑宜、周士琦整理：《世说新语笺疏》，第111页。

⑦（南朝宋）刘义庆著，（南朝梁）刘孝标注，余嘉锡笺疏，周祖谟、余淑宜、周士琦整理：《世说新语笺疏》，第109页。

此种心绪如何排遣，士人依旧有赖于玄学的精神支撑。

在政治上，出处同道的精神境界成为最高目标。孙绰在《遂初赋》中称“少慕老庄之道”①，而他却一直为官，并未真正退隐，《世说新语·品藻》中还记载了其“时复托怀玄胜，远咏老、庄，萧条高寄，不与时务经怀”② 的超逸人生。在郭象玄学的影响下，士人在实践中实现了“得意”的目标。东晋名士谢安出仕之前，“寓居会稽，与王羲之及高阳许询、桑门支遁游处，出则渔弋山水，入则言咏属文，无处世意”③，又“常往临安山中，坐石室，临濬谷，悠然叹曰：‘此去伯夷何远！’”④ 而在其入仕之后，还受到了贬鄙，士人郝隆还曾以“处则为远志，出则为小草”⑤的言语讥讽谢安。当时士人以隐逸为高，认为出世之隐士有着高尚的人格，相比之下入仕更容易受到贬鄙。然而更多的东晋士人在入仕时保有隐逸的趣味。如士人郗超，自己不能摆脱世情，却企慕隐逸，推崇隐士，甚至会为那些辞去荣华富贵而归隐的人提供屋宇房舍、服饰器具、奴仆婢子等，即使花费百金都不会吝啬。接受郗超馈赠的隐士行为变得世俗化，与西晋时期的闲适庄园生活无二致，而郗超的企慕隐逸之趣味亦与世俗微妙地结合在一起。他们在仕途中对隐逸趣味的追求最终归结于精神境界上的满足。

王胡之《赠庾翼诗》其七就说：“元直言归，武侯解鞅。子鱼司契，幼安独往。神齐玄一，形寄为两。苟体理分，动寂忘象。仰味高风，载咏载想。”其八亦有：“回驾蓬庐，独游

---

① （南朝宋）刘义庆著，（南朝梁）刘孝标注，余嘉锡笺疏，周祖谟、余淑宜、周士琦整理：《世说新语笺疏》，第 167 页。

② （南朝宋）刘义庆著，（南朝梁）刘孝标注，余嘉锡笺疏，周祖谟、余淑宜、周士琦整理：《世说新语笺疏》，第 618 页。

③ （唐）房玄龄等：《晋书》，第 2072 页。

④ （唐）房玄龄等：《晋书》，第 2072 页。

⑤ （南朝宋）刘义庆著，（南朝梁）刘孝标注，余嘉锡笺疏，周祖谟、余淑宜、周士琦整理：《世说新语笺疏》，第 944 页。

偶影。陵风行歌，肆目崇岭。高丘隐天，长湖万顷。可以垂纶，可以啸咏。取诸匈怀，寄之匠郢。”① 神齐玄一、动寂忘象，在高丘崇岭之间自由啸咏，是士人的理想境界。而王胡之在与谢安的诗歌往来中，也讨论了此种政治选择。谢安在《与王胡之诗》其四曰：“会感者圆，妙得者意。我鉴其同，物睹其异。”② 谢安认为要达到隐逸的理想人格，不一定得隐居，重要的是会感与妙得，即在精神境界上与隐逸之趣保持一致，无论仕隐，都可“得意”。王胡之的答诗中也体现了这一点，其《答谢安诗》其七曰：“巢由坦步，稷契王佐。太公奇拔，首阳空饿。各乘其道，两无贰过。愿弘玄契，废疾高卧。”③ 王胡之举出古时仕与隐的例子相对比。巢父、许由为尧时的隐士，尧让位于二人，皆不受；而稷和契二人是唐虞时代的王佐贤臣。太公望是周代重臣，辅佐了六位周王，并助周武王伐纣；而伯夷、叔齐不食周粟，饿于首阳山下。这仕与隐的贤人“各乘其道，两无贰过”，出处同归。可以见出，东晋士人在政治选择上强调以玄学思想来构建个人的理想精神境界，他们旨在调和仕隐矛盾，即于实践中调和名教与自然的矛盾，追求出处同归。谢安好友孙绰亦有此出处同归的理想。谢万曾作《八贤论》，记述渔父、屈原、季主、贾谊、楚老、龚胜、孙登、嵇康四隐四显，认为处者为优、出者为劣，孙绰见此文章，与之往返，以为“体公识远者则出处同归”④。出处同归，最重要的一个条件便是“得意”，这是玄学影响士人政治人格的结果。调和仕与隐的冲突，并不在行迹上来评判，而在于心。东晋王康琚在《反招隐诗》中说：“小隐隐陵薮，大隐隐朝市。”⑤

---

① 逯钦立辑校：《先秦汉魏晋南北朝诗》，中华书局 1983 年版，第 886 页。
② 逯钦立辑校：《先秦汉魏晋南北朝诗》，第 905 页。
③ 逯钦立辑校：《先秦汉魏晋南北朝诗》，第 887 页。
④ （唐）房玄龄等：《晋书》，第 2086 页。
⑤ 逯钦立辑校：《先秦汉魏晋南北朝诗》，第 953 页。

若心不隐，则山林泉石亦为桎梏；若心隐，则朝廷宦场亦如岩穴。于是也有了邓粲“隐初在我，不在于物”[①] 的论断。“我”处于朝堂之上，了然于隐逸本身的价值与道理，满足了隐逸趣味，获得了精神的超然，便是“得意”。

在“得意”的精神追求下，士人欣赏自然山水也充满了自由与超脱的意味。魏晋时期是山水美的发现期，也是士人处理个人与自然山水的特别时期。西晋时期，山水作为生活的点缀，为士人在世俗生活中提供些许雅趣和诗意，到了东晋，山水成为士人生活不可或缺的精神需要，士人逐渐向外发现了自然。由于会稽山水提供的优越的外部条件，当时诸多名士皆有山水品赏的趣味。这种趣味亦是建立在玄学人格基础之上的。

在东晋文士的眼中，自然之趣主要体现在自然给予人的精神自由与超脱。士人将对自然的欣赏作为名士生活的一部分，使得自然之趣成为名士风尚不可缺少的一个重要方面。自然对于士人而言的审美感受，是在个人精神上得到的满足。《世说新语》中有阮孚读郭璞诗“林无静树，川无停流”“辄觉神超形越”[②]，荀羡登北固山“有凌云意”[③]，王胡之称吴兴印渚之山水“非惟使人情开涤，亦觉日月清朗”[④]，都表达了精神上的超越之意。而这一丘一壑之山水神情，正是名士孜孜不倦所追求的。

东晋时期的著名诗会兰亭雅集中，文士们作有多首兰亭诗，从中可以窥见东晋文士的自然之趣。自然之趣味，首先在

---

① （唐）房玄龄等：《晋书》，第 2151 页。

② （南朝宋）刘义庆著，（南朝梁）刘孝标注，余嘉锡笺疏，周祖谟、余淑宜、周士琦整理：《世说新语笺疏》，第 303—304 页。

③ （南朝宋）刘义庆著，（南朝梁）刘孝标注，余嘉锡笺疏，周祖谟、余淑宜、周士琦整理：《世说新语笺疏》，第 160 页。

④ （南朝宋）刘义庆著，（南朝梁）刘孝标注，余嘉锡笺疏，周祖谟、余淑宜、周士琦整理：《世说新语笺疏》，第 164 页。

于“养神”。东晋士人对于自然山水有如此浓厚的兴趣，在于自然能够弥补士人的精神空虚，达到个人理想人格的实现与超脱。而这种精神上的自由超脱，正是“养神”。兰亭集诗中，士人们也表达了此种理想：

望岩怀逸许，临流想奇庄。（孙嗣《兰亭诗》）①

临川欣投钓，得意岂在鱼。（王彬之《兰亭诗》）②

尚想嘉客，希风永叹。（徐丰之《兰亭诗》）③

神散宇宙内，形浪濠梁津。寄畅须臾欢，尚想味古人。（虞说《兰亭诗》）④

我们可以看到，东晋士人欣赏自然山水的手段是“怀”“想”，怀许由、庄子，想古人、嘉客，重在“养神”“得意”。此种自然之趣，不仅充满了玄学理想人格的色彩，还体现在与神仙道教的关系上。上清派道教中有一种“存思”修行法，是我国古代道教的一种修炼方术。存思法来源于早期道教重要经典《太平经》，其中记载，依五行方位及颜色画出五脏神像，悬挂在空室之中，“悬之窗光之中而思之……卧即念以近悬象，思之不止……五行神且来救助之，万疾皆愈”⑤。受到汉代“天人感应”的思想的影响，《太平经》强调人身、五脏与天地阴阳五行相对应，因此存思“五脏神”，从中寻求养生之道。至魏晋时期，存思的对象更加广泛。由于人们对于自然山水的进一步欣赏，存思法便逐渐运用在山景的游览之中。东晋葛洪的《抱朴子内篇·遐览》记载：“余闻郑君言，

---

① 逯钦立辑校：《先秦汉魏晋南北朝诗》，第 908 页。
② 逯钦立辑校：《先秦汉魏晋南北朝诗》，第 914 页。
③ 逯钦立辑校：《先秦汉魏晋南北朝诗》，第 916 页。
④ 逯钦立辑校：《先秦汉魏晋南北朝诗》，第 916 页。
⑤ 王明编：《太平经合校》，中华书局 2014 年版，第 14 页。

道书之重者，莫过于《三皇内文》《五岳真形图》也……诸名山五岳，皆有此书，但藏之于石室幽隐之地，应得道者，入山精诚思之，则山神自开山，令人见之。如帛仲理者，于山中得之，自立坛委绢，常画一本而去也。”[①] 这里便是运用存思法对山冥思。南朝陶弘景所著《真诰·甄命授第一》亦描写了存思法：“君曰：昔在庄伯微，汉时人也，少时好长生道，常以日入时正西北向，闭目握固，想见昆仑，积二十一年。后服食，入中山学道，犹存此法。当复十许年后，闭目乃奄见昆仑。存之不止，遂见仙人授以金汋之方，遂以得道。”[②] 因此，一些受到道教思想影响的士人，对于自然山水的“怀想”，多是充满了神仙修养之意，这也使得当时士人的宇宙自然观中融入了仙风道骨的趣味。东晋著名文士孙绰的《游天台山赋》便详细描绘了这种存思之法。《游天台山赋》序文说：“天台山者，盖山岳之神秀者也。涉海则有方丈蓬莱，登陆则有四明天台。皆玄圣之所游化，灵仙之所窟宅。夫其峻极之状，嘉祥之美，穷山海之瑰富，尽人情之壮丽矣。”[③] 天台山是一座神秀之山，与方丈、蓬莱、四明等齐名。因此孙绰言“余所以驰神运思，昼咏宵兴，俯仰之间，若已再升者也。方解缨络，永托兹岭，不任吟想之至，聊奋藻以散怀”[④]。在赋文中，孙绰首先描写了天台山的位置及其外观，随后便写攀登的惊险过程，登上高台身心得到了净化，冥想自己到达仙都，与神仙相交通，见到一派仙家气象，最后达到“浑万象以冥观，兀同体于自然”[⑤] 的精神超脱。而这不仅是道教存思法的运用，其

---

① 王明：《抱朴子内篇校释》，中华书局 1986 年版，第 336 页。

② ［日］吉川忠夫等编：《真诰校注》，朱越利译，中国社会科学出版社 2006 年版，第 174 页。

③ （清）严可均辑：《全上古三代秦汉三国六朝文》，第 1806 页。

④ （清）严可均辑：《全上古三代秦汉三国六朝文》，第 1806 页。

⑤ （清）严可均辑：《全上古三代秦汉三国六朝文》，第 1806 页。

中亦从玄之“悟遣有之不尽，觉涉无之有间”、佛之“泯色空以合迹”① 思想达到与自然同为一体，实现对现实人生的超越与解脱。

二　南朝士人的朝隐与“自娱”

王瑶在《论希企隐逸之风》中说：“隐逸生活本来是很枯槁的，这一方面固然是经济的来源有限，一方面也是他们愿意借此来表现他们心安理得的态度……所以尽管时代风气使得一般士大夫们都希企隐逸，但一个‘心迹双寂寞’的真正隐士底枯槁憔悴生活，却不是生活在富贵汰侈圈子里的一般名士们和门阀子弟们所能忍受的。所以‘朝隐’的理论固然为他们所接受，而朝隐的事实则更为他们所欢迎，所愿意躬行实践的。”②南朝时期，高门士族子弟一方面继承了东晋士族的传统，另一方面确实无法忍受真正隐士的枯槁憔悴的生活，因此采取了朝隐的态度。他们选择朝隐，首先与当时巨变的社会环境密切相关。玄学给予了东晋士人精神生活的全部，也在南朝士人的人格中产生了深远的影响，却也被复兴的儒学和兴盛的佛道思想所冲淡。南朝士族对待政治的意旨主要是维护独立于皇权的士族地位。由于他们丢失了相应的政治权利，社会地位也下降了，故此他们在名教之中考虑的是如何处理好与皇权的关系，维系其社会地位和思想地位。晋宋之际，刘裕独掌大权，打破了高门士族恢复门阀政治的幻想，寒门素族逐渐兴起，因而东晋时期门阀政治环境影响下的以玄学的政治思想来重新建构社会秩序的意图被搁置，玄学对士人政治人格的影响也逐渐淡化。

由于皇权在思想领域的绝对权威逐渐建立，刘宋后期，士族屈于压力，开始谋求与皇权的融合，逐渐由玄学向儒学回

① （清）严可均辑：《全上古三代秦汉三国六朝文》，第 1806 页。

② 王瑶：《中古文学史论》，北京大学出版社 1986 年版，第 189 页。

归。永明时期以王俭为代表的士族儒风正是这种融合的代表。王俭，字仲宝，出身琅玡王氏，是东晋名士王导的重孙。王俭出生时，父亲王僧绰遇害，因此被叔父王僧虔所养。王俭在南齐时期有“儒宗”的地位，引领着整个社会文化风尚，占据儒学研究的重要地位。刘宋时期明帝设立了总明观，聚集学士，也称为东观。齐武帝永明三年（485），王俭时任国子祭酒。武帝下令撤销总明观，在王俭府中开设学士馆，将总明观的甲乙丙丁四部图书移交给学士馆，同时又命令王俭“以家为府”①。由于王俭擅长《礼》《春秋》等儒学经典，士人中便追随模仿，崇尚儒术。他编撰朝仪国典，谙忆晋宋故事，当朝理事，断决如流；接待咨事令史，入学监试诸生，受到士林的追捧。因此，他的言行也常受到士人的模仿。《南齐书》本传记载：“（王俭）作解散髻，斜插帻簪，朝野慕之，相与放效。俭常谓人曰：‘江左风流宰相，唯有谢安。’盖自比也。”②谢安是东晋风流名士，也是士人玄学人格的典型。他保持玄心，无我无待，为政又无为处静，受到士林的赞誉和朝廷的认可，成为魏晋风流的楷模人物。谢安因有鼻疾而作洛生咏，音色浑浊，受到世人的追捧；王俭则是解散发髻，斜插头簪，也引起朝廷内外的争相模仿。儒风的盛行造就了王俭的风流，同时王俭也助推了南齐崇儒的风气这也体现了玄学的政治理想逐渐退出历史舞台。因此，高门士族的玄学人格则主要在文学艺术领域产生影响，从而促使东晋门阀士族社会环境下的士人向齐梁时期文学集团里的文人转变。

此时，由于寒门素族的崛起，中下层士人在政治上积极进取，交游行为也较以前更为兴盛并成为一种生活常态，从而形成了社会上浮竞的士风。在士族中，出于振兴门楣的士族心

---

① （南朝梁）萧子显：《南齐书》，第436页。

② （南朝梁）萧子显：《南齐书》，第436页。

态，高门子弟也常常奔走在仕宦生活之中。直至南齐永明年间，竟陵八友成为当世文化领袖，梁朝建立后其大部分进入了政治权力的中心。《梁书》卷一《武帝纪上》载："竟陵王子良开西邸，招文学，高祖（萧衍）与沈约、谢朓、王融、萧琛、范云、任昉、陆倕等并游焉，号曰八友。"①沈约、谢朓、王融、任昉，在入竟陵王西邸之前，曾是文惠太子萧长懋的座上宾，任昉拜太子步兵校尉、管东宫书记，谢朓、王融为太子舍人，沈约任步兵校尉、掌管书记。永明年间，王俭为一时的政治与文化领袖，任昉、王融、谢朓、萧琛、萧衍等人皆与王俭有政治上的交游。任昉、萧琛曾任王俭丹阳尹主簿，萧衍、谢朓曾任王俭卫军东阁祭酒，而王融与王俭同出琅玡王氏，为族叔侄。王俭雅重任昉，提携族侄王融，对萧衍亦是深相器异。

而另一些士人则在政治上崇尚简退，不事交游。琅玡王敬弘，"元嘉三年，为尚书仆射。关署文案，初不省读。尝豫听讼，上问以疑狱，敬弘不对"②。王敬弘不事公务，与王导晚年不处理政务，只签署文书、表示同意一样，以清贵之职为尚。而这种为政方式在东晋门阀士族社会中蔚为风尚，也曾一度遭到批判，特别是在南朝推崇实务的政风中，类似的政治行为受到不少抨击。而一些士人在为政期间不愿意与凡俗之人相往来，保持着自己独立的性情。王僧祐"亭然独立，不交当世。沛国刘瓛闻风而悦，上书荐之。为著作佐郎，迁司空祭酒，谢病不与公卿游"，齐高帝称"可谓朝隐"③；出身琅玡王氏的王裕，性情贞正，不愿与当权往来，告诫其子王瓒之"吾欲使汝处不竞之地"；王瓒之为政期间，"官至五兵尚书，

① （唐）姚思廉：《梁书》，第2页。
② （南朝梁）沈约：《宋书》，第1730页。
③ （唐）李延寿：《南史》，第580页。

未尝诣一朝贵”；王瓒之子王秀之，任尚书，又不与王俭款接，“三世不事权贵，时人称之”[①]。

士人在仕隐之间往往充满着矛盾。自东汉末年以降，政权之更迭、皇位之承袭多由篡逆实现。刘裕以北府兵将领起家，代晋建宋，在位两年即病逝。太子刘义符继位为少帝，德行极差，辅政大臣傅亮、徐羡之、谢晦等废黜少帝改立宜都王刘义隆，为文帝。刘义隆为了掌控大权，诛杀辅政大臣，又诛杀专权的彭城王刘义康，立刘劭为太子。但元嘉三十年（453），刘义隆欲废掉太子劭，反为劭所杀，刘劭又杀江夏王刘义恭十二子、长沙嗣王刘瑾及临川嗣王刘晔。刘义隆第三子刘骏起兵杀刘劭及其四子，又杀始兴王刘濬及其三人，刘骏称帝，为孝武帝。刘骏与叔父刘义宣女淫乱，杀刘义宣及其诸子，又杀其弟南平王刘铄、武昌王刘浑、海陵王刘休茂、竟陵王刘诞。刘骏死后，太子刘子业即位，即前废帝，杀叔祖刘义恭及其四子，又杀弟弟刘子鸾、刘子师，并大杀朝臣，欲除去剩余的六位叔父，最终为叔父刘彧所杀。刘彧即位，为宋明帝，其暴戾淫乱更甚于前，其侄刘子勋、子房、子项、子业等孝武帝仅存的十六子尽皆被杀。刘彧子刘昱即位，是为后废帝，更是嗜杀成性。刘彧弟弟桂阳王刘休范叛乱失败被杀，文帝孙建平王刘景素起兵谋反被杀，大权遂落入大将军萧道成之手。刘昱在位五年后为萧道成所杀，刘准即位，为顺帝，顺帝于升明二年（479）“禅位”于萧道成，萧齐建立。刘准随后为萧道成所杀。《南史》感叹：“宋之王侯无少长皆幽死矣。”[②] 赵翼《廿二史札记》“宋子孙屠戮之惨”条总结刘宋宗室相残之因由云：“斯固南北分裂时劫运使然，抑亦宋武以猜忍起家，肆虐晋室，戾气所结，流祸于后嗣。孝武、明帝又继以凶忍惨毒，

---

① （南朝梁）萧子显：《南齐书》，第800页。

② （唐）李延寿：《南史》，第93页。

诛夷骨肉，惟恐不尽。兄弟子姓悉草薙而禽狝之，皆诸帝之自为屠戮，非假手于他族也。卒至宗支尽，而己之子孙转为他族所屠，岂非天道好还之明验哉。”“孝武既以多杀文帝子而绝嗣，明帝又以多杀孝武子，而其子亡国殒身，无复孑遗，真所谓自作之孽也。”① 赵翼从客观与主观两方面总结了刘宋宗室骨肉相残的原因，认为客观上是南北分别之劫运使然，主观上是宋武帝以残忍屠戮起家，最后指出此种结果是“自作之孽”。

鉴于刘宋宗室相残导致亡国之教训，萧道成在临终前告诫萧赜：“宋氏若不骨肉相图，他族岂得乘其衰弊，汝深戒之。”② 萧赜继位，为齐武帝，谨遵高帝遗训，并未屠戮宗室。然而萧赜舍第二子竟陵王萧子良不立，立萧昭业为皇太孙，萧昭业践祚后，萧子良忧惧而死，萧道成侄子萧鸾掌权。萧齐宗室自相残杀的悲剧开始上演。萧鸾先杀萧昭业，立昭业弟萧昭文，又杀萧昭文自立为帝，是为明帝。萧鸾在位仅五年，除了萧道成次子萧嶷一支外，萧道成十九子、萧赜二十二子皆被杀尽。赵翼《廿二史札记》“齐明帝杀高武子孙”条云：“宋子孙多不得其死，犹是文帝、孝武、废帝、明帝数君之所为，至齐高、武子孙，则皆明帝一人所杀，其惨毒自古所未有也。”③ 一语道破明帝之残忍甚于刘宋诸暴君。萧鸾死后，萧宝卷即位，即东昏侯，他秉承父亲“遇事要先发制人”之遗训，以杀人为乐，王室方镇间亦不断残杀倾轧。最后，在内乱之中，萧宝卷为属下所杀，宗室萧衍立萧宝融为帝，即齐和帝，不久，和帝“禅位”于梁王萧衍，萧齐灭亡。

在如此复杂的政治环境中，有的士人积极参与谋立，却成

---

① （清）赵翼著，王树民校正：《廿二史札记校正》，中华书局2013年版，第254—255页。

② （南朝梁）萧子显：《南齐书》，第624页。

③ （清）赵翼著，王树民校正：《廿二史札记校正》，第263页。

为政治的牺牲品。有的士人则保持观望态度，以求自全。他们不愿意放弃高官厚禄真正归隐山林，又害怕陷入政治深渊，无法自全，因此只好在出处之间寻找亦朝亦隐的平衡点。在政治生活中悠游容与，远离祸端，实现朝隐的状态。而这种朝隐早已失去了东晋时期士人出处同归的精神境界，而为世俗所支配。因此他们在山水欣赏中，更注重“自适”。南朝士人于山水中自适其性，这体现了玄学思想浸润下的士人生活方式与人生追求。这种“自适”不同于东晋士人流连山水的“得意”，而是郭象玄学思想影响下在追求名教与自然的结合过程中对个体逍遥的重新诠释。士人于山水游览中求得自适，或怀隐逸之心，或在仕隐矛盾中求得精神抚慰，或专注于山水形貌而穷其幽峻，或于庄园林馆之中游宴为愉。当时的隐逸之士多好游山水，于山野之中栖迟游览，胸怀高致。《宋书》卷九十三《隐逸传》多有记载：

(宗炳）妙善琴书，精于言理，每游山水，往辄忘归。征西长史王敬弘每从之，未尝不弥日也……好山水，爱远游，西陟荆、巫，南登衡岳，因而结宇衡山，欲怀尚平之志。①

(王弘之）性好山水……始宁沃川有佳山水，弘之又依岩筑室。②

(刘凝之）性好山水，一旦携妻子泛江湖，隐居衡山之阳。登高岭，绝人迹，为小屋居之，采药服食，妻子皆从其志。③

孙恩乱后饥荒，县令庾肃之迎（沈道虔）出县南废

---

① （南朝梁）沈约：《宋书》，第2278—2279页。
② （南朝梁）沈约：《宋书》，第2281—2282页。
③ （南朝梁）沈约：《宋书》，第2285页。

头里，为立小宅，临溪，有山水之玩。[1]

隐士们隐逸于山水之间游览玩赏以自适，满足自己归隐的需求，在一方佳山水之间寄托自己的精神。史书记载，陶弘景“始从东阳孙游岳受符图经法，遍历名山，寻访仙药。身既轻捷，性爱山水，每经涧谷，必坐卧其间，吟咏盘桓，不能已已”[2]。刘歊“博学有文才，不娶不仕，与族弟讦并隐居求志，遨游林泽，以山水书籍相娱而已”[3]。在山水之间寄托心志，是大多数隐逸之士的共同选择。而在仕之士人，则多追求“适性”。刘宋士人羊欣出身名门，为新安太守凡三十余年，“游玩山水，甚得适性”[4]。梁人萧几“为新安太守，郡多山水，特其所好，适性游履，遂为之记”[5]。

而对于在仕与隐之间徘徊的士人，他们在山水游赏中的自适则是妥协与慰藉，并进一步影响到他们的文学实践。东晋门阀士族时期，王、谢等高门甲族子弟完全处于政治权力的中心，优越的政治地位使得他们能够将实际人生从容地融入玄学当中，以玄学人格来指导人生实践。刘宋王朝早已不是“主威长谢，臣道专行”[6] 的东晋了，皇权的加强和寒族的兴起，使得历代流光的“于穆冠族”渐渐凋落，昔时如王导、谢安式的大族政治家既属意玄谈又流连廊庙的玄学人生只成为后代炫耀和企慕的荣光。就连南齐时位至宰相且颇具“谢安风流”的琅玡子弟王俭也尚且感叹“我虽有大位，权寄岂及茹公邪”[7]。

---

① （南朝梁）沈约：《宋书》，第 2291 页。

② （唐）李延寿：《南史》，第 1897—1898 页。

③ （唐）姚思廉：《梁书》，第 748 页。

④ （南朝梁）沈约：《宋书》，第 1662 页。

⑤ （唐）姚思廉：《梁书》，第 597 页。

⑥ （唐）房玄龄：《晋书》，第 580 页。

⑦ （宋）司马光：《资治通鉴》，中华书局 2011 年标点本，第 4344 页。茹公，茹法亮，齐明帝时以奸谄而有宠，为时权臣。

同样出身大族的陈郡谢氏子弟谢灵运在此政治文化环境巨变之时代，怀抱强烈的士族意识，却无政治气度与军事才能，甚至过于躁进，仍以建立盖世功业自命，一厢情愿构造自己的梦想，故而无法遂己之志，变得激愤而抑郁。因此在山水品赏上，他表现出与东晋士人领悟玄理、希冀先贤、追求精神超越的不同，而多在仕与隐的妥协中寻求心理的自适。《宋书》卷六十七《谢灵运传》记载："少帝即位，权在大臣，灵运构扇异同，非毁执政，司徒徐羡之等患之，出为永嘉太守。郡有名山水，灵运素所爱好，出守既不得志，遂肆意游遨，遍历诸县，动逾旬朔，民间听讼，不复关怀。所至辄为诗咏，以致其意焉。"① 谢灵运在政治失意的刺激下努力寻求理性的解脱，于山水之中深度体察，以心灵自觉与思想顿悟的形式表达。黄节称"说山水则苞名理"②，正是谢灵运在山水境界中顿悟与鉴照的表现。如谢诗在《富春渚》中感叹："宿心渐申写，万事俱零落。怀抱既昭旷，外物徒龙蠖。"③ 此诗作于永初三年（422）秋赴永嘉途中。此前诗人曾回故乡逗留数日，后返棹抵达今浙江萧山。从渔浦潭道富春城沿途水流惊急，舟行险壑。诗人想到自己久溺宦海，宿志难申，如今远赴永嘉无异于幽栖，因此产生"万事俱零落"的顿离尘世之感。后来刘履评曰："顾我平生，虽协幽隐之期，而乃困顿微弱，不自勇决，屡更坎险。今幸因此出守，始遂远游，而知所止托，使宿心渐得舒写。尘累既去，则怀抱自然昭旷。而屈伸显晦，无足道矣。"④ 谢灵运在山水遨游中，有"荣悴迭去来，穷通成休戚。未若长疏散，万事恒抱朴"（《过白岸亭诗》）的自我排解，有"矜名道不

① （南朝梁）沈约：《宋书》，第1753—1754页。

② 黄节：《谢康乐诗注·鲍参军诗注》，中华书局2008年版，第3页。

③ 黄节：《谢康乐诗注·鲍参军诗注》，第57页。

④ 黄节：《谢康乐诗注·鲍参军诗注》，第58页。

足，适已物可忽”（《游赤石进帆海诗》）的理悟，有“始信安期术，得尽养生年”（《登江中孤屿诗》）的企慕。

同是陈郡谢氏出身的诗人谢朓，也在仕隐之间寻求妥协。入宋以后，谢朓的族叔谢晦因为参与废杀少帝刘义符和庐陵王刘义真而被抄斩，伯父谢综在元嘉后期与孔熙先、范晔等人密谋废杀文帝而累及家门，父亲谢纬因此流放广州约十年，于孝武帝孝建年间（454—456）方遇赦返都，沉沦不起，至明帝泰始年间（465—471）才做正员郎中之类的小官。谢朓出生于宋孝武帝大明八年（464），正是家族潦倒时期。谢朓欲求功名以显氏族，从他的仕宦经历上我们就可以看出，他先后在竟陵王萧子良、随王萧子隆、齐明帝萧鸾等人幕下，又被卷入了萧鸾两次废帝并篡政、萧遥光谋废东昏侯的政治斗争旋涡之中，而被后世文人斥责为“小人”。谢朓担任过的官职也都是士庶杂选，婚姻上也并未匹配世家之女，因此虽出身士族，却又“迹近寒庶功名之士”[①]。在当时家族利益高于忠君爱国的传统政治伦理的常态下，士族文人负有光耀门楣的责任。宋齐两代的士族仍然是相当有作为的一个群体，而有别于南朝后期的沉沦与浮靡。谢朓在山水游历中怀有对现实的畏惧与不满，想要于其中寻求情感的抒发，追慕旷逸，获得仕隐的平衡，以求得内心的自适。王瑶评价：“他（谢朓）写山水，也写都邑；既写仕宦，也慕栖遁；而且在两者之间找到了妥协。这妥协就是虽然身居都邑，从于仕宦，但仍可领略山水栖遁之趣。”[②] 谢朓的山水正是在仕宦生活、都邑庭院之内，随目即景而获得的。

谢朓任宣城太守期间，曾与沈约有诗文赠答。《在郡卧病

---

① 赵敏利、吴思敬主编，钱志熙著：《中国诗歌通史：魏晋南北朝卷》，人民文学出版社 2012 年版，第 434 页。

② 王瑶：《中古文学史论》，第 282 页。

呈沈尚书》有:“淮扬股肱守,高卧犹在兹。况复南山曲,何异幽栖时?”[①] 高卧、幽栖极尽萧深之致。“连阴盛农节,薹笠聚东菑”颇具陶意,“高阁常昼掩,荒阶少诤辞”将田园气味笼归于居官无事的情味之中,让人“如挹西山爽气,烦郁顿消”[②]。齐建武二年(495),谢朓三十二岁。在前一年,南齐改换了三个皇帝,三个年号。萧鸾废杀郁林王萧昭业,立新安王萧昭文为帝,谢朓本任其中军记室,萧鸾迁其为谘议参军。后萧鸾又废新安王自立,谢朓便任中书诏诰、中书郎等职。谢朓的前程在政治变迁中虽未受影响,但在这种局面下仍然不能不心存畏惧。齐明帝萧鸾即位未久,性猜忌多虑,言行诡诈,性情不定。其时,随王萧子隆被杀,谢朓与萧子隆本关系极为密切,在此形势下稍不小心,轻则禄位不保,重则有杀身之祸。谢朓出任宣城太守,对京城固然十分留恋,但同时他又远离了政治斗争的中心,且亦可稍稍满足山水之愿,因此思绪复杂。在赴宣城的路途中,谢朓作有《之宣城郡出新林浦向板桥》:

> 江路西南永,归流东北骛。天际识归舟,云中辨江树。旅思倦摇摇,孤游昔已屡。既欢怀禄情,复协沧洲趣。嚣尘自兹隔,赏心于此遇。虽无玄豹姿,终隐南山雾。[③]

谢朓诗歌“篇篇一旨”[④],主要表现了安于荣仕与畏祸全

① (南朝齐)谢朓著,曹融南校注集说:《谢宣城集校注》,上海古籍出版社1991年版,第329页。

② (南朝齐)谢朓著,曹融南校注集说:《谢宣城集校注》,第331页。

③ (南朝齐)谢朓著,曹融南校注集说:《谢宣城集校注》,第219—220页。

④ (清)陈祚明评选,李金松点校:《采菽堂古诗选》,上海古籍出版社2008年版,第635页。

身之间的仕隐矛盾。这首诗即是如此。宣城在建业西南方向，谢朓从建业出发，逆大江而西行。水流驰向东北，江舟向西南行驶，背江而去，前路漫无尽头。对于京邑的思念很快被排解，任宣城太守，既可遂为官心愿，又合乎隐逸之趣。离开了烦嚣的是非之地，从此可以开始随心所欲地自在生活。而最末一句，重新点出了“怀禄情”与“沧洲趣”相协和的朝隐旨趣。谢朓以“玄豹姿”[①] 的典故表明自己出仕外郡是为了远离祸端，又将以淡泊心境处理政务，不会做如陶荅子一样的贪吏，更进一步表明自己以仕为隐、以隐为仕的态度。他的《始之宣城郡诗》中也同样阐发了这种一面要做官、一面又要陶然于山水的朝隐生活：“下帷阙章句，高谈愧名理。疏散谢公卿，萧条依掾吏。”“江海虽未从，山林于此始。”[②] “江海虽未从”，即虽在庙堂之上，“山林于此始”，即心无异于山林之中。

由于谢朓始终“以一种‘朝隐’的态度即目随处地去观赏自然之美好”[③]，他所欣赏的自然物色并不仅仅在深林大壑。我们从他的诗文中能看到各处的景物，特别是在官署办公、宴会饮乐之时，他都随处欣赏。在宣城，他于陵阳山顶建起一座凌风居室，号曰高斋，“每视事高斋，吟啸自若，而郡亦告治”（《宣城郡志良吏列传》）[④]。在官吏生活中，他欣赏官邸

---

① 张涛译注：《列女传译注》，人民出版社 2017 年版，第 82 页。《列女传·贤明传·陶荅子妻》记载：“陶大夫荅子之妻也。荅子治陶三年，名誉不兴，家富三倍。其妻数谏不用。居五年，从车百乘归休。宗人击牛而贺之，其妻独抱儿而泣。姑怒曰：‘何其不祥也！’妇曰：‘夫子能薄而官大，是谓婴害；无功而家昌，是谓积殃。昔楚令尹子文之治国也，家贫国富，君敬民戴，故福结于子孙，名垂于后世。今夫子不然，贪富务大，不顾后害。妾闻南山有玄豹，雾雨七日而不下食者，何也？欲以泽其毛而成文章也，故藏而远害。犬彘不择食以肥其身，坐而须死耳。今夫子治陶，家富国贫，君不敬，民不戴，败亡之征见矣。愿与少子俱脱。’姑怒，遂弃之。处期年，荅子之家果以盗诛。”

② （南朝齐）谢朓著，曹融南校注集说：《谢宣城集校注》，第 222 页。

③ 王钟陵：《中国中古诗歌史》，江苏教育出版社 1988 年版，第 628 页。

④ （南朝齐）谢朓著，曹融南校注集说：《谢宣城集校注》，第 446 页。

庭院："紫殿肃阴阴，彤庭赫宏敞。风动万年枝，日华承露掌"（《直中书省》）①。办公闲暇时，举目四望："案牍时闲暇，偶坐观卉木。飒飒满池荷，翛翛荫窗竹。檐隙自周流，房栊闲且肃。苍翠望寒山，峥嵘瞰平陆。"（《冬日晚郡事隙》）②又有"窗中列远岫，庭际俯乔林。日出众鸟散，山暝孤猿吟"（《郡内高斋闲望答吕法曹》）③，"余雪映青山，寒雾开白日。暧暧江村见，离离海树出"（《高斋视事》）④ 的自然景色。谢朓将自己的整个生活同自然风物交织在一起，颇有庙堂与山林谐趣之意，他将官吏生活与山林自然美的欣赏融于诗篇，正是名教与自然谐一的艺术显现。

南朝士人在山水游览中的"自适"还有一个最重要的特点，即山水欣赏带来的感官与情感的愉悦。宗炳在山川之间流连忘返，又图山川于尺幅之中，在对山水画的审美之中享受与自然的交流，其审美的对象更多的是山水自然本身。孔淳之在剡县，"每有所游，必穷其幽峻，或旬日忘归"⑤，刘歊"性重兴乐，尤爱山水，登危履险，必尽幽遐，人莫能及，皆叹其有济胜之具"⑥。这种极尽山水之幽峻的"济胜"之行为，是将山水作为一个客观的对象来进行审美，这也是山水从玄理或佛道思想的笼罩之下独立出来作为纯粹的观赏对象而存在的表现。此外，这种观赏的愉悦还不仅限于自然山水之中。南朝时期庄园的进一步发展，也使得士人的山水品赏从自然向人为景观延伸。自汉末以来，士人对于庄园山水的欣赏长盛不衰，于庄园之中造山水之景，是在世家大族优越的经济环境下形成的

① （南朝齐）谢朓著，曹融南校注集说：《谢宣城集校注》，第 213 页。
② （南朝齐）谢朓著，曹融南校注集说：《谢宣城集校注》，第 228 页。
③ （南朝齐）谢朓著，曹融南校注集说：《谢宣城集校注》，第 282 页。
④ （南朝齐）谢朓著，曹融南校注集说：《谢宣城集校注》，第 280 页。
⑤ （南朝梁）沈约：《宋书》，第 2283—2284 页。
⑥ （唐）李延寿：《南史》，第 1225 页。

文化活动。史书中此种记载俯拾即是。

> （王敬弘）所居舍亭山，林涧环周，备登临之美，时人谓之王东山。（《宋书》卷六十六《王敬弘传》）①
>
> （文惠）太子……开拓玄圃园与台城北堑等，其中起出土山池阁楼观塔宇，穷奇极丽，费以千万。多聚异石，妙极山水。（《南史》卷四十四《文惠太子传》）②
>
> （孔）稚珪……不乐世务，居宅盛营山水，凭机独酌，傍无杂事。门庭之内，草莱不翦，中有蛙鸣。（《南齐书》卷四十八《孔稚珪传》）③
>
> （萧统）性爱山水，于玄圃穿筑，更立亭馆，与朝士名素者游其中。尝泛舟后池，番禺侯轨盛称"此中宜奏女乐"。太子不答，咏左思《招隐诗》曰："何必丝与竹，山水有清音。"侯惭而止。（《梁书》卷八《昭明太子传》）④

齐梁时期，庄园尤盛，由于观赏的需要，庄园山水的营造越来越精致。文惠太子的楼观塔宇多聚奇石，梁湘东王萧绎建造湘东苑备极壮观，徐勉园林穿池种树，皆细得山水之妙。而在这极丽的庄园山水中，士人"或复冬日之阳，夏日之阴，良辰美景，文案间隙，负杖蹑履，逍遥陋馆，临池观鱼，披林听鸟，浊酒一杯，弹琴一曲，求数刻之暂乐，庶居常以待终"⑤。士人将玄学人生从高蹈的人生境界落到生活的实处，造山造水之中融入真自然，从中求得"自适"，这不仅是对玄理的领悟，也是个人情感的需要。萧子良《行宅诗序》中

---

① （南朝梁）沈约：《宋书》，第1732页。

② （唐）李延寿：《南史》，第1100页。

③ （南朝梁）萧子显：《南齐书》，第840页。

④ （唐）姚思廉：《梁书》，第168页。

⑤ （唐）姚思廉：《梁书》，第385页。

说："余禀性端疏，属爱闲外，往岁羁役浙东，备历江山之美，名都胜境，极尽登临。山原石道，步步新情；回池绝涧，往往旧识。以吟以咏，聊用述心。"[①] 山水为旧识，又饱赏不厌，陶醉不已，屡有新情的申发，已然将个人情感完全寄托于山水之间。不论是在自然山水中"穷其幽峻"，享受野趣，还是于庄园林馆中玩赏游乐，士人都以自己的方式寻求"自适"，也从领悟玄理到观赏、愉悦，完成了对山水品赏的审美化进程。

第三节　文艺自适论的兴起

玄学人格为东晋南朝士人提供了"自适"的人生境界，也为其审美活动奠定了基础。相较而言，东晋士人之"适"带有玄学的意味，注重心灵上的畅适和精神上的超越，而南朝士人之"适"则更注重感官的观赏，是满足物欲的愉悦。

一　玄学之"自适"

"适"与"自适"源于《庄子》。《庄子・骈拇》有："夫不自见而见彼，不自得而得彼者，是得人之得而不自得其得者也，适人之适而不自适其适者也。夫适人之适而不自适其适，虽盗跖与伯夷，是同为淫僻也。"[②]《骈拇》的主旨在于阐扬人的行为须合于自然，顺人之常情。篇中不赞成改变自己的本性去符合仁义、五味、五声、五色；指出人的臧善、聪敏、明达，不在于通于仁义，而在于自见、自闻，任其性命。随后，篇中提出了"得人"与"自得"、"适人"与"自适"的相对的概念，指出应当"自适其适"。《庄子・大宗师》亦有："若

① （清）严可均辑：《全上古三代秦汉三国六朝文》，第2829页。
② （清）郭庆藩撰，王孝鱼点校：《庄子集释》，第327页。

狐不偕、务光、伯夷、叔齐、箕子、胥馀、纪他、申徒狄，是役人之役，适人之适，而不自适其适者也。”① 庄子的自适是指不改变自己的本性，即摒弃外在的五味、五声、五色、仁义，率任性情，内视自己。从本性而言，无论盗跖还是伯夷，都是不符合本性的偏邪行径。自适其适，是尊崇本性、随任自由的精神境界。《庄子》中的“自适”包含以下两个方面：一是独立真实的人格。不改变本性，摆脱外在仁义礼智、声色欲望对人的束缚，回归本我。二是精神的自由。在摆脱世俗枷锁、复归本性的基础之上，人的精神达到自由无碍的境界，感受到心灵的快适。

在郭象玄学中，“自适之适”在庄子的基础上逐渐发展出新的内涵。

首先，郭象以庄子之“适”为基础，承认外在的善、聪、明等与恶并列，认为它们都是毁伤本性的人为。郭象注“自适其适”曰：“此舍己效人者也，虽效之若人，而己已亡矣。苟以失性为淫僻，则虽所失之途异，其于失之一也。”② 舍己效人，失去自性，以此得之善、聪、明，都是“失”而不是“得”。这些都不是“适”。就如成玄英疏：“夫不能视见之所见而见目以求离（未）〔朱〕之明，不能知知之所知而役知以慕史鱼之义者，斯乃伪情学人之得，非谓率性自得己得也。既而伪学外显，效彼悦人，作伪心劳，故不自适其适也。淫，滞也。僻，邪也。夫保分率性，正道也；尚名好胜，邪淫也。是以舍己逐物，开希幸之路者，虽伯夷之善，盗跖之恶，亦同为邪僻也。”③ “悦乐众人之耳目，焉能自适其情性耶！”④ “自

① （清）郭庆藩撰，王孝鱼点校：《庄子集释》，第 232 页。
② （清）郭庆藩撰，王孝鱼点校：《庄子集释》，第 329 页。
③ （清）郭庆藩撰，王孝鱼点校：《庄子集释》，第 329 页。
④ （清）郭庆藩撰，王孝鱼点校：《庄子集释》，第 234 页。

适”乃“保分率性”，“自适其情性”。

同时，郭象已经开出了“性”的新义，强调万有之“自性”。因此这里的“保分率性”“自适其适”，也受到自身生存发展所需条件的限制，人要适应某些条件，而不是顺应一切“无待”的条件，顺应一切变化。因此，圣人无知无情、无欲无求的人格理想，转而为具体人生实践时，郭象将之阐释为无心的态度与个体有差别的性分相符合的“自适”。郭象将“自适”赋予了“自性”的内涵。郭象在《庄子·大宗师》注中说：“夫率性直往者，自然也；往而伤性，性伤而能改者，亦自然也。”① 并举了牛马的例子，认为马能接受套笼头，牛能接受穿鼻子，说明在牛马的“性分”中具有接受套笼头穿鼻子的本性，因此，受人类的役使是牛马的“性分”。如果不使牛马超负荷劳作，而是在适合其体力的前提下役使它，是不违背自然的，而且还实现了牛马的“真性”。由此而来，“夫时之所贤者为君，才不应世者为臣。若天之自高，地之自卑，首自在上，足自居下。”（《庄子·齐物论》注）② “凡得真性，用其自为者，虽复皂隶，犹不顾毁誉而自安其业。”（《庄子·齐物论》注）③ 因此，每一生命个体之“性分”是没有大小优劣之分的，有的只是自己的行为与其性分是否“适当”的问题。郭象在《达生》中对鲁君获鸟而“以己养养鸟”注道：“此章言养生者各任性分之适而至矣。”④ 自适，即适己之性分，如《逍遥游》中注曰：“夫大鸟一去半岁，至天池而息；小鸟一飞半朝，抢榆枋而止。此比所能则有闲矣，其于适性一也。”⑤ 大鸟与小鸟，“其于适性者一也”。“适”即适顺性

① （清）郭庆藩撰，王孝鱼点校：《庄子集释》，第281页。
② （清）郭庆藩撰，王孝鱼点校：《庄子集释》，第58页。
③ （清）郭庆藩撰，王孝鱼点校：《庄子集释》，第59页。
④ （清）郭庆藩撰，王孝鱼点校：《庄子集释》，第666页。
⑤ （清）郭庆藩撰，王孝鱼点校：《庄子集释》，第5页。

分，使行为适合性分，才能达到逍遥的境界。而因为“适性”所以能达到各自的逍遥境界，在于不知其然而所以然，自然而不为。郭象注：“苟足于其性，则虽大鹏无以自贵于小鸟，小鸟无羡于天池，而荣愿有余矣。故小大虽殊，逍遥一也。”①正是强调此种“自然”。

第三，郭象重新为仁义找到了“适性”之处。郭象注《庄子·骈姆》时说：“善于自得，忘仁而仁。”他又继续解释道：“谓仁义为善，则损身以殉之，此于性命还自不仁也。身且不仁，其如人何！故任其性命，乃能及人，及人而不累于己，彼我同于自得，斯可谓善也。”② 求仁义而损身，对于性命而言则是不仁，违背了仁义之根本。忘仁方可以得仁。真正的完满的善，应当任其性命，能使人与己两相自得。

随后，《庄子》还提出了更进一步的艺术境界，即“忘适之适”。《达生》中有：

> 工倕旋而盖规矩，指与物化而不以心稽，故其灵台一而不桎。忘足，屦之适也；忘要，带之适也；知忘是非，心之适也；不内变，不外从，事会之适也。始乎适而未尝不适者，忘适之适也。③

鞋子的舒适会使人忘记自己的脚，腰带的舒适会使人忘记自己的腰，心灵的舒适，会让我们忘记世俗枷锁，居处安适，也使我们不内变外从，尊崇本心。这种忘适之适，是在主体虚静凝神、心斋坐忘的基础之上，达到与物为一的境界，精神获得了彻底的解放。

---

① （清）郭庆藩撰，王孝鱼点校：《庄子集释》，第9页。
② （清）郭庆藩撰，王孝鱼点校：《庄子集释》，第328页。
③ （清）郭庆藩撰，王孝鱼点校：《庄子集释》，第662页。

郭象也对忘适之适做了独特的解释。首先是无心以应物。郭象注《齐物论》“庸也者，用也；用也者，通也；通也者，得也”曰：“夫达者无滞于一方，故忽然自忘，而寄当于自用。自用者，莫不条畅而自得也。”① 郭象此处之自忘、自得，指无心以应外物，由此可以无碍地通于万有，与万有之理相应，进而能够尽其神妙。在此基础上，郭注曰：“故举纵横好丑，恢恑憰怪，各然其所然，各可其所可，则理虽万殊而性同得，故曰道通为一也。”② 他的“各可其所可”，正是强调了“自”的内涵。因此，在自适其性的基础之上，庄子提出了“至适忘适”，要求以无心虚静、凝神化一的主体态度来对待外物。第二，这种“至适”的境界，是一种“一毁誉，混荣辱，忘物我，泯是非”③ 的境界，即物我齐一、浑然与物相冥的境界。

二 东晋南朝文艺价值论中的“自适”

东晋南朝时期，文艺的功用由强调政教风化逐渐向个人之精神与情性的满足转变，士人赋予了文艺以独立的审美价值。

（一）畅神说

在郭象玄学的影响下，东晋士人在政治取舍与山水欣赏上表现出以精神高蹈为主、于名教中求自然的行为特点，他们的审美活动也追求心灵的畅适，即如王羲之在《兰亭诗》中所云：“群籁虽参差，适我无非新。”④ 南朝画论家宗炳、王微，也在山水欣赏中保留着精神超脱与心胸澄明。唐代张彦远在

---

① （清）郭庆藩撰，王孝鱼点校：《庄子集释》，第 72 页。

② （清）郭庆藩撰，王孝鱼点校：《庄子集释》，第 71 页。

③ （清）郭庆藩撰，王孝鱼点校：《庄子集释》，第 501 页。

④ 逯钦立辑校：《先秦汉魏晋南北朝诗》，第 895 页。

《历代名画记》中云："宗炳王微，皆拟迹巢由，放情林壑，与琴酒而俱适，纵烟霞而独往。"① 延及绘画艺术领域，他们的"自适"是希望从绘画作品的创作、欣赏中获得"畅神""神飞扬"的满足。

宗炳在《画山水序》中，描述了自己在创作山水画时的审美体验：

> 于是闲居理气，拂觞鸣琴，披图幽对，坐究四荒，不违天励之藂，独应无人之野。峰岫峣嶷，云林森眇。圣贤暎于绝代，万趣融其神思。余复何为哉，畅神而已。神之所畅，孰有先焉。②

创作前的应会感神，是在自然山水之中获得"畅神"的满足，而这是基于"山水以形媚道"的思想之上的。在山水画创作中，山水的精神意蕴通过山水绘画的形象表现出来，"神本亡端，栖形感类，理入影迹，诚能妙写，亦诚尽矣"③。

王微在《叙画》中也指出"望秋云，神飞扬，临春风，思浩荡"④，对于山水美的欣赏如此，对于山水画的欣赏亦是如此。观者通过欣赏山水绘画作品，也能够获得一种"神超形越"的美感。

然而南朝士人不同于东晋的"自适"追求，玄理逐渐淡出，士人越来越多地注重自我情感的抒发和观赏娱乐性质的愉悦。这也使得士人主体获得审美愉悦的途径发生了改变，在文艺创作与欣赏上，便是在重神的基础上要求形貌细密绮丽。宗

① （唐）张彦远：《历代名画记》，第 214 页。
② （唐）张彦远：《历代名画记》，第 210 页。
③ （唐）张彦远：《历代名画记》，第 210 页。
④ （唐）张彦远：《历代名画记》，第 213 页。

炳便在《画山水序》中规定了绘画创作的基本要求："况乎身所盘桓，目所绸缪，以形写形，以色貌色也。"[①] 王微的《叙画》中亦提出了绘画的用笔问题，提出形的描绘需要正确自然，但又不是简单的如实逼真，而是要呈现出山水之形的灵性与生气。对于形色的要求，尽管是为了追求对象精神之美的完美展现，但也是士人意识到形式美对于作品整体精神意蕴呈现的重要作用的表现，这也使得士人们更加关注形式带给人的直接单纯的愉悦。

（二）自娱说

齐梁时期的谢赫《古画品录》，便是这种感官形态审美的"自适"在绘画艺术中的反映。谢赫在《古画品录》中提出了六法，首先指出"气韵生动""骨法用笔"[②]，将自然生命和精神生命的协调引入绘画领域中。此二者是将其"穷理尽性，事绝言象"[③] 的最高标准落实在绘画作品的创作与欣赏上的。他极为赞赏的陆探微的"穷理尽性，事绝言象"，充满了玄学态度。陆探微的画作，远远超越了作品外在形式美，直接把握到艺术的内在本质，这与谢赫提出的"气韵生动"是有联系的。后来张怀瓘评陆画"参灵酌妙，动与神会"[④] 也是对其"穷理尽性"的赞赏。谢赫又评论张墨、荀勖"风范气候，极妙参神"[⑤]，"若取之象外，方厌膏腴，可谓微妙也"[⑥]。谢赫将其品评为第一品，画作的气韵生于物象之外，微妙无穷。又评陆绥

① （唐）张彦远：《历代名画记》，第 209 页。

② （南朝齐）谢赫撰，王伯敏标点注释：《古画品录》，人民美术出版社 1959 年版，第 1 页。

③ （南朝齐）谢赫撰，王伯敏标点注释：《古画品录》，第 6 页。

④ （唐）张彦远：《历代名画记》，第 204 页。

⑤ （南朝齐）谢赫撰，王伯敏标点注释：《古画品录》，第 8 页。

⑥ （南朝齐）谢赫撰，王伯敏标点注释：《古画品录》，第 8 页。"若取之象外"，津逮秘书本作"若取之外"，"之"字下脱"象"字。本书据王伯敏校笺改。

“体韵遒举，风彩飘然”①，戴逵“情韵连绵，风趣巧拔”②，江僧宝“用笔骨梗，甚有师法”③。从这些评论来看，他对“气”的推崇超过“形”，那些风骨壮气的作品要比形妙之作好得多，只有形似而没有气力的画作和画家只能排在稍后的品第。

而谢赫也注重绘画创作的“精微谨细”。他在六法中随后指出“应物象形”“随类赋彩”和“经营位置”。“随类赋彩”是从色彩方面去表现对象的技法。对象的色彩是为它所属的“类”所规定的。《林泉高致·画诀》载北宋画家郭熙称“水色：春绿；夏碧；秋青；冬黑”④，《宣和画谱》中也有“（滕昌祐）又以画鹅得名，复精于芙蓉、茴香，兼为夹纻果实，随类傅色，宛有生意也”⑤。谢赫提到“随类赋彩”，在张彦远看来是希望达到一种细密精致而臻丽的绘画水平。而这种随类而定的色彩，本身也构成了一种浑化的境界，在突出气韵生动上有重要的作用。“应物象形”，包含着人对相应的物象所采取的应答。刻画出对象的形态外观是古代绘画的基本要求。明代唐志契《绘事微言》、朱谋垔《画史会要》、王世贞《艺苑卮言》等都将“应物象形”录为“应物写形”，即写真之意，要捕捉到对象神韵，获得生动精神。谢赫评顾景秀“始变古体创为今范，赋彩制形，皆有新意”⑥。顾景秀所创的新意，便是在“赋彩制形”上。赋彩，按照事物本身的形象敷赋颜色，以达到形式上的逼真与美感。制形，是画家主体通过对物象的感知去描绘其形象。在这两方面要求上，画家顾景秀都开始改变古代画法而树立起今人作画的规则。谢赫一方面极力推

① （南朝齐）谢赫撰，王伯敏标点注释：《古画品录》，第10页。
② （南朝齐）谢赫撰，王伯敏标点注释：《古画品录》，第15页。
③ （南朝齐）谢赫撰，王伯敏标点注释：《古画品录》，第15页。
④ （宋）郭思编，杨伯编著：《林泉高致》，中华书局2010年版，第105页。
⑤ 俞剑华标点注译：《宣和画谱》，人民美术出版社2017年版，第259页。
⑥ （唐）张彦远：《历代名画记》，第218页。

崇前代在“气韵”上的成就和风度，另一方面又在当时盛行的悦目悦情的“生动”中进行创作和鉴赏。在书法上，南朝宋虞龢认为当世之书法穷其妍妙，爱妍而薄质，但妍质各有所长，各有其美。南齐王僧虔也着重一种神意飞扬的审美境界，与谢赫所言“事绝言象”有异曲同工之妙，同时并不弃形质，他在《笔意赞》中说：“书之妙道，神彩为上，形质次之，兼之者方可绍于古人。”① 这也是评论家们在古与今之中的双重选择，是当时士人面对这个时代而形成的精神与艺术的交融。

南朝士人注重艺术赏心悦目之优美带来的“自适”。南朝宫体诗宫体画中的对象，便体现了诗人们所追求的赏心悦目的优美。楚襄王说高唐神女“茂矣美矣，诸好备矣；盛矣丽矣，难测究矣”(《神女赋》)②，人们对于女性美的神秘与魅力是充满欲慕的。而在南朝时期，以往诗人们的吟咏对象神女为现实生活中的女性所取代。女性的妆容服饰、姿态行为等成为诗人描摹的对象，从而成为抒发情感、愉悦心灵的对象。谢赫作画的内容多为“丽服靓妆”“直眉曲鬓”③，这是当时宫廷里被宫体诗深描细写的仕女们。谢赫为之作画，随时更新，日趋时俗，画中的服饰妆容都引起了时尚的潮流，这也正符合宫廷审美的趣味。而士大夫画者萧贲从事绘画活动也是为了自娱而已，嵇宝钧的画作“赋彩鲜丽，观之悦情”④，艺术创作活动的自娱、悦情目的逐渐凸显出来。萧纲在《答新渝侯和诗书》中赞扬了新渝侯的诗作清新明丽：“垂示三首，风云吐于行间，珠玉生于字里，……手持口诵，喜荷交并也。”⑤ 认为其诗让人读后赏心

---

① （宋）陈思编撰，崔尔平校注：《书苑菁华校注》，上海辞书出版社2013年版，第272页。

② （清）严可均辑：《全上古三代秦汉三国六朝文》，第74页。

③ （唐）张彦远：《历代名画记》，第227页。

④ （唐）张彦远：《历代名画记》，第242—243页。

⑤ （清）严可均辑：《全上古三代秦汉三国六朝文》，第3010—3011页。

悦目。宫体诗人或画家的创作与观赏同样使人获得愉悦和快乐。在这种目的的驱动下，创作的对象及创作手法也不断发展。

由于宫体诗的盛行，诗中描写的对象也成为宫体画派所描绘的对象。文学对女性身体及日常生活的关注，也使得绘画对象向仕女的服饰妆容等倾斜。从描摹内容来看，宫体诗对女性美的描摹主要表现在女性的衣容行为上。如萧纲《夜听妓诗》曰："何如明月夜，流风拂舞腰。朱唇随吹尽，玉钏逐弦摇。"[①] 这是在歌舞宴会上对美女的欣赏，着重描摹了玉钏、晚妆等服饰装束以及美妙舞姿给观赏者带来的愉悦。还有很多对特定场合如晨妆、看画、摘蔷薇、春游、照镜、采桑中美女的衣饰姿容、神态行为的描写，在宫体诗中屡见不鲜。如庾肩吾《咏美人看画应令诗》曰："欲知画能巧，唤取真来映。并出似分身，相看如照镜。安钗等疏密，著领俱周正。不解平城围，谁与丹青竞。"[②] 这"相看如照镜"的仕女画，便是出自宫廷画家之手。宫廷画家也是以具体刻画宫廷仕女等为业，沈粲、袁昂专工绮罗，刘瑱所画妇人"甚有姿态"[③]，焦宝愿"衣制树色""点黛施朱"[④]，他们在妇人的眉眼、衣饰、绰约风姿中描得一步一摇、浮光逐笑。

宫体诗"清辞巧制""雕琢蔓藻"[⑤]，充满秾丽之气。它将文人情调融入了描摹女性美的诗文当中，塑造了一种耐人品鉴的审美韵味。宫体诗所描绘的就像一幅幅图画。梁简文帝有《咏美人看画诗》："殿上图神女，宫里出佳人。可怜俱是画，谁能辨伪真？分明净眉眼，一种细腰身。所可持为异，长有好精神。"[⑥]

---

① 逯钦立辑校：《先秦汉魏晋南北朝诗》，第 1954 页。
② 逯钦立辑校：《先秦汉魏晋南北朝诗》，第 1995 页。
③ （唐）张彦远：《历代名画记》，第 230 页。
④ （唐）张彦远：《历代名画记》，第 242 页。
⑤ （唐）魏征、令狐德棻：《隋书》，中华书局 1973 年点校本，第 1090 页。
⑥ 逯钦立辑校：《先秦汉魏晋南北朝诗》，第 1953 页。

画与人无辨真伪，眉眼同净，腰身同细，正是画家高超的绘画技巧才达到了如此境界，让人悦目悦情，并深含精神内蕴。此时在艺术上将“美”作为中心，而与魏晋时期追求的“神”不同。

南朝士人欣赏悦目悦情的艺术美，是其心理期望与现实感官的结合。南朝士人崇尚的这种容止美，是纯粹的南朝式的，在神情秀彻、自然雅韵中渗透出柔美的倾向，在此影响下，文学书画注重对细密臻丽、柔婉妩媚之美的表现，形成了宫体审美趣味，艺术的愉悦性质也凸显出来。艺术创作以“娱人”和“自娱”为主要目的。

综上观之，在玄学讨论名教与自然关系的基础之上，士人的人格理想便紧密地将二者联系起来，并试图加以调和。在东晋南朝时期产生了“得意”与“自适”的精神追求，进而影响到士人对于文学、绘画等艺术的审美趣味和价值观念。艺术作品的创作与鉴赏活动不仅可以“畅神”，亦注重悦目悦情、悦心悦意以达“自适”。

第四章　玄学思维与文艺批评方法的嬗变

魏晋玄学的产生是汉末思潮朝着抽象原则发展的结果。玄学将天地万物之存在依据作为中心课题，进入本体论的讨论，并以本体论思维阐释哲学问题和社会政治问题，以辨名析理、得意忘言的方法来论证和构建自己的思想体系。玄学的思维从思辨意义上而言，为东晋南朝的文艺审美方式提供了思考的空间，又从逻辑方法上引导其进行概念分析与体系架构，使得东晋南朝文艺批评在思维方法和言说方式上产生了新的变化。特别是在文学批评方法上，东晋南朝时期比较重要的如钟嵘《诗品》的辨体批评、品第批评、知人论世、推源溯流等，刘勰《文心雕龙》的体要批评、“披文入情”、“唯务折衷”、意象批评等，都在不同程度上受到玄学思维的影响。

第一节　玄学本末思维与文艺批评

从何晏开始，玄学在确立了以无为本的本体论基础之上，开始积极探索本末关系。王弼将本体论整体思维运用到自己的体系中，以崇本息末的命题解释本末之间的关系，并以体及用、由用及体反复循环论证，将现象与本质紧密联系在一起。这不仅将抽象思维与具体事象统一于一体，两不偏废，也为哲学的高度思辨与艺术的直观把握的统一提供了可能。此外，它也促使士人积极思考艺术的本质，并采用本末思维方式来构建自己的思想体系。

一　玄学的本末思维

贵无论玄学的基本范畴是有和无。“有”是存在，包括自然界物象和社会人事；“无”是存在背后不能言说、不能把握的却支配存在的实有。老子提出了有无的范畴，“天下万物生于有，有生于无”（《老子》第四十章）[①]，将“无”视为天地万物的本原。《庄子·天下》又说：“明于本数，系于末度。”[②] 指出道有本末之分。本末问题成为中国哲学的永恒主题。中国哲学中对本体论的探索是以体用关系或本体与现象、无形与有形的关系为主的。

前文谈到，何晏对于“明于本数”作了很多探索。他确定了无的本体性，认为无与有相互联结，强调本体的统率作用。他在注《论语·宪问》“君子上达，小人下达”时说：“本为上，末为下也。”[③] 注《论语·卫灵公》“予一以贯之”时说：“善有元，事有会。天下殊途而同归，百虑而一致。知其元则众善举矣，故不待多学，一以知之也。”[④] 百理归于一理，万物会通而成本体，因此本末是相互联系的。

在何晏提出“以无为本”的命题之后，王弼进一步以“崇本息末”来阐释本末关系，将思辨性原则具体化，运用到实际社会生活中。王弼认为，本体与现象之间不可割裂，没有现象，本体的作用将无从表现，现象需要依赖本体而存在。在确立了本体的这种地位之后，紧接着便强调本体的作用，“故执大象则天下往，用大音则风俗移也”[⑤]。这种思维方式即由

---

① （魏）王弼注，楼宇烈校释：《老子道德经注校释》，第 110 页。
② （清）郭庆藩撰，王孝鱼点校：《庄子集释》，第 1067 页。
③ （南朝梁）皇侃撰，高尚榘校点：《论语义疏》，第 373 页。
④ （南朝梁）皇侃撰，高尚榘校点：《论语义疏》，第 394 页。
⑤ （三国魏）王弼著，楼宇烈校释：《王弼集校释》，第 195 页。

体及用，是万有之本体向外发用流行，始终将抽象思辨与实际现象结合起来。王弼在《老子指略》中随即通过“由体及用”的思维方式来展开他的玄学体系。

在竹林玄学这里，有无问题变成了自然与名教问题，阮籍、嵇康讨论的是人的问题，即人生哲学，此时的玄学也主要侧重于自我意识与精神境界。阮籍、嵇康将自然与名教对立起来，即将体与用割裂开来，因此不能用哲学思辨上的本末体用关系来论证二者的关系，于名教之中得不到安息，于自然之中亦找不到寄托，只有退回到自我意识中，寻求一个纯粹的精神支柱，因而与现实世界越来越远了。

逮至郭象，他在《庄子序》中提出了“神器独化于玄冥之境”[①] 的命题，囊括了本体与现象、整体与个体、一元与多元、统一与对立之间的种种复杂关系。他的本末思想也在这个问题里得到了充分的阐释。郭象采纳了裴頠“崇有论”中的“自生”的观点，肯定万物之“自生”“自有”。万物的本体是“玄冥之境”，“玄冥者，所以名无而非无也”[②]，“至道者乃至无也”[③]，是一种绝对的“无”。在有无关系上，郭象认为“若游有，则不能周遍咸也”[④]，“物有际，故每相与不能冥然”[⑤]，每一个具体的事物都有自己的“际”的规定性，相互之间不能冥合，它们是在玄冥之境即“无”这里得到了统一。每一个个体都是自生、自有、自足于己而无待于外的，只有满足自己的本性，“各然其所然，各可其所可”[⑥]，自然自为，

① （清）郭庆藩撰，王孝鱼点校：《庄子集释》，第 3 页。
② （清）郭庆藩撰，王孝鱼点校：《庄子集释》，第 257 页。
③ （清）郭庆藩撰，王孝鱼点校：《庄子集释》，第 764 页。
④ （清）郭庆藩撰，王孝鱼点校：《庄子集释》，第 752 页。
⑤ （清）郭庆藩撰，王孝鱼点校：《庄子集释》，第 754 页。
⑥ （清）郭庆藩撰，王孝鱼点校：《庄子集释》，第 71 页。

“夫相因之功，莫若独化之至也”[①]，从而由个体的和谐达到整体的和谐。郭象非常赞同王弼的本末之辨的思想，并竭力解决本末、有无之间的对立统一的关系。就天道而言，万物禀性各异，并统一于玄冥这一原始的和谐之中，个体自然而为，满足各自的性分。就人道而言，无为与有为是统一的。无为是任其自为、率性而动，无为即有为。万物自为而相因，即可以达到有无、本末的统一。

而在佛教兴盛的东晋南朝时期，佛学的本末问题与玄学相互联结，也在思辨角度上予以补充与申发。自汉末至南朝初年，中国佛教的主要流派是般若学。僧肇的《不真空论》是般若学思想的集大成著作，他认为一切事物现象因缘而起、刹那生灭，故无自性，无自性即性空，性空即不有：“若有不能自有，待缘而后有者，故知有非真有。有非真有，虽有不可谓之有矣……万物若无，则不应起，起则非无，以明缘起故不无也。”[②] 因缘而起，物便产生，但物是因缘而起的，所以是不真的，是非有。简单说来，他认为万物存在，但不真实，所以是空，即为“不真空”。此归结于他的意旨，即“夫至虚无生者，盖是般若玄鉴之妙趣，有物之宗极者也”[③]。这种般若玄鉴之微妙旨趣，是统贯万物的宗极。僧肇否定了现象世界的一切，是教人走向永恒不变、圆满真实的彼岸世界，那个世界才是真实的、不空的。僧肇的“不真空”说拓展了美之本体的思路，其思维的触须伸向出世间而又不离世间，成为禅宗美学的时代先声。王振复说：“中国美学思维与思想的时空域限，已经不在有（物）、无（本体）之间，而是在于无（此岸本体）、

① （清）郭庆藩撰，王孝鱼点校：《庄子集释》，第 241 页。

② （东晋）僧肇著，张春波校释：《肇论校释》，中华书局 2010 年版，第 54—55 页。

③ （东晋）僧肇著，张春波校释：《肇论校释》，第 33 页。

空（彼岸）之际。出入隐显于世间与出世间，使精神在无、空之间往来无碍，成为魏晋之后中国美学文脉的基本走向。这一特点发展到唐代的禅宗美学，已经是很典型的了。”[①] 佛教般若学继承了玄学的本体论思维，并在哲学思辨上有更深的独具会心的思考，对中国美学思维产生了深远的影响。

余敦康指出：“本体论的哲学必然重视抽象的理论思维，因为只有运用这种思维才能把握那无形无象的本体。但是本体论的哲学为了处理本体与现象之间的关系，又不能不重视感性的经验和生动的直观，因为离开了现象，本体就变成了无源之水、无本之木。”[②] 玄学本末之辨的思维，表现在由用见体、由体及用二者的反复循环，把本体与现象紧密联结起来，以把握世界整体。本末之辨在整体思维、天人关系、个体感性经验等方面都对东晋南朝的文艺批评有深远的影响。

二　本体论整体思维与东晋南朝的文艺批评

（一）本末思维在文学批评方式上的运用

本末体用的思辨除提升文艺的思维水平外，也引导批评家以本末体用的逻辑方式来论证自己的理论观点，构建思想体系。如郭璞《注山海经序》，首先以为万物众生禀受元气为基础，虽纷纭不同，自相激荡，但又存在规定性的和谐，其“游魂灵怪”，于山川、木石等有形有象之物中表现出来。随后将万有总总之差别、变化统一于“一响”“一象”之中：“夫以宇宙之寥廓，群生之纷纭，阴阳之煦蒸，万殊之区分，精气浑淆，自相濆薄，游魂灵怪，触象而构，流形于山川，丽状于木石者，恶可胜言乎？然则总其所以乖，鼓之于一响，成其所以变，混之于一象。”[③] 又由

---

① 王振复：《中国美学史教程》，复旦大学出版社 2004 年版，第 152 页。

② 余敦康：《魏晋玄学史》，第 102—103 页。

③ （清）严可均辑：《全上古三代秦汉三国六朝文》，第 2153 页。

用及体，列举了异怪之验，指出从具体的描绘和表象去推究事物的变化，其幽深玄妙之神便会无所隐匿，像镜子一样完全反映出来："是故圣皇原化以极变，象物以应怪，鉴无滞赜，曲尽幽情，神焉廋哉，神焉廋哉！"[①] 除郭璞外，东晋南朝时期许多文艺批评著作都采用了本末思维的方式。此外还有诸多文艺批评著作，以本末思维的方式来进行论证。

1. 葛洪《抱朴子外篇》对德本文末思想的反思

葛洪在《抱朴子外篇·尚博》中详细论述了"文"与"德"的关系，对当时流行的德本文末的观点进行了反驳。时论曰："德行者，本也；文章者，末也。故四科之序，文不居上。然则著纸者，糟粕之余事；可传者，祭毕之刍狗。卑高之格，是可识矣。文之体略，可得闻乎？"[②]《论语》说文、行、忠、信四科文不居上，《庄子》《淮南子》将文章比作糟粕和刍狗，德本文末的思想由来已久。葛洪则从《庄子》的言荃之喻说起，认为道未施行就不可以把文丢掉。葛洪分析了"文"的特点，认为"文"有着纷繁复杂的现象——音韵宏促，结构疏密修短，意蕴深浅，有辽邈、巨细、锐钝、轻重、清浊参差、强弱殊气等特征，而这些现象都是"文章微妙"[③] 的表征，让我们更难把握其本体。同时，他又举出天文、地文、人文的例子，认为"本不必皆珍，末不必悉薄"[④]，将德、文认为是同等重要的。在《抱朴子外篇·循本》中，葛洪又明确谈到"文"的重要地位：

玄寂虚静者，神明之本也。阴阳柔刚者，二仪之本

① （清）严可均辑：《全上古三代秦汉三国六朝文》，第2153页。
② 杨明照：《抱朴子外篇校笺》（下），第108页。
③ 杨明照：《抱朴子外篇校笺》（下），第107页。
④ 杨明照：《抱朴子外篇校笺》（下），第113页。

> 也。巍峨岩岫者，山岳之本也。德行文学者，君子之本也。莫或无本而能立焉。是以欲致其高，必丰其基；欲茂其末，必深其根。[①]

葛洪以本末的思维方式，强调了“文”本的地位，重视文章所具有的价值，将文学与德行同视为君子之本。他赞美如陆机陆云等德行与文章兼备的人为“儒雅之士，文章之人”，高扬了文章的美的价值。

2. 齐梁文论中的本末思维

在齐梁时期的文学理论中，批评家亦擅用本末思维来进行论证。萧统《文选序》首章明确了文学的本质和发展规律：

> 式观元始，眇觌玄风。冬穴夏巢之时，茹毛饮血之世，世质民淳，斯文未作。逮乎伏羲氏之王天下也，始画八卦，造书契，以代结绳之政，由是文籍生焉。《易》曰：“观乎天文，以察时变；观乎人文，以化成天下。”文之时义远矣哉！若夫椎轮为大辂之始，大辂宁有椎轮之质；增冰为积水所成，积水曾微增冰之凛。何哉？盖踵其事而增华，变其本而加厉；物既有之，文亦宜然。随时变改，难可详悉。[②]

萧统首先从远古之世文尚未产生之时说起，认为从伏羲画八卦、造书契开始文籍才产生。这种由质朴到华丽的发展规律，是以《周易》天文、人文的思想为本。《周易·贲卦》彖曰：“刚柔交错，天文也。文明以止，人文也。观乎天文，以察时变；观乎人文，以化成天下。”王弼注：“刚柔交错而成

---

① 杨明照：《抱朴子外篇校笺》（下），第401页。

② （南朝梁）萧统编，（唐）李善注：《文选》，第1页。

文焉。天之文也。止物不以威武，而以文明，人之文也。观天之文，则时变可知也；观人之文，则化成可为也。”① 萧统以此说明文学由质朴到华丽的发展规律，进一步肯定了“丽”是文学发展的必然结果。

以《周易》中关于天文、人文的思想为本讨论文学，在齐梁时期是一种普遍做法，萧纲、刘勰等在有关文学的论述中也都采用此种方式。萧纲在《答张缵谢示集书》中以《周易》的天文、人文为本。“日月参辰，火龙黼黻，尚且著于玄象，章乎人事，而况文辞可止，咏歌可辍乎?”② 《周易·系辞上》有:“天尊地卑，乾坤定矣。卑高以陈，贵贱位矣。动静有常，刚柔断矣。方以类聚，物以群分，吉凶生矣。在天成象，在地成形，变化见矣。是故刚柔相摩，八卦相荡，鼓之以雷霆，润之以风雨。日月运行，一寒一暑。”③ 阴阳刚柔互相切摩，八卦互相冲激，在天而成就了日月寒暑，在地而成就了山川形态。万事万物不断变化，错综复杂。既然自然之文尚有纷繁之象，何况文辞咏歌呢？萧纲以此肯定文辞华美的风气，为文章之美争取地位。

萧统、萧纲等对文学的本质进行考察，从伦理学转向了艺术的具体感性形式上，不同于魏晋时期对超越感官的绝对美的追求，而注重文学给人以感官愉悦的享受。他们援引《周易》中关于天文、人文的思想，来说明文学的本质和发展，重视文辞的华美。由体及用，他们还提出了文学“吟咏情性”的根本特征，将“情性”规定为生活中所产生的个体的主观情思意绪，其中包含了个体对于人伦社会、自然变化等所引起的内

---

① （三国魏）王弼著，楼宇烈校释:《王弼集校释》，第 326 页。

② （清）严可均辑:《全上古三代秦汉三国六朝文》，第 3010 页。

③ （清）阮元校刻:《十三经注疏·周易正义》，中华书局 1980 年版，第 75—76 页。

心感受。文学通过吟咏情性让主体获得一种美的愉悦与满足，即“情灵摇荡”的满足。

齐梁文学理论中，刘勰《文心雕龙》将本末思辨的方式运用得最为成熟，揭橥了道本论的思想。在《文心雕龙·原道》中，刘勰首先提出了“文”之本：“文之为德也大矣，与天地并生者何哉！”[①] 随即指出了天文、地文和人文三者之分。天文乃天地、日月、山川等；地文以龙凤虎豹、云霞草木为显；而人生于天地之间，“为五行之秀，实天地之心，心生而言立，言立而文明，自然之道也”[②]。人文和天文、地文一样，也都是道的表现。由“道”这一“本”推及三才的产生。而人文之本同样可追溯至道，“人文之元，肇自太极”[③]，随后从鸟迹代绳、文字始炳到孔子“写天地之辉光，晓生民之耳目”[④]，人文至此有经典之文。所谓“文原于道”或“文本乎道”，即将道看作文的本体，文是道的外化，这是由本末思维而来的对于文艺本体论的抽象思考。

刘勰在此还以本末关系论证了人文具有自然的属性。刘勰认为人文的代表是儒家经典之文，孔子编订的六经，是古代圣人根据自然之道制作出来的。刘勰将自然形成的事物与人的文化、文学等量齐观，将之看作“道”之末、之用，因此认为人文亦是合于自然之道的。我们在郭象玄学的讨论中可以看到名教本于自然的观点，郭象认为“夫仁义自是人之情性，但当任之耳。恐仁义非人情而忧之者，真可谓多忧也”（《庄子·骈拇》注）[⑤]。在魏晋玄学思想中，君臣上下、尊卑贵贱、仁义礼法等现存的政治制度和道德规范，都表现出自然

---

① （南朝梁）刘勰著，范文澜注：《文心雕龙注》，第 1 页。
② （南朝梁）刘勰著，范文澜注：《文心雕龙注》，第 1 页。
③ （南朝梁）刘勰著，范文澜注：《文心雕龙注》，第 2 页。
④ （南朝梁）刘勰著，范文澜注：《文心雕龙注》，第 2 页。
⑤ （清）郭庆藩撰，王孝鱼点校：《庄子集释》，第 318 页。

如此的状态。《原道》篇认为这些儒家名教的典籍因为"原于道""莫不原道心以敷章"[①] 而表现出自然的属性。这正是刘勰采用由本及末的思维方式来进行论证的。

此外，刘勰在《文心雕龙·序志》中谈到了全书的构思与设想，我们可以从中了解《文心雕龙》的思辨方式。首先，刘勰在《序志》中表示，全书分为上下两部分，"盖文心之作也，本乎道，师乎圣，体乎经，酌乎纬，变乎骚，文之枢纽，亦云极矣。若乃论文叙笔，则囿别区分，原始以表末，释名以章义，选文以定篇，敷理以举统，上篇以上，纲领明矣"[②]。上部分为纲领，包括文之枢纽与论文叙笔两部分。下部分为毛目，"至于割情析采，笼圈条贯，摛神性，图风势，苞会通，阅声字，崇替于时序，褒贬于才略，怊怅于知音，耿介于程器，长怀序志，以驭群篇"[③]。《序志》用以驭群篇的布局在很大程度上借鉴了本末思维的内在思路。首先，"本乎道"为第一篇《原道》，阐释了文道的本源与起始，将后面所要谈的"文"的主题总归于"道"，由道而及"圣""经""纬""骚"，是由本及末的过程。从"文之枢纽"至"论文叙笔"各篇，亦是由本及末、由体及用的关系。其次，相对于上篇对于文道、各文体的纲领性论述，下篇的"剖""析"则是末的具体化展开，二者形成"纲领"与"毛目"的关系。最后，末篇"长怀序志"，则是在由本及末之后的由末归本，反归于一，统驭全书，其余四十九篇皆为"文用"而已。

（二）体用思维在文学批评范畴上的运用——以"才性""情性"为例

才性论的基础是汉代的气论。人禀气而生，性分各殊。出

① （南朝梁）刘勰著，范文澜注：《文心雕龙注》，第2—3页。
② （南朝梁）刘勰著，范文澜注：《文心雕龙注》，第727页。
③ （南朝梁）刘勰著，范文澜注：《文心雕龙注》，第727页。

于政治选材的需要，当时的士人根据人所禀之气各分名目。如陈群立九品官人之法，“各使诸郡选置中正，差叙自公卿以下，至于郎吏，功德材行所任”①。这里所说的“功德材行”，即可视为性与才的一种解释。傅玄《傅子·补遗上》有：“凡品才有九，一曰德行，以立道本；二曰理才，以研事机；三曰政才，以经治体；四曰学才，以综典文；五曰武才，以御军旅；六曰农才，以教耕稼；七曰工才，以作器用；八曰商才，以兴国利；九曰辩才，以长讽议：此量才者也。”② 傅玄的品才，仍是性与才的划分，以德行为本，随后分理、政、学、武、农、工、商、辩等实际才能。刘劭《人物志》分人流之业有十二种：“有清节家，有法家，有术家，有国体，有器能，有臧否，有伎俩，有智意，有文章，有儒学，有口辨，有雄杰。”③ 这些名位辈目，其实与魏初名理之学的思维方式有关。在人才学的运用上，名理之学的校名定实的方法被广泛使用。

至钟会《四本论》，才性问题的讨论越来越盛。《世说新语·文学》注引《魏志》曰：“（钟）会论才性同异，传于世。四本者：言才性同，才性异，才性合，才性离也。尚书傅嘏论同，中书令李丰论异，侍郎钟会论合，屯骑校尉王广论离。文多不载。”④ 就才性的内涵而言，一般有两种说法：一种观点认为性是指人的道德品质，才是指人的才能；另一种说法认为才是指人的才能，而性则是人的才能所根据的天赋的本质。通过考察当时才性离、合、同、异的观点，我们可以大概了解才性内涵的演变。前文说到关于才性四本的讨论“文多不载”，

① （晋）陈寿撰，陈乃乾校点：《三国志》，第 661 页。

② （清）严可均辑：《全上古三代秦汉三国六朝文》，第 1737 页。

③ 伏俊琏：《人物志译注》，上海古籍出版社 2008 年版，第 44 页。

④ （南朝宋）刘义庆著，（南朝梁）刘孝标注，余嘉锡笺疏，周祖谟、余淑宜、周士琦整理：《世说新语笺疏》，第 230 页。

《四本论》已经遗失了，而《三国志》中所说的关于才性的著作也都不传，只有通过持论四人的观点可以窥见些许端倪。

《三国志》卷二十一《魏书·傅嘏传》记载，刘劭时为散骑常侍，作考课之法，傅嘏对其进行了批评。傅嘏认为，人才的选拔与纳集是以“道”为基础的，要先定国略，再行考课，考课制度要符合现实社会的机权变化，如今的选才制度以品状、薄伐（先世官籍）为主，未必能尽用人才，更毋论考课。傅嘏论及了先王择才标准：“必本行于州闾，讲道于庠序，行具而谓之贤，道脩则谓之能。乡老献贤能于王，王拜受之，举其贤者，出使长之，科其能者，入使治之，此先王收才之义也。”① 以前的统治者选拔人才，是看一个人的道德品质，以及他所居住的地方的人对他的行为的意见，再结合他在学校里的道德修养的成绩。其中“贤”是指行为，“能”是指有道德修养。如此而言，道德与才能是统一的。傅嘏所谈才性，应该即指道德与才能。魏时士人卢毓在推举人时，“先举性行，而后言才”，认为“才所以为善也，故大才成大善，小才成小善。今称之有才而不能为善，是才不中器也”（《三国志》卷二十二《魏书·卢毓传》）②。卢毓将才与善并谈，认为才是用以行善事的，如果一个人的才不能行善事，那么他的才是无用的。这样来看，卢毓亦是支持傅嘏的观点的。

而在魏晋之际，才性相异的观点却占据了主要位置。魏武帝曹操在他的政治举措与思想中多次表现出才与性的区分。他主张“治平尚德行，有事赏功能”③，“今天下尚未定，此特求贤之急时也……唯才是举，吾得而用之。”④ （《三国志》卷一

① （晋）陈寿撰，陈乃乾校点：《三国志》，第623页。
② （晋）陈寿撰，陈乃乾校点：《三国志》，第652页。
③ （晋）陈寿撰，陈乃乾校点：《三国志》，第24页。
④ （晋）陈寿撰，陈乃乾校点：《三国志》，第32页。

《魏书·武帝纪》）他在求贤才时指出：“今天下得无有至德之人放在民间，及果勇不顾，临敌力战；若文俗之吏，高才异质，或堪为将守；负污辱之名，见笑之行，或不仁不孝而有治国用兵之术：其各举所知，勿有所遗。”① 无论德、行、质如何，只要能成就王业者，皆可招纳。他的才是与德行完全对立的。

1. 才性、情性体用关系的确立

才性之关系是如何从才德问题向天赋与后得问题转化的呢？袁准的《才性论》中开始了这样的剖析：“凡万物生于天地之间，有美有恶，物何故美？清气之所生也。物何故恶？浊气之所施也。夫金石丝竹，中天地之气，黼黻玄黄，应五方之色有五。君子以此得曲直者，木之性也。曲者中钩，直者中绳，轮桷之材也。贤不肖者，人之性也。贤者为师，不肖者为资，师资之材也。然则性言其质，才名其用，明矣。”② 袁准从气论出发说明人是禀天地之气以生，以此说明人性之不同。曲直是木之性，曲的可以做车轮，直的可以做椽子，这是木的才能。而人之本性有贤与不肖之分，贤者可以为师，不肖者可以为资，他们都有各自的才能。袁准理解的才性，性为先天之本，才为本质之用；而这先天之本又有德行上的贤与不肖的差别。在袁准这里，性不完全是道德意义上的，而带有天赋的内涵，它与才的关系也变得更复杂，而表现出本质与作用的关系。就四本论的分类而言，袁准主张的是才性相合。侯外庐评价道：“性才二者，大约是讲本体与功用的关系。‘性’言本体一元，‘才’言事功杂多。”③

而刘劭《人物志》中的才性也有这样的内涵。《人物志·九征》有：“盖人物之本，出乎情性。情性之理，甚微而玄，

① （晋）陈寿撰，陈乃乾校点：《三国志》，第49—50页。
② （清）严可均辑：《全上古三代秦汉三国六朝文》，第1769页。
③ 侯外庐：《中国思想通史》第3卷，第46页。

非圣人之察，其孰能究之哉!”邢昺注曰：“性质禀之自然，情变由于染习。”[①] 刘劭在这里谈情性，不从德性言而从人所禀之自然之材质而言。而性不离具体的情，情变根于性质而诱发于染习。刘劭将人的品鉴建立在情性的基础上，这里的情性在内涵上与才性相同。刘劭对于情性和才性的阐释开启了艺术批评领域中的才性的内涵。“才性”到“情性”转变，其品鉴的审美意义也随之而来。皇侃在《论语义疏·阳货》“子曰：性相近也，习相远也”一章中疏引王弼的注，其文曰：“故《易》曰：‘利贞者，性情也。’王弼曰：‘不性其情，焉能久行其正?’”[②] 这是皇侃从王弼注《周易·乾卦》中抽出的：“不为乾元，何能通物之始?不性其情，何能久行其正?是故始而亨者，必乾元也；利而正者，必性情也。”[③] 王弼认为，人性是人类生来就有的各种自然本能，就是“自然之性”。“情”是人类生来具有的情感，要以性约束情，使情长久地合于正道。《周易·乾卦》彖曰：“乾道变化，各正性命。”王弼注曰：“静专动直，不失大和，岂非正性命之情者邪?”[④] 王弼认为，性是自然本性，天地与万物的本性都是一致的，即为自然。在王弼这里，自然之性可以看作“无”，情感的有形有名可以看作“有”，性情的关系，可以视为有无、本末、体用关系的一种形态。因此，王弼对于情性论的阐释，是以玄学的本末体用关系为基础的。而才性关系的讨论，从德才关系转变为体用关系，也带有玄学思维方式的印记。

---

① 伏俊琏：《人物志译注》，第12页。

② （南朝梁）皇侃撰，高尚榘校点：《论语义疏》，第445页。此后还有皇侃疏文，据王葆玹、王晓毅等观点，王弼正面论及情性的文字即此句，下文皆是皇侃疏文。本文从之。参见王晓毅《王弼评传》，南京大学出版社2011年版，第323页。

③ （三国魏）王弼著，楼宇烈校释：《王弼集校释》，第217页。

④ （三国魏）王弼著，楼宇烈校释：《王弼集校释》，第213页。

而皇侃在《论语义疏·阳货》“子曰：性相近也，习相远也”一章疏中引用王弼对情的解释，并进一步对性情关系进行了讨论。皇侃的性情论有对王充气论的继承，也有对王弼性情观的进一步阐释。皇侃疏中首言：“性者，人所禀以生也。”“人俱禀天地之气以生，虽复厚薄有殊，而同是禀气，故曰性相近也。”[①] 皇侃此处顺气而言性，气之下委于个体而为性。前有告子“生之谓性”[②]，荀子“生之所以然者谓之性”[③]，董仲舒“如其生之自然之资谓之性”[④]，皇侃如前诸说，也对初禀之性进行了陈述，认为人禀天地之气以生，皇侃与王充“人禀元气于天”（《论衡·无形》）[⑤] 的思想相同。皇侃认为，人同是禀气而生，只是所禀之厚薄有异，并无善恶之殊，因此性是相近的。在前贤论述的基础上，皇侃所言的“性”首先具有以下基本特征。一是“生就义”，即个体生命形成之时便自然呈现。二是“自然义”，自然如此，不可学、不可事。[⑥] 三是“同质义”，个体均禀气而生，或有厚薄，却是同质。

在随后的论述中，皇侃继以魏晋以来盛行的本末体用之说来阐释性情关系。他说：“性既是全生，而有未涉乎用。”（《论语·阳货》皇侃疏）[⑦] 性生而有之，是本，而无涉乎用，因此只有自然所禀之浓薄，也不可以名其善恶。善恶正邪何在？在于情。皇侃释“情”为“情者，成也”，“情是起欲动彰事，故曰成也”[⑧]。情是性中之自然欲望兴起摇荡产生的，且彰表于外事。而情之善恶便显现于这事中。若受外物裹挟，

---

① （南朝梁）皇侃撰，高尚榘校点：《论语义疏》，第 444 页。
② （清）阮元校刻：《十三经注疏·孟子注疏》，第 2748 页。
③ （清）王先谦撰，沈啸寰、王星贤点校：《荀子集解》，第 412 页。
④ （清）苏舆撰，钟哲点校：《春秋繁露义证》，中华书局 1992 年版，第 291 页。
⑤ 黄晖：《论衡校释》，第 59 页。
⑥ 牟宗三：《才性与玄理》，吉林出版集团有限责任公司 2010 年版，第 4 页。
⑦ （南朝梁）皇侃撰，高尚榘校点：《论语义疏》，第 445 页。
⑧ （南朝梁）皇侃撰，高尚榘校点：《论语义疏》，第 445 页。

逐欲流迁，则其所彰之事邪；若其欲符合事理之自然，则其事正。因此皇侃阐释的性情说表现出发展义。一是性为本体。性生而有之，是人所禀之气质，为本，为体。因个体之气结聚的差异而有浓薄。因此呈现出其自然义。二是情为用。情由性内的欲引起，动而发明于外。三是性静而情动，性无善恶而情有正邪。《乐记》有“人生而静，天之性也。感于物而动，性之欲也”①，便有性内情外、性静情动的观点。皇侃指出“情是起欲动彰事”，对“性—欲—情”的联系进行了进一步阐释。皇侃所阐释的性与汉代有善恶之分的道德意义不同，而带有玄学观念中的自然气质的特点。他持有与汉代盛行的性善情恶观不同的看法，继承了东汉王充以气论性的观点，将性的自然归结于所禀之气。同时，他又沿袭了魏晋玄学性情论中的性情自然的观点，强调其自然属性。

2. 体用思维下南朝文艺批评中的才性

性的内涵的变化与才性关系的转变，使得“才性”在东晋南朝文艺批评中作为审美范畴出现在人们的视野中。由于才性的体用关系，“才”带有先天所禀的属性，士人主体进行人物品评时常有对“才”的品评。如《世说新语》中记载，诸葛厷“天才卓出”，却“年少不肯学问”，与王衍清谈便已经很超诣，王衍告诫他“若复小加研寻，一无所愧”，诸葛厷于是研习老庄，后来在清谈上足可以与王衍相抗衡（《世说新语·文学》）②。又有殷仲文“天才宏赡，而读书不甚广”，傅亮叹曰：“若使殷仲文读书半袁豹，才不减班固。”（《世说新语·文学》）③ 这些都是对士人天生才能的赞赏。除此之外，人

① （清）阮元校刻：《十三经注疏·礼记正义》，第1529页。

② （南朝宋）刘义庆著，（南朝梁）刘孝标注，余嘉锡笺疏，周祖谟、余淑宜、周士琦整理：《世说新语笺疏》，第239页。

③ （南朝宋）刘义庆著，（南朝梁）刘孝标注，余嘉锡笺疏，周祖谟、余淑宜、周士琦整理：《世说新语笺疏》，第326页。

物之个性风神也被提到首要地位，这些风神气质多为先天所禀赋的、由内向外表现出来的，《世说新语》里多称“才气”“才具”“俊才”“高才”等。而“才”与个性向外散发的情感联系起来，便有了晋人对“才情”的赞赏。《世说新语》中欣赏王东亭“作《经王公酒垆下赋》，甚有才情。”（《世说新语·文学》）[①]支道林在白楼亭听孙绰许询“共商略先往名达”，感叹“二贤故自有才情。”（《世说新语·赏誉》）[②]许询与简文帝在风恬月朗之夜共作“襟怀之咏”，“辞寄清婉”，简文帝赞赏：“玄度才情，故未易多有许。”（《世说新语·赏誉》）[③] 才情，是个人发自内心的、真挚自然的情感流露，也有个人对人生的深情与追怀，这已经无关乎政治才能，而是更多地表现为士人主体在文艺的创造欣赏、玄学的思考论辩以及日常生活中方方面面所表现出来的个性气质。

才性在东晋南朝艺术批评领域的运用，主要表现在文学批评上，以《文心雕龙》对才性进行审美视野的开拓为代表。《文心雕龙》设有《体性》篇，其继承了魏晋人物品评中以个体的内在神韵、境界和外在风度、才能为主旨的思想，发展了曹丕《典论·论文》着眼不同作家的个性的观点，而深入思考才性关系，提出了较为完备而系统的“体性说”。《体性》篇说：

> 夫情动而言形，理发而文见，盖沿隐以至显，因内而符外者也。然才有庸俊，气有刚柔，学有浅深，习有雅

① （南朝宋）刘义庆著，（南朝梁）刘孝标注，余嘉锡笺疏，周祖谟、余淑宜、周士琦整理：《世说新语笺疏》，第318页。

② （南朝宋）刘义庆著，（南朝梁）刘孝标注，余嘉锡笺疏，周祖谟、余淑宜、周士琦整理：《世说新语笺疏》，第572页。

③ （南朝宋）刘义庆著，（南朝梁）刘孝标注，余嘉锡笺疏，周祖谟、余淑宜、周士琦整理：《世说新语笺疏》，第583页。

郑，并情性所铄，陶染所凝，是以笔区云谲，文苑波诡者矣。故辞理庸俊，莫能翻其才；风趣刚柔，宁或改其气；事义浅深，未闻乖其学；体式雅郑，鲜有反其习；各师成心，其异如面。[①]

刘勰讨论了“才”“气”“学”“习”对于作家个性的影响。才、气，属于先天因素，是情性所决定的，学、习是后天陶染。这里我们可以看到刘勰在才性关系上继承了魏晋玄学才性体用的思想，主张性为本、才为用。《体性》中说“才有天资”，才能是由人之所禀的性所决定的，其所禀之性由“气”而来，气有刚柔，因此才有庸俊。在作文时，文思也会有迟缓和速捷的差别。如司马相如、扬雄、桓谭、王充、张衡、左思等人，文思相对迟缓；而枚皋、曹植、王粲、阮瑀、祢衡等人则文思速捷。此文思之缓速，就是由先天所禀之才性所决定的。

刘勰在《才略》中也说：“才难然乎，性各异禀。”[②] 由于才性的差异，作家表现出各自不同的风格，“才性异区，文辞繁诡”（《体性》）[③]。刘勰用了大量篇幅辨析了不同的偏才类型，如贾谊“才颖，陵轶飞兔”；司马相如“洞入夸艳”“理不胜辞”；扬雄“涯度幽远，搜选诡丽”；桓谭“长于讽论，不及丽文”；王逸“博识有功，而绚采无力”；张衡“通赡”；蔡邕“精雅”；曹丕“洋洋清绮”，“虑详而力缓”；曹植“思捷而才俊，诗丽而表逸”；左思“奇才，业深覃思”等[④]。刘勰盛赞各作家的“偏美”，他们因循自己的才性而擅长不同的

---

① （南朝梁）刘勰著，范文澜注：《文心雕龙注》，第 505 页。
② （南朝梁）刘勰著，范文澜注：《文心雕龙注》，第 702 页。
③ （南朝梁）刘勰著，范文澜注：《文心雕龙注》，第 506 页。
④ （南朝梁）刘勰著，范文澜注：《文心雕龙注》，第 698—700 页。

文章类型。然而，刘勰在《体性》中也特别提及文章之功在于才、气、学、习的共同影响，他认为后天的学习陶染也是作家不可缺少的。因此刘勰在才性天禀的基础之上提出作家主体可以根据所禀的质性特征而进行后天的训练，即“因性以练才”（《体性》）[①]。才性出于先天禀赋，而后天的学习亦可弥补先天之不足。这在当时有着广泛讨论。东晋时期，葛洪就谈道：“夫才有清浊，思有修短，虽并属文，参差万品。或浩瀁而不渊潭，或得事情而辞钝，违物理而文工。盖偏长之一致，非兼通之才也。暗于自料，强欲兼之，违才易务，故不免嗤也。”（《抱朴子外篇・辞义》）[②] 他认为为文需要与实际所禀之才相因不违。偏长之才，只能在一方面突出，不能兼善，而兼通之才即英才，才能写出优秀文章来。他在《抱朴子外篇・劝学》中说：“才性有优劣，思理有修短。”并进一步认为为了弥补先天才性的不足，需要通过后天的学习：“明暗之学，其犹兹乎？盖少则志一而难忘，长则神放而易失，故修学务早，及其精专，习与性成，不异自然也。”[③] 孙绰《三月三日兰亭诗序》中也认为，情是可以通过后天所习改变的：“古人以水喻性，有旨哉斯谈，非以停之则清、混之则浊邪？情因所习而迁移，物触所遇而兴感。”[④] 不论是才性还是情性，都乃先天所禀，这决定了作家的个性气质与文章才能，然而批评家们从艺术创作的角度出发，将才情与后天的学习结合起来，落实于艺术创作的技巧之上，并期望二者相结合，以达到完美的艺术创作。因此，如何在艺术创作活动中对才、情进行艺术表达和规范，也是值得思考的一个话题。

---

① （南朝梁）刘勰著，范文澜注：《文心雕龙注》，第 506 页。
② 杨明照：《抱朴子外篇校笺》（下），第 394—395 页。
③ 杨明照：《抱朴子外篇校笺》（上），第 132 页。
④ （清）严可均辑：《全上古三代秦汉三国六朝文》，第 1808 页。

3. 情性在文学批评中的表达

由于性与才、情的体用关系，以及玄学关于圣人有情无情的讨论，晋人对于才、情的欣赏趣味渐趋浓厚，才性在文艺批评领域与情性范畴联系起来。南朝文学批评特别是刘勰的情性论受到玄学思想的影响最为深刻。刘勰认为所禀之气影响才，而气又影响人的情志，情志向外抒发决定言辞，此即情与辞、才与辞的关系。受到才性关系的影响，刘勰运用了重要的概念“情性”。情也是先天所禀，来源于性。

（1）圣人之情性

《文心雕龙·原道》中有：

> 至夫子继圣，独秀前哲，镕钧六经，必金声而玉振；雕琢情性，组织辞令，木铎起而千里应，席珍流而万世响，写天地之辉光，晓生民之耳目矣。[①]

刘勰以孔子为圣人。刘勰尊孔，从他梦执丹漆、随孔南行即可见一斑。孔子继文王周公之后而为圣人，在刘勰的心目中有至高的地位。而魏晋时期的玄学家一般也以孔子为理想人格的化身，这是由苦难的时代环境决定的。正始玄学探索自然与名教的调和，希望建立合乎理想的社会秩序，于是将孔子作为当时士人的人格理想。因此，王弼的圣人之情与刘勰所尊孔子之情在对象上无大差别之处。

圣人之情以六经为依托。孔子删订六经，有发有终，集为大成，其情都可以在六经中发现。《周易·系辞下》有：“圣人之情见乎辞。”王弼注：“辞也者，各指其所之，故曰‘情’也。”[②] 他将圣人之情表达为文辞所达到的一种境界，我们可以

---

① （南朝梁）刘勰著，范文澜注：《文心雕龙注》，第 2 页。

② （三国魏）王弼著，楼宇烈校释：《王弼集校释》，第 557—558 页。

大概解释“情”即“辞之”。自先秦发端的言意之辨在魏晋玄学中是一个重要的讨论话题，时人有诸多观点。王弼认为，“言生于象”“象生于意”“意以象尽，象以言著”，因此他提出“忘象者，乃得意者也”（《周易略例·明象》）[①]，是指通过言思考象、象体察意，得意之后而忘象，以求摆脱感性的束缚。在《周易注》中，王弼对六十四卦的卦义进行了具体的分析，把握具体卦义中所蕴含的人事智慧。《周易》之辞各指其所达到的智慧境界，即“圣人之情”。刘勰在《原道》中也提到孔子删订六经、笼聚文辞，实则将圣人之情集于大成。《征圣》中也谈及：“夫子文章，可得而闻，则圣人之情，见乎文辞矣。”[②] 将圣人之情与六经紧密地联系起来。

而关于圣人之情，刘勰标出两个特点：一是“雕琢情性”，一是流于万世、辉光日新。圣人可以陶铸性情，具有移风易俗、风化天下的精神力量。雕琢情性，在《文心雕龙·征圣》中又称为“陶铸性情”[③]，刘勰认为，圣人可以给性情以陶范的作用，而陶铸性情的理路则在于“道沿圣以垂文，圣因文而明道”（《原道》）[④]。因为“道”这一本体，顺圣人而下，圣人依之，方能以道化行天下，以此为基础陶范性情。因此，情的特性与本体“道”相关。在《原道》中我们可以看到，刘勰对道所蕴含的特点有多重意义的理解。首先是自然之道为本根。《原道》中首推自然之道，认为文可以配天地，日月山川、云霞草木等自然之物是表现“道”的“文”，人作为唯一能思想的事物，所生之语言文章皆出于自然。其次，自然之道体现在天、地、人、言、文、声等方面，是郁然有采的。不论

---

① （三国魏）王弼著，楼宇烈校释：《王弼集校释》，第609页。

② （南朝梁）刘勰著，范文澜注：《文心雕龙注》，第15页。

③ （南朝梁）刘勰著，范文澜注：《文心雕龙注》，第15页。

④ （南朝梁）刘勰著，范文澜注：《文心雕龙注》，第3页。

是天地玄黄、日月叠璧、山川焕绮，还是龙凤藻会、云霞雕色、林籁结响，都蕴含了“文”的特质。刘永济《文心雕龙原道篇释义》云：“大而天地山川，小而禽鱼草木，精而人纪物序，粗而花落鸟啼，各有节文，不相凌乱者，皆自然之文也。然则道也，自然也，文也，皆弥纶万品而无外，条贯群生而靡遗者也。”① 而降及人文，文字炳耀，辞章英华。刘勰认为文辞之所以能起鼓动作用，是因为它是“道之文”。圣人体道，内秉自然、外垂五采，自然明其根本，五采顺乎人情，情存于文辞之中，因能风化天下。

刘勰对圣人之情的阐发与王弼玄学中的圣人有情论在一定程度上是相契合的。王弼的圣人之情，是士人理想人格的化身。刘勰以圣人情致为最高，也阐发了圣人情致的特点。

第一，入微探赜。王弼释孔子学《易》时曾说：“《易》以几、神为教。颜渊庶几有过而改，然则穷神研几可以无过。明易道深妙，戒过明训，微言精粹，熟习然后存义也。”② 圣人的智慧高于常人，能做到穷神研几，“通远虑微，应变神化”③，全面地把握真理世界。与君子贤人相比，他们有对宇宙人生更深刻的理解，因此可以无过。圣人在对真理的把握上有超乎常人的智慧，刘勰在《文心雕龙》中也对此智慧进行了阐发。《征圣》：“夫鉴周日月，妙极机神；文成规矩，思合符契；或简言以达旨，或博文以该情，或明理以立体，或隐义以藏用。”④ 圣人穷极日月阴阳之道，与天地合德，其识鉴周遍而精微，既可以遍照日月，亦可以入微通神。因此，具体到文章的表达上，刘勰细致地梳理了圣人著作的四种特点。一是

---

① （南朝梁）刘勰著，詹锳义证：《文心雕龙义证》，上海古籍出版社 1989 年版，第 4 页。

② （三国魏）王弼著，楼宇烈校释：《王弼集校释》，第 624 页。

③ （三国魏）王弼著，楼宇烈校释：《王弼集校释》，第 632 页。

④ （南朝梁）刘勰著，范文澜注：《文心雕龙注》，第 15 页。

春秋笔法、一字褒贬，简言而可以达旨；二是《诗经》重章、《礼记》繁辞，博文而可以该情；三是《周易》各卦，有如《夬》卦象书契断决、《离》卦象文章昭晢，是明理以立体；四是《周易》之四象曲折隐晦、《春秋》之五例托意微辞，是隐义以藏用。刘勰要求，写作文章的时候要根据不同的情况运用简、繁、显、隐四种不同的方法，而这些都师于圣人经典而来。圣人能够研几通远，从而留下文字著作为后人师范。

第二，本性居正。王弼认为，无名不仅是宇宙的本体，还是圣人品德的本质所在。他在《论语·述而》“子温而厉，威而不猛，恭而安”一句后解释道：“温者不厉，厉者不温；威者心猛，猛者不威；恭则不安，安者不恭，此对反之常名也。若夫温而能厉，威而不猛，恭而能安，斯不可名之理全矣。故至和之调，五味不形；大成之乐，五声不分；中和备质，五材无名也。”① 王弼“中和备质”的圣人品质与刘劭《人物志》中的是相通的。而在以“无”为本体的万物中，圣人可以借此资质对其进行更完整的把握。在注《论语·阳货》“子曰：性相近也，习相远也”时王弼又说：“情近性者，何妨是有欲。若逐欲迁，故云远也；若欲而不迁，故曰近。”② 王弼所赞同的圣人之情，需合乎礼仪规范，围绕在性的一定范围之内。王弼又说：“浊乱不能污其洁，凶恶不能害其性。”③ 表达的即是这种规范了的情，也就是圣人品格。王弼解《乾·文言》：“乾元者，始而亨者也；利贞者，性情也”时说：“不性其情，何能久行其正？是故始而亨者，必乾元也；利而正者，必性情也。”④ 情之正邪是以情是否符合性之正道来定。圣人

① （三国魏）王弼著，楼宇烈校释：《王弼集校释》，第624—625页。
② （三国魏）王弼著，楼宇烈校释：《王弼集校释》，第631—632页。
③ （三国魏）王弼著，楼宇烈校释：《王弼集校释》，第632页。
④ （三国魏）王弼著，楼宇烈校释：《王弼集校释》，第216—217页。

之情，必是性制约下的情。在这一点上我们可以看出王弼在调和儒道时所作的努力。

刘勰在《文心雕龙》中也多次提及“正”的概念。刘勰认为《周易》中“辨物正言”[①] 是圣人垂范于文的一个典型。“辨物正言”，即是辨别物类，各以其类而言之。圣人之辞秉承了其性之本质，因此是正的，可以抗驳万辩。《征圣》中说：“正言所以立辩，体要所以成辞。”“虽精义曲隐，无伤其正言；微辞婉晦，不害其体要。体要与微辞偕通，正言共精义并用；圣人之文章，亦可见也。”[②] 赞语中又说“精理为文，秀气成采”[③]，即以言之正，加施辞采，而后秀气自生。正言、精辞，都是为文的枢要，而“辞之所之”即圣人之情，因此刘勰所推崇的圣人情致也具有“正”的品格。而在情转化为文的过程中，刘勰认为文章不是依靠自发的随心所欲的情感，必以贞正之圣人情致来规范它。《哀吊》中有：“固宜正义以绳理，昭德而塞违，割析褒贬，哀而有正，则无夺伦矣。”[④] 在作哀吊之文时，刘勰强调要寻乎古义，情感要真挚、发自肺腑，且要控引情感不可使之淫侈而失去性之正。在《谐隐》中，刘勰列举了淳于髡谏齐王罢长夜之饮，宋玉著《登徒子好色赋》劝勉楚襄王，优旃、优孟以谈笑上谏等事例，认为“以其辞虽倾回，意归义正也”[⑤]，强调本体之情正。《史传》中亦有“析理居正”[⑥]，指出作史需要秉持正性正情，不可诬矫回邪。而这一目标可以通过节宣情感以达到中和境界来实现。如《明诗》中，刘勰追溯“诗”之意义时说：“诗者，持也，持

① （清）阮元校刻：《十三经注疏·周易正义》，第 89 页。
② （南朝梁）刘勰著，范文澜注：《文心雕龙注》，第 16 页。
③ （南朝梁）刘勰著，范文澜注：《文心雕龙注》，第 17 页。
④ （南朝梁）刘勰著，范文澜注：《文心雕龙注》，第 241 页。
⑤ （南朝梁）刘勰著，范文澜注：《文心雕龙注》，第 270 页。
⑥ （南朝梁）刘勰著，范文澜注：《文心雕龙注》，第 287 页。

人情性。”[①] 持，指节制人的情感。内持其志，使情顺性；外持风化，以圣人之高情陶冶天下。刘勰因袭前人的诗歌“持人情性”的观点，亦可见其对圣人之情的推崇。而在创作过程中谈及神思的时候，刘勰说：“是以吐纳文艺，务在节宣，清和其心，调畅其气。”（《养气》）[②] 杨明照《文心雕龙校注拾遗》曰：“按《申鉴·俗嫌》篇：‘或问曰：“养有性乎？”曰：“养性秉中和，守之以生而已。……故君子节宣其气，勿使有所壅闭滞底。”’”[③] 养中和之性，有节制，又能够宣散，使活动之情符合性的规范。

第三，自由境界。王弼在《周易注》中说：“静专动直，不失大和，岂非正性命之情者邪？”[④] 性静情动，由性发而为情，又不失大和，二者达到和谐统一的美。王弼强调圣人的情感“应物而无累于物”，余敦康在《魏晋玄学史》中称这种情感“达到了完美的境界，这是一种自由的情感，一种为理性所净化了的情感，一种渗透着宇宙意识而脱离了低级趣味的情感”[⑤]。这是王弼玄学所开出的美的境界。圣人之情是自然的，圣人茂于神明，神明不可得而学之，是出乎自然，其五情亦出乎自然，并非后得。而情近性，即带有性的自然之质。刘勰正是将这种“应物而无累于物”的自由运用于具体的文学批评中，在性之自然的本质之上，强调由于每个人的才气学习不同，其所感所思也千差万别，以至情致各殊，在语言技巧与表达上也变化多端了。刘勰在《养气》中说：“夫耳目鼻口，生之役也；心虑言辞，神之用也。率志委和，则理融而情畅；钻

---

① （南朝梁）刘勰著，范文澜注：《文心雕龙注》，第 65 页。
② （南朝梁）刘勰著，范文澜注：《文心雕龙注》，第 647 页。
③ （南朝梁）刘勰著，詹锳义证：《文心雕龙义证》，第 1581 页。
④ （三国魏）王弼著，楼宇烈校释：《王弼集校释》，第 213 页。
⑤ 余敦康：《魏晋玄学史》，第 296 页。

砺过分，则神疲而气衰；此性情之数也。”[①] 性情的自然之数，要求我们在创作时要顺乎自然，不得勉强，随着自己的心志，附和天地之和气。率志委和，即“应物而无累于物”的自由状态。

从王弼玄学的圣人有情论综观之，其诸多特点在刘勰这里得到了回应。除此之外，刘勰还谈到两位著名前贤，一是荀子，一是老子。在他们身上，刘勰将圣人情致进行了具体阐发。

《文心雕龙·才略》中说：“荀况学宗而象物名赋，文质相称，固巨儒之情也。”[②] 荀子是先秦时期的大儒、学术的领袖，除了思想著作之外，他的赋作也为后人所称道。《汉书·艺文志·诗赋略论》分赋为屈原赋、陆贾赋、荀卿赋[③]、客主赋四类，在谈及“孙卿赋”时曰：“春秋之后，周道浸坏，聘问歌咏不行于列国，学《诗》之士逸在布衣，而贤人失志之赋作矣。大儒孙卿及楚臣屈原离谗忧国，皆作赋以风，咸有恻隐古诗之义。”[④] 荀卿赋有讽喻之义，与古诗之义相合。而荀卿赋又对赋体有开创意义。《文心雕龙·诠赋》赞曰：“于是荀况礼智，宋玉风钓，爰锡名号，与诗画境，六义附庸，蔚成大国。”[⑤] 今存《荀子·赋篇》中便收载了荀子的《礼》《智》《蚕》《箴》《云》五赋。章太炎《国故论衡·辨诗》中又言“孙卿效物”“孙卿五赋，写物效情”[⑥]，言荀卿一派为体物之赋。体物写志，是赋作的文体特征之一。荀卿以赋体物，又有

① （南朝梁）刘勰著，范文澜注：《文心雕龙注》，第646页。
② （南朝梁）刘勰著，范文澜注：《文心雕龙注》，第698页。
③ 孙卿，即荀卿，汉人避宣帝（名询）讳，以“孙”代“荀”。
④ （汉）班固：《汉书》，中华书局1962年标点本，第1756页。
⑤ （南朝梁）刘勰著，范文澜注：《文心雕龙注》，第134页。
⑥ 章太炎撰，陈平原导读：《国故论衡》，上海古籍出版社2019年版，第109—110页。

讽喻之义，能学法圣人，因此文质相称、情采兼美。《诸子》还称：“研夫孟荀所述，理懿而辞雅。”[①] 理懿辞雅正是刘勰推崇的巨儒之情的体现。

另外一位便是老子。《文心雕龙·情采》说：

> 老子疾伪，故称美言不信；而五千精妙，则非弃美矣。
>
> 研味孝老，则知文质附乎性情。[②]

刘勰在《诸子》中论及老子与孔子：“及伯阳识礼，而仲尼访问，爰序道德，以冠百氏。然则鬻惟文友，李实孔师，圣贤并世，而经子异流矣。”[③] 刘勰承认老子是孔子的老师，并以为“圣贤并世”，这也是对老子的赞美。在这里，刘勰将儒家经典《孝经》与《老子》并举，《孝经》传下圣人法则，因为是丧言而不能有炳耀之文，除此之外的君子居常之言应是皆有文采的。而老子五千言著道德之意，也并不是不采用优美的文辞。读《孝经》和《老子》，可以见出文章的华美与质朴是各依附于其性情的。在谈论礼法、谈论道德时，所发之情、所表之辞是要合乎礼仪规范的。而老子言“美言不信”，正是因为他体察自然之性，崇尚真情，批判伪情，依自然之性而宣情。因此刘勰以圣人所说“情欲信，辞欲巧”为文章情采鉴别的基本，即情要信实，辞要美巧，从而有别于巧言令色。

刘勰推崇圣人情致，将之作为文情的最高典范。同时，他还对情进行了艺术创作上的规范，使得此种情致经过艺术化而

① （南朝梁）刘勰著，范文澜注：《文心雕龙注》，第 309 页。

② （南朝梁）刘勰著，范文澜注：《文心雕龙注》，第 537 页。范注据黄本作“李”，“孝”，校为“孝”。从前文内容来看，当为“孝”。

③ （南朝梁）刘勰著，范文澜注：《文心雕龙注》，第 308 页。

转换为艺术的“文”。

（2）情性的艺术化规范

在性对情的约束和规范中，王弼认为，“能使之正者何？仪也、静也”（《论语·阳货》注）[①]。因为性有符合仪法和虚静的特点，性隐藏着生发、支配情感的自然质性与功能，为情提供可参照的法式及规律；此外，性作为一个虚静本体存在，情是它的功用，情需符合性的规范。而在艺术创作之际会，艺术自身的特殊规律对情也有约束作用。刘勰在《文心雕龙》中便特别提出艺术对情的约束，认为情感的表达要符合艺术的规律。《原道》中说“雕琢情性，组织辞令”[②]，指出情性要在文辞范围内进行雕琢。因此，《总术》便提出：“自非圆鉴区域，大判条例，岂能控引情源，制胜文苑哉！”[③] 范文澜注曰：“圆鉴区域，谓审定体式……大判条例，谓举要治繁。”[④] 刘勰受到佛教思想的影响，以周概圆满的方法来鉴识文章的各种体制，而他又以王弼玄学中“崇本息末”“以寡制众”的方法翻举出“乘一总万”的思想方法，将二者结合，纲举目张，以此“控引情源”，将情与文精妙地结合在一起。而这里的控引，可以理解为上文所谈到的“节宣”，既节控之，又宣发之。

在情感艺术化过程中，刘勰谈到了以下几个方面。

第一，情与物感，以人为本。王弼讨论圣人有情论，是建立在其人性论基础之上的。他与荀融讨论性情时，曾提及孔子之情：“夫明足以寻极幽微，而不能去自然之性。颜子之量，孔父之所预在，然遇之不能无乐，丧之不能无哀。又常狭斯人，以为未能以情从理者也，而今乃知自然之不可革。足下之

---

① （三国魏）王弼著，楼宇烈校释：《王弼集校释》，第632页。
② （南朝梁）刘勰著，范文澜注：《文心雕龙注》，第2页。
③ （南朝梁）刘勰著，范文澜注：《文心雕龙注》，第656页。
④ （南朝梁）刘勰著，范文澜注：《文心雕龙注》，第659页。

量，虽已定乎胸怀之内，然而隔逾旬朔，何其相思之多乎？故知尼父之于颜子，可以无大过矣。”[①] 王弼认为人的自然本性是探讨抽象哲学和追寻玄远幽微之基础。他谈到情之生发：“夫喜、惧、哀、乐，民之自然，应感而动，则发乎声歌。”[②]“情动于中而外形于言，情正实，而后言之不怍。”[③] 王弼结合儒家的性情观，将情落实到具体的人格灵魂与人生意义之上，因而从玄远幽微之思智转而开出美的境界，情之本质上是自由的、净化的、超然的。刘勰在《文心雕龙》中也推崇“应物而无累于物”的情感在文艺创作中的重要地位。他在《物色》中强调了这种人情之美。《物色》曰：“若夫珪璋挺其惠心，英华秀其清气，物色相召，人谁获安！”[④] 自然的风物与人相感召，是建立在共同特质基础之上的。珪璋之质，既是高贵的品格，又喻卓越的才华；外物与此相遇，定然会显露内在的人格之美，而所吐之辞也有佳丽的文采与清逸之气。而在时序对人情的引发中，刘勰说：“献岁发春，悦豫之情畅；滔滔孟夏，郁陶之心凝；天高气清，阴沈之志远；霰雪无垠，矜肃之虑深。”（《物色》）[⑤] 人情之中的愉悦、忧思、清明、深虑，虽然随物而变，但都是对君子人格的反映。人与物相感，正是将自然万物与人格、生命进行联想类比，所思并不仅限于诗文之中，而且带有“物色尽而情有余”的会通之义。刘勰将情与万物联结，使得情的本体性不在空疏贫乏，而有了比较丰满的具体内容。

第二，控引情源，设情位体。刘勰认为，要使创作合乎自然，关键要神情舒畅，“从容率情，优柔适会”（《养气》）[⑥]，

---

① （晋）陈寿撰，陈乃乾校点：《三国志》，第796页。
② （三国魏）王弼著，楼宇烈校释：《王弼集校释》，第625页。
③ （三国魏）王弼著，楼宇烈校释：《王弼集校释》，第631页。
④ （南朝梁）刘勰著，范文澜注：《文心雕龙注》，第693页。
⑤ （南朝梁）刘勰著，范文澜注：《文心雕龙注》，第693页。
⑥ （南朝梁）刘勰著，范文澜注：《文心雕龙注》，第647页。

保持内心神志的虚静状态，从容自若，把握情感与物境相遇合时所产生的感应，才能写出好的作品。而在具体措辞中，也应把握好情的位置和作用。“控引情理，送迎际会”（《章句》）[①]，在情之触发向外流动之时，控制繁多者以合其理，引申未达者以使其畅，上下呼应，首尾圆合，使情贯穿于整个文章当中。而这里的“际会”，正是艺术作品的审美情感的生成，这种情感来源于创作主体的自然情感。在此基础之上，《镕裁》中以具体的创作过程讨论了艺术创作的特殊规律对“情”的规范。刘勰指出需要对“情”予以“设位”。首先他提出：“情理设位，文采行乎其中。”[②] 情理设位，即情理在文章中的布局。安排情理之后，文采便附丽于其中了。因此，情在文章中的位置需要首先确定。《章句》就有：“夫设情有宅，置言有位；宅情曰章，位言曰句。”[③]

其次，需要规范情感，即“檃括情理”“规范本体”[④]，在这个意义上，情理即文之本根，就如树木之根本，而文辞则是枝叶。依据情理而剪裁文辞，使得情理通过文辞而显现出来。《镕裁》中又多次提到“体”的问题：“立本有体，意或偏长”，“设情以位体”“规范本体谓之镕”[⑤]。对于“体”，历来学者有多种理解，其中最主要的，一是指本体，二是指体制。从主体的角度来看，情感是文章的基础，也是一以贯之的条干；从体制的角度来看，根据文章需要表达的情致来选择相应风格的文章体制，并裁剪搭配相应风格的言辞，同样是求得情与辞的圆融。而这二者都可以看作情转化为文时的艺术加工过程。刘勰在讨论文体时，就注意到不同的文体在表达情理时的

① （南朝梁）刘勰著，范文澜注：《文心雕龙注》，第570页。
② （南朝梁）刘勰著，范文澜注：《文心雕龙注》，第543页。
③ （南朝梁）刘勰著，范文澜注：《文心雕龙注》，第570页。
④ （南朝梁）刘勰著，范文澜注：《文心雕龙注》，第543页。
⑤ （南朝梁）刘勰著，范文澜注：《文心雕龙注》，第543页。

不同安排。如在《诠赋》中刘勰提出“序以建言，首引情本；乱以理篇，写送文势”[①]，赋中的序言部分便是首先引出作赋的本情的，起到开端发序的作用，而文末的“乱”，则是对完篇进行收束的。《颂赞》言：“所以古来篇体，促而不广，必结言于四字之句，盘桓乎数韵之辞；约举以尽情，昭灼以送文，此其体也。”[②] 赞体以四字韵文结尾，情感在此有收束，与赋体的“乱”相类似。而哀吊之体，情深而悲苦，因此文辞要以哀悼为主；杂文之体，旨在发愤表志，在艰难挫折的时境之中寄托心志，因此情感渊泰，如山岳之高，如海洋之深；而章表、奏启、议对之体则要求情感恳切、意义显露。每类文体不同，对于情的表现亦不同，相应的对言辞的结构安排、特点表现也不同。

第三，圆融周遍，举要治繁。刘勰以为“道”之关键如中空之环，周流无穷。在文中多次提出“圆通”“圆备”的要求，其对象包括神思、情感、意义和言辞等，如“义贵圆通”(《论说》)[③]，“辞贯圆通”(《封禅》)[④]，“事圆而音泽”(《杂文》)[⑤]，“思转自圆”(《体性》)[⑥] 等。在情的艺术化过程中，这种圆通也成为一个非常重要的标准。于是《镕裁》中指出“设情以位体”“酌事以取类”“撮辞以举要”[⑦] 三个步骤，认为情感是基础的、居于统率地位的，在此之后需要选取类似的事物来说明问题，并拟出要点或内容提纲。具体如在《明诗》中谈及《古诗十九首》时称赞其“结体散文，直而不野，婉转附物，怊怅切情，实五言之冠冕也”[⑧]，《古诗十九首》之所

① （南朝梁）刘勰著，范文澜注：《文心雕龙注》，第 135 页。
② （南朝梁）刘勰著，范文澜注：《文心雕龙注》，第 158—159 页。
③ （南朝梁）刘勰著，范文澜注：《文心雕龙注》，第 328 页。
④ （南朝梁）刘勰著，范文澜注：《文心雕龙注》，第 394 页。
⑤ （南朝梁）刘勰著，范文澜注：《文心雕龙注》，第 256 页。
⑥ （南朝梁）刘勰著，范文澜注：《文心雕龙注》，第 506 页。
⑦ （南朝梁）刘勰著，范文澜注：《文心雕龙注》，第 543 页。
⑧ （南朝梁）刘勰著，范文澜注：《文心雕龙注》，第 66 页。

以为千古至文、五言冠冕，其中一个非常重要的原因是选取切合情感的物类来表达情感，字句中不见情，而情周流乎全篇。且此情为人人共有之情，却不是人人皆可将之化为诗文的，如此进行艺术规范后，情感才得以显现出来。同时，情感又作为一以贯之的本体存在，统合整篇文章，情正而辞聚，“万趣会文，不离辞情”（《镕裁》）①。

而在以人为本的情物交感中，情的活动性使世情或人情往往发生变化。刘勰在《文心雕龙》中便多次提到“情变”的概念。“故铺观列代，而情变之数可监，撮举同异，而纲领之要可明矣。”（《明诗》）②“文情之变深矣。”（《隐秀》）③“神用象通，情变所孕。”（《神思》）④“洞晓情变，曲昭文体。”（《风骨》）⑤内在的精神（性）与外在的物象相接触，应感而生情。而外在物象的错综纷纭也会使得情感变化多端。我们需要把握情感变化的规律。哪一方面的题材适合哪一种文体，古人在长期的创作过程中已经取得了相应的认识，对前人的经验进行借鉴，可以洞察其情感的变化，选择恰当的文体来表达。刘勰独立《总术》一篇，提纲挈维，指陈枢机，“列在一篇，备总情变”⑥。而面对诸多文情之变，刘勰评价了前人的总结如陆机《文赋》，认为其“泛论纤悉，而实体未该”（《总术》）⑦，并称“九变之贯匪穷，知言之选难备矣”（《总术》）⑧。他认为陆机论文，泛泛而不举要，细致却不该备，是因其不谈总术，无一实体一以贯之。而把握情变，最重要的便

---

① （南朝梁）刘勰著，范文澜注：《文心雕龙注》，第544页。
② （南朝梁）刘勰著，范文澜注：《文心雕龙注》，第67页。
③ （南朝梁）刘勰著，范文澜注：《文心雕龙注》，第632页。
④ （南朝梁）刘勰著，范文澜注：《文心雕龙注》，第495页。
⑤ （南朝梁）刘勰著，范文澜注：《文心雕龙注》，第514页。
⑥ （南朝梁）刘勰著，范文澜注：《文心雕龙注》，第656页。
⑦ （南朝梁）刘勰著，范文澜注：《文心雕龙注》，第655页。
⑧ （南朝梁）刘勰著，范文澜注：《文心雕龙注》，第655页。

是树立一个“一以贯之”的总的原则，以此统率万情。

情在文中圆融周遍，与言辞的“条贯统序”相互配合而形成一个完满的创作境界，这也是刘勰“乘一总万”思想的体现。他在文中也多次运用这一思想方法，如《诸子》“然繁辞虽积，而本体易总”①，《奏启》“治繁总要，此其体也”②，《书记》“随事立体，贵乎精要”③，《物色》“以少总多，情貌无遗矣”④。这种举要的思想方法启发了后世文人注意分析具体事例，概括典型，进行抽象的思考。

在情性的艺术转化过程中，刘勰对王弼的体无思想和体用不二、以一总多的方法加以运用，并借用了佛学中的圆照观念来进一步阐发，以抽象思维结合具体问题进行分析，以实现对情性的艺术化规范。

综而观之，本末思维除引导南朝时期的文艺批评重视对文艺本体的思考与讨论，亦将有限与无限的问题运用于其中。以体用方式将文艺的本质与直观形象结合起来，提升了文艺批评的思维水平和基本精神，促进了东晋南朝文艺批评的转变。

第二节　玄学名理思维与文艺批评

从广义来说，名理之学的产生是玄学产生的前提。从名实到名理的转变，是玄学从政治哲学向抽象哲学转变的标志之一。辨名析理的思维方式从王弼的运用到郭象的总结，始终贯穿于玄学思想体系之中。这种方法不仅影响了南朝的注经方式，也指导了南朝文艺批评的论证方法。

---

① （南朝梁）刘勰著，范文澜注：《文心雕龙注》，第 308 页。
② （南朝梁）刘勰著，范文澜注：《文心雕龙注》，第 422 页。
③ （南朝梁）刘勰著，范文澜注：《文心雕龙注》，第 460 页。
④ （南朝梁）刘勰著，范文澜注：《文心雕龙注》，第 694 页。

一 玄学名理的思维方式

名理之意，历来研究有不同的解释，其所指亦不相同。从政治哲学的观点出发，汤用彤认为名理之学是汉人清议的更进一步，根据汉代政治思想而来。汉末如王符《潜夫论》、徐干《中论》等注重分职设官、察举取士、考绩、征诛刑罚等名实问题，而名理之学则由此研究治国平天下的方法产生出来。而名理之学是东汉政治思想的更进一步，是“趋向简单、抽象、合理化之途径，要抓住那最重要的原理。更进之，要给政治人事找一形而上的根据”①。因此汤用彤指出：“名理者，名分也，人君臣民各有其职位，此政治之理论也。又为名目之理，识鉴人物，论人物之性也。”② 汤用彤将名理之学的要点归结为观人、才性、谈论和人君知人。汤一介说：“所谓‘名理’，开始盖为讨论‘名分之理’，人君臣民各有其职守，如何使之名实相符而天下治，此为政治理论的问题；后采渐进而讨论鉴识人物的标准问题，于是‘名理之学’趋向‘辨名析理’，向着抽象原则的方面发展。”③ 从逻辑方法出发，王晓毅在《王弼评传》中将其中的人物品评作为主要研究方法，即以人才学的逻辑思路为主。④ 从广义之义理来看，牟宗三《才性与玄理》将《人物志》品鉴才性系统称为“才性名理”，而与“玄学名理”并列⑤，认为“名理者，环绕名之本身、名所牵涉以及名与其所牵涉者之关系而论其意义之谓”⑥。玄学的名理思维，对东晋南朝文艺批评影响较大的，主要在逻辑方法与

① 汤用彤：《魏晋玄学论稿》，第 191—192 页。
② 汤用彤：《魏晋玄学论稿》，第 190 页。
③ 汤一介：《郭象与魏晋玄学》，第 11 页。
④ 王晓毅：《王弼评传》，第 202 页。
⑤ 牟宗三：《才性与玄理》，第206 页。
⑥ 牟宗三：《才性与玄理》，第 220 页。

形而上境界两个方面。

（一）从校实定名到辨名析理

我们可以通过刘劭《人物志》来窥究魏晋初名理之学的思维方式。《人物志·九征》中将五行（木、火、土、金、水）、五体（骨、筋、气、肌、血）、五质（弘毅、文理、贞固、勇敢、通微）及五常（仁、礼、信、义、智）对应起来，以“九征”（神、精、筋、骨、气、色、仪、容、言）为人的身体表征：“性之所尽，九质之征也。然则平陂之质在于神，明暗之实在于精，勇怯之势在于筋，强弱之植在于骨，躁静之决在于气，惨怿之情在于色，衰正之形在于仪，态度之动在于容，缓急之状在于言。其为人也，若质素平澹，中睿外朗，筋劲植固，声清色怿，仪正容直，则九征皆至，则纯粹之德也。九征有违，则偏杂之材也。”[①] 人物性情的变化，体现在神明、目光、筋带、骨骼、血气、面色、仪止、容貌和语言这些方面，若诸方面皆是完美的，则是圣人。如果九种征象相互违谬乖戾，则是偏至之材和间杂之材。考察人的形质，对其正确定名，是人才辨识的第一步。

而人才的名号与形质之间关系的发现，是重要的一步。刘劭《人物志·英雄》中作了专门的探讨。

> 夫草之精秀者为英，兽之特群者为雄。故人之文武茂异，取名于此。是故聪明秀出谓之英，胆力过人谓之雄，此其大体之别名也。若校其分数，则互相须，各以二分，取彼一分，然后乃成。何以论其然？夫聪明者英之分也，不得雄之胆，则说不行。胆力者雄之分也，不得英之智，则事不立。是以英以其聪谋始，以其明见机，待雄之胆行

---

① 伏俊琏：《人物志译注》，第 24 页。

> 之。雄以其力服众，以其勇排难，待英之智成之。然后乃能各济其所长也。①

刘劭认为英雄是文武皆茂异者，英的原意是“草之精秀者”，雄的原意是“兽之特群者”，引申到人，英就是“聪明秀出”，雄就是“胆力过人”。刘劭将英、雄两名分为四种素质，“聪”“明”“胆”“力”。其中“聪”“明”属于“英”，“胆”“力”属于“雄”。英、雄之间仍互相交叉，英之聪明须有雄之“胆”，雄之“胆”“力”须有英之“智”。各种素质和名分之间相互联系，根据不同的素质确定名号，总结两种人才各自的特点和变化规律，即“校其分数”的方法的体现。

由此而来，我们可以发现魏初名理之学的方法——校实定名，即根据形、实确定名号。冯友兰《中国哲学史新编》中将其表述为“综核名实”，并指出：“所谓‘综核名实’，就是要求这个名所指的实合乎这个名的定义。用逻辑的话说，一个名的外延必须合乎这个名的内涵。这也就是所谓‘循名责实’。”② 校实定名主要运用在政治制度中选拔人才的实际中。正始时期“善言虚胜”的傅嘏常以为：“秦始罢侯置守，设官分职，不与古同。汉、魏因循，以至于今。然儒生学士，咸欲错综以三代之礼，礼弘致远，不应时务，事与制违，名实未附，故历代而不至于治者，盖由是也。欲大改定官制，依古正本，今遇帝室多难，未能革易。”③ 秦以来历代不治的根源在于官制与古不同，当时的儒生只看重“礼治”，却忽视“礼”不可以直接代替具体政务工作，因此造成“事与制违，名实未附”。傅嘏认为需要改定官制，使之名实相符，注重校实定

---

① 伏俊琏：《人物志译注》，第100—101页。
② 冯友兰：《三松堂全集》第9卷，第338页。
③ （晋）陈寿撰，陈乃乾校点：《三国志》，第624页。

名、循名责实，“各举其良而对用之，官曹分职，而后以次考核之。”（《三国志》卷二十一裴松之注引《傅子》）[1]

作为学术方法，名理之学也为魏晋玄学家所继承。汤用彤认为：“玄学为名理之学的更进一步，正如名理为清议之进一步”[2]，冯友兰也说：“如果只对名的内涵进行分析，不管它的外延，那就是后来玄学家所说的‘辨名析理’。刘劭和钟会的分类学，还不是‘辨名析理’，但可以导致‘辨名析理’。”[3]玄学正是将名理之学抽象化，为其寻找形而上的根据，因此也自然而然在老庄之学中寻找。玄学对于名理之学的继承与开创始于王弼。王弼的《老子指略》揭示了名理之学的思维形式。王弼首先提出名形之间的关系：“凡名生于形，未有形生于名者也。”[4] 万物的本质表现为“形”，“形”决定了“名”。名称虽然是人给予的，但实际是由客观事物决定的。每一类事物都根据其实、其分用一个固定的名称来表达。“夫不能辩名，则不可与言理；不能定名，则不可与论实也。”[5]“辩名”可以揭示事物之“理”，“定名”可以检验其“形”与“实”。这也是王弼提出的辨名析理的思维方式。钟仕伦在《中古宗教与自然审美》中即认为：“就思维而言，必须使用‘名号’、‘称谓’对普遍性进行概括，而‘名号’、‘称谓’本身正确与否又成了进行这种概括的前提。王弼对‘名’‘称’‘分’‘理’这些概念本身的‘校实定名’的研究，实际上涉及了如康德后来所致力于解决的‘我们的认识如何可能’的问题。”[6]

---

① （晋）陈寿撰，陈乃乾校点：《三国志》，第624页。
② 汤用彤：《魏晋玄学论稿》，第192页。
③ 冯友兰：《三松堂全集》第9卷，第338页。
④ （三国魏）王弼著，楼宇烈校释：《王弼集校释》，第199页。
⑤ （三国魏）王弼著，楼宇烈校释：《王弼集校释》，第199页。
⑥ 钟仕伦、刘敏等：《中古宗教与自然审美》，第90页。

王弼在阐释《老子》中的“道”的概念时，首先采用了辨名析理的方法。《老子指略》中有：

> 夫物之所以生，功之所以成，必生乎无形，由乎无名。无形无名者，万物之宗也。不温不凉，不宫不商。听之不可得而闻，视之不可得而彰，体之不可得而知，味之不可得而尝。故其为物也则混成，为象也则无形，为音也则希声，为味也则无呈。故能为品物之宗主，苞通天地，靡使不经也。①

王弼首先阐释了老子的“道”之形名，即无形无名。对“无”的认知要通过听之、视之、体之、味之等方式，因为“凡名生于形”，道是无形，所以是无名的。而老子对于这一无形无名的万物之宗主“强字之”“强为之名”，王弼则以辨名析理的方式对“本无”进行了分析：

> 夫“道”也者，取乎万物之所由也；“玄”也者，取乎幽冥之所出也；“深”也者，取乎探赜而不可究也；“大”也者，取乎弥纶而不可极也；“远”也者，取乎绵邈而不可及也；“微”也者，取乎幽微而不可睹也。然则“道”、“玄”、“深”、“大”、“微”、“远”之言，各有其义，未尽其极者也。然弥纶无极，不可名细；微妙无形，不可名大。是以篇云：“字之曰道”，“谓之曰玄”，而不名也。②

王弼认为，老子的这些名言概念都各有其义，每一个名言是“无”的一部分特征。“道”是万物之所由，“玄”是幽冥之

① （三国魏）王弼著，楼宇烈校释：《王弼集校释》，第195页。
② （三国魏）王弼著，楼宇烈校释：《王弼集校释》，第196页。

所出，“深”是探赜不可究，“大”是弥纶不可极，“远”是绵邈不可及，“微”是幽微不可睹。且这些特征有些还相互矛盾，通过对实的分析来确定名，可以对道有更清楚的认识，进而无惑。

王弼将名理之学的方法从政治领域运用到了对宇宙本体的追寻，对其进行抽象的理论归纳与发展。郭象《庄子注》对“辨名析理”的方法进行了评定。他在评论名家时说：“然膏(梁)〔粱〕之子，均之戏豫，或倦于典言，而能辩名析理，以宣其气，以系其思，流于后世，使性不邪淫，不犹贤于博奕者乎！”（《庄子·天下》注）[①] 郭象认为辨名析理不能解决实际问题，“无经国体致，真所谓无用之谈也”[②]；而可以“宣其气”“系其思”，“使性不邪淫”，能够改善人的精神境界。凡是能“辨名析理”的学说，虽不能经国体致，却仍有其存在的价值，评价了辨名析理从具体实在的为政治服务的哲学向抽象的思辨哲学的转变的趋势。郭象的玄学也带有很强的辨名析理的特点，这一方法论在中国哲学史和美学史上的一个重要意义，即从质实到虚灵的转变。

（二）名理思想中的主观化境

如前所说，玄学中的名理已不是对人才学或政治问题上的名实的直接探讨，而是更进一步，探索形而上的非客观外在的理。玄学相较于汉代经学，亦是在质实之中虚灵起来的。我们从王弼阐释《周易》的方法可见其端。王弼《周易略例》中说：“爻苟合顺，何必坤乃为牛？义苟应健，何必乾乃为马？”[③] 坤表顺，而汉人以牛表之；乾表健，而汉人以马表之。王弼拨开牛马，而解开乾坤之名与牛马之象的关系，只将之与意相联结。此种关系即由名实关系转向了名理关系。

---

① （清）郭庆藩撰，王孝鱼点校：《庄子集释》，第1114页。

② （清）郭庆藩撰，王孝鱼点校：《庄子集释》，第1114页。

③ （三国魏）王弼著，楼宇烈校释：《王弼集校释》，第609页。

王弼注“道法自然”曰：“道不违自然，乃得其性，〔法自然也〕。法自然者，在方而法方，在圆而法圆，于自然无所违也。自然者，无称之言，穷极之辞也。”(《老子》第二十五章注)[①] 注“天地不仁”：“天地任自然，无为无造，万物自相治理，故不仁也。”(《老子》第五章注)[②] 注“道生一”：“万物万形，其归一也。何由致一？由于无也。”(《老子》第四十二章注)[③] 道、无、自然、一，这许多名言表现的皆非质实之理，而是意义之理。道以自然为本性，自然是道之别名。自然并非天地万物以外的别有一物。牟宗三称其显示为“圣证祛执之化境”，并认为“‘无’是一种虚寂浑化之心境，是一种虚灵之妙用，而非是一‘物’”，而道、无作为客观实体之意义，是“主观圣证之化境之客观姿态”[④]。

郭象《庄子注》中也精要地讨论了道的虚灵本质。《庄子·齐物论》注有：“夫天籁者，岂复别有一物哉？即众窍比竹之属，接乎有生之类，会而共成一天耳。无既无矣，则不能生有；有之未生，又不能为生。然则生生者谁哉？块然而自生耳。自生耳，非我生也。我既不能生物，物亦不能生我，则我自然矣。自己而然，则谓之天然。天然耳，非为也，故以天言之。〔以天言之〕所以明其自然也，岂苍苍之谓哉！而或者谓天籁役物使从己也。夫天且不能自有，况能有物哉！故天者，万物之总名也。莫适为天，谁主役物乎？故物各自生而无所出焉，此天道也。”[⑤] 郭象在阐释“天籁”“天”“天道”等名言时，推究其中之理，认为天籁并非别有一物：“吾以虚灵浑化之心平视万物，不经由因果对待之方式观万物，而经由体性学

---

① （三国魏）王弼著，楼宇烈校释：《王弼集校释》，第 65 页。
② （三国魏）王弼著，楼宇烈校释：《王弼集校释》，第 13 页。
③ （三国魏）王弼著，楼宇烈校释：《王弼集校释》，第 117 页。
④ 牟宗三：《才性与玄理》，第 232—233 页。
⑤ （清）郭庆藩撰，王孝鱼点校：《庄子集释》，第 50 页。

之方式观万物，万物各归其自己而个个圆满自足。”[①] 从认证方法到主观虚灵之境，名理之思维在玄学上得到发展与提升，也进一步影响了玄学士人的思维方式。

（三）晋人清谈中的辨名析理

魏晋名理之学的思维方式影响了士族的辩论风气，从《世说新语》中所载的乐广关于“旨不至”的讨论可见一斑。《世说新语·文学》记载：“客问乐令‘旨不至’者，乐亦不复剖析文句，直以麈尾柄确几曰：‘至不？’客曰：‘至！’乐因又举麈尾曰：‘若至者，那得去？’于是客乃悟服。乐辞约而旨达，皆此类。”刘孝标注：“夫藏舟潜往，交臂恒谢，一息不留，忽焉生灭。故飞鸟之影，莫见其移；驰车之轮，曾不掩地。是以去不去矣，庸有至乎？至不至矣，庸有去乎？然则前至不异后至，至名所以生；前去不异后去，去名所以立。今天下无去矣，而去者非假哉？既为假矣，而至者岂实哉？”[②] 历来对“至不”数句的解释纷纭，就乐广以麈尾确几又举麈尾的行为来看，似与惠施“指不至，至不绝”[③] 的命题联系得较为紧密。乐广以麈尾柄敲打几案，这是“至”，又举麈尾，这是“去”。一至一去，一静一动。至者不是真正至，去者亦非真正去。刘孝标在注中以“飞鸟之影”“驰车之轮”来阐释乐广的理解，也正是从动静关系上而言的。惠施所说“日方中方睨，物方生方死”[④]“轮不蹍地，日不见”[⑤]“飞鸟之景未尝动也”[⑥] 皆是此类，旨在说明运动的连续性与间断性。乐广

① 牟宗三：《才性与玄理》，第235页。

② （南朝宋）刘义庆著，（南朝梁）刘孝标注，余嘉锡笺疏，周祖谟、余淑宜、周士琦整理：《世说新语笺疏》，第242页。

③ （清）郭庆藩撰，王孝鱼点校：《庄子集释》，第1106页。

④ （清）郭庆藩撰，王孝鱼点校：《庄子集释》，第1102页。

⑤ （清）郭庆藩撰，王孝鱼点校：《庄子集释》，第1106页。

⑥ （清）郭庆藩撰，王孝鱼点校：《庄子集释》，第1106页。

不言，而以具体形象解释“指不至，至不绝”，刘孝标用文字阐释了乐广之意，明确了对名与实的关系的探讨。冯友兰即以辨名析理来解释乐广之行为，认为乐广的一系列动作分析了“至”之名与理。[①]

客人以《庄子·天下》惠施之说“指不至，至不绝”问乐广，可见当时的玄学士人喜欢以名家之语进行辩论，如著名的“白马论”等。而从他们辩论的内容来看，多是抽象概念而不是实际问题，他们的清谈已经由政治问题转变为哲学问题。这些问题中的“理”，是在辩论之中获得的。如《世说新语·文学》中载王弼与何晏谈论：“晏闻弼名，因条向者胜理语弼曰：‘此理仆以为极，可得复难不?’”[②] 又有裴遐与郭象在王衍诸婿大会上谈论，裴遐“以辩论为业，善叙名理，辞气清畅，泠然若琴瑟。闻其言者，知与不知，无不叹服”(《世说新语·文学》刘孝标注)。[③] 而衣冠南渡之后，士人所谈论的也多为“析理”。《世说新语》记载，王导南渡后所谈，乃“声无哀乐，养生，言尽意三理”，王导汇集殷浩、桓温等名士聚会清谈，对殷浩说：“身今日当与君共谈析理。”辨名析理的思维方式深刻地影响了玄学名士的清谈，这种思维也深深地烙印在士人的脑中，在艺术批评中也占有重要的地位。

二　刘勰《文心雕龙》的辨名析理方法

《文心雕龙·序志》曰：“长怀序志，以驭群篇。”又有：“位理定名，彰乎大易之数，其为文用，四十九篇而已。”[④] 位

① 冯友兰:《三松堂全集》第9卷，第344页。

② （南朝宋）刘义庆著，（南朝梁）刘孝标注，余嘉锡笺疏，周祖谟、余淑宜、周士琦整理:《世说新语笺疏》，第231页。

③ （南朝宋）刘义庆著，（南朝梁）刘孝标注，余嘉锡笺疏，周祖谟、余淑宜、周士琦整理:《世说新语笺疏》，第247页。

④ （南朝梁）刘勰著，范文澜注:《文心雕龙注》，第727页。

理定名即刘勰首先使用的方法。刘勰以大易之数中的“一”与“四十九”来展开他的理论体系。《周易·系辞》有：“周易大衍之数五十，其用四十有九。”王弼《释大衍义》曰：

> 演天地之数，所赖者五十也。其用四十有九，则其一不用也。不用而用以之通，非数而数以之成，斯易之太极也。四十有九，数之极也。夫无不可以无明，必因于有，故常于有物之极，而必明其所由之宗也。[①]

王弼以一为太极、体，以四十九表征人事自然之具体现象，为多、为用。作为太极的一，天地万有必依据本体之一方能存在并发生作用，反过来本体之一又必须借助天地万有来显示，而这万有的表征即“四十九”。刘勰这种体系建构思路便从王弼“以一总多”的方法而来。而对具体之数“四十九”如何安排，刘勰以“位理定名”为主要原则，即根据理而确定各篇之名序，即刘勰在前文所叙述的文章总体思路。

刘勰自叙《文心雕龙》的写作分为上下两部，上部又分文之枢纽、论文叙笔两部分。文之枢纽因“本乎道，师乎圣，体乎经，酌乎纬，变乎骚”[②]而列《原道》《征圣》《宗经》《正纬》《辨骚》五篇。论文叙笔部分，采取“囿别区分”，划分文体为诗、乐府、赋、颂赞、祝盟、铭箴、诔碑、哀吊、杂文、谐隐、史传、诸子、论说、诏策、檄移、封禅、章表、奏启、议对、书记。而下部的内容，一为“割情析采”的创作论，研究文思、风格、体势、变通、谋篇、修辞、声律、章句等问题，一为讨论文学史、作家、鉴赏等内容的篇目。如此

① （三国魏）王弼著，楼宇烈校释：《王弼集校释》，第547—548页。
② （南朝梁）刘勰著，范文澜注：《文心雕龙注》，第727页。

“位理定名”，安排了整部著作的篇题与内容。

在论文叙笔部分，刘勰叙述了每篇的撰写方法：“原始以表末，释名以章义，选文以定篇，敷理以举统。”[①] 其中的释名章义、敷理举统，也是继承了玄学辨名析理的方法。在论文体的二十篇中，刘勰都有“释名以章义”这项内容，位置多在开头部分，解释文体之名的含义。如刘勰在《明诗》中说：“大舜云：诗言志，歌永言。圣谟所析，义已明矣。是以在心为志，发言为诗，舒文载实，其在兹乎？诗者，持也，持人情性；三百之蔽，义归无邪，持之为训，有符焉尔。”[②] 刘勰引《尚书·尧典》“诗言志，歌永言”[③] 的说法，认为诗与歌是不同的，要区分开来。随后，刘勰采用了声训的方法解释诗之名：“诗者，持也。”然后将持人情性、义归无邪联系起来，突出诗的教化功能。

而所析之理，即各种体裁所以然之理，是其所具有的思想艺术的特性。刘勰在阐释诗之名之外，分析了诗的特点和功能。首先，诗是感物言志的产物，是用来抒发情志的。刘勰说：“感物吟志，莫非自然。”[④] 诗是表现内心世界的，也可以描绘物象。从《明诗》中称赞汉代古诗“婉转附物，怊怅切情”[⑤]、建安诗“慷慨以任气”[⑥]、刘宋山水诗“极貌以写物”[⑦]，都可以看出。其次，诗具有美刺讽喻、道德教化的功能。《明诗》中引《论语》和《左传》之意论述了《诗三百》用于修身和外交场合，认为屈原作《离骚》是为了讽谏怀王，韦孟、应

① （南朝梁）刘勰著，范文澜注：《文心雕龙注》，第727页。
② （南朝梁）刘勰著，范文澜注：《文心雕龙注》，第65页。
③ （清）阮元校刻：《十三经注疏·尚书正义》，第131页。
④ （南朝梁）刘勰著，范文澜注：《文心雕龙注》，第65页。
⑤ （南朝梁）刘勰著，范文澜注：《文心雕龙注》，第66页。
⑥ （南朝梁）刘勰著，范文澜注：《文心雕龙注》，第66页。
⑦ （南朝梁）刘勰著，范文澜注：《文心雕龙注》，第67页。

璩之诗也具有讽喻之旨，这些都是从“诗者，持也，持人情性”中所析出的理。这些都是刘勰运用省察名称、辨名析理的思维方法进行的论证，是融入他的“原始以表末，释名以章义，选文以定篇，敷理以举统”文章结构中的。

刘勰在《文心雕龙·通变》的首段即指出：“凡诗赋书记，名理相因，此有常之体也；文辞气力，通变则久，此无方之数也。名理有常，体必资于故实；通变无方，数必酌于新声；故能骋无穷之路，饮不竭之源。”①各种文体应有的特征是比较固定的，不能任意变化，即“名理相因”。名，指文体之名；理，指各种文体的用途特征。名理相因，即名实相符。从《明诗》《诠赋》直到《书记》，体裁有定，而文辞气力之变化则无穷。名理有常，因此要借鉴过去经典的作品；变化无方，文章才有发展，才显得丰富多彩。刘勰从名理的角度确定了“常”的基础的地位，并谈及沿袭与创新的问题。

刘勰对于所囊括的每种文体均采用此种方式进行讨论，是辨名析理的思维方式的典型体现，由文体之名论及各文体之实，并对其中的相关作家作品予以评析，阐释对相关文体特征的看法，形成了丰富的文体论体系。无论是整部论著的结构安排，还是具体内容的分析方式，《文心雕龙》都暗含着辨名析理的思维方式。这也是玄学思维影响文学批评的重要方面之一。

第三节　言意之辨与文艺批评

关于名理的讨论自然引申出言意之辨的问题。名既与实、与理要相符，那么所名言的对象是否能用名言概念和具体形象

① （南朝梁）刘勰著，范文澜注：《文心雕龙注》，第519页。

来表述，这构成了认识过程中的真实性与合理性问题。对言意的思考也是玄学产生之后必然要解决的。王弼提出的言不尽意，提供了艺术的感性具体存在艺术作品背后深蕴之“意”的思维支持。文艺批评中的意象批评逐渐兴盛起来，士人亦善于用意象批评的方式将人物、自然与艺术紧密结合在一起。

一　玄学的言意之辨

言意之辨源于《周易》系辞爻象尽意与《庄子·外物》篇筌蹄之言。玄学中人解以当不滞于名言，忘言忘象，其所蕴之意方可昭然。当时针对言意问题，玄学士人一直都有很深刻的讨论，直至过江之后，王导的玄谈三题中仍有“言意”话题。

何劭《荀粲传》载：“（荀粲）诸兄并以儒术论议，而粲独好言道。常以为子贡称夫子之言性与天道，不可得闻，然则六籍虽存，固圣人之糠秕。粲兄俣难曰：‘《易》亦云圣人立象以尽意，系辞焉以尽言，则微言胡为不可得而闻见哉？’粲答曰：‘盖理之微者，非物象之所举也。今称立象以尽意，此非通于意外者也。系辞焉以尽言，此非言乎系表者也；斯则象外之意，系表之言，固蕴而不出矣。’及当时能言者不能屈也。”（《三国志》卷十《魏书·荀彧传》注引《晋阳秋》）[①] 在荀粲与兄荀俣的辩论中，荀俣主张“言尽意”，并以《周易·系辞上》“圣人立象以尽意，设卦以尽情伪，系辞焉以尽其言”[②] 之语为证。而荀粲则主张“言不尽意”，他认为言语所能表达的只是粗糙的东西，如孔子六经所存，皆只是他的思想中的糠秕；而深微之理，如“性与天道”，是不能够用语言表达出来的，因此他的学生子贡说“不可得而闻”。尽管《周

① （晋）陈寿撰，陈乃乾校点：《三国志》，第319—320页。
② （清）阮元校刻：《十三经注疏·周易正义》，第82页。

易·系辞》中说立象尽意、系辞尽言，但还有意外的东西、辞外的东西，不是象和言所能表达的。这些细微的理，不可言说，不能表达。

王弼对言意之辨的阐释主要集中在《周易略例·明象》中。王弼写作《明象》一篇，实际目的是反对汉儒牵强附会，及其烦琐的解《易》方法，提出自己理解《周易》的方法。在原文字中，象，指卦象、爻象；言指卦辞、爻辞。而超越文字的意义，则是形象与意义、语言与概念的关系。王弼的主要观点如下。

第一，言者可以尽象，象者可以尽意，言通过尽象可以达到尽意。王弼说："夫象者，出意者也。言者，明象者也。尽意莫若象，尽象莫若言。言生于象，故可寻言以观象；象生于意，故可寻象以观意。"①

第二，言的目的在明象，因此得象可以忘言，象的目的在于存意，因此得意可以忘象。"故言者所以明象，得象而忘言；象者，所以存意，得意而忘象。"②

第三，不忘象，此所存之象即非尽意之象；不忘言，此所存之言即非尽象之言。因此要打破象与言的有限性，以把握无限的意与象。"是故，存言者，非得象者也；存象者，非得意者也。象生于意而存象焉，则所存者乃非其象也；言生于象而存言焉，则所存者乃非其言也。然则，忘象者，乃得意者也；忘言者，乃得象者也。得意在忘象，得象在忘言。"③

因此王弼其实提出了"言不尽意"的观点，这一观点成为玄学中的重要话题，在士人中展开了非常广泛的讨论。在魏晋时，明确持"言尽意论"的唯欧阳建一人。欧阳建著《言

---

① （三国魏）王弼著，楼宇烈校释：《王弼集校释》，第 609 页。
② （三国魏）王弼著，楼宇烈校释：《王弼集校释》，第 609 页。
③ （三国魏）王弼著，楼宇烈校释：《王弼集校释》，第 609 页。

尽意论》，以“违众先生”自居，反对言不尽意论。欧阳建首先指出名实之间的关系，物与理独立于名言存在，名言不会给物与理带来任何影响。“然则名之于物，无施者也；言之于理，无为者也。”[①] 其次，他指出，如果名对物没有作用、言对理没有作为，那为何古往今来要“正名”呢？原因在于，虽然名言对物与理没有任何影响，但对世界的认识及人际交流却依赖名言。“诚以理得于心，非言不畅；物定于彼，非名不辩。言不畅志，则无以相接；名不辩物，则鉴识不显。鉴识显而名品殊，言称接而情志畅。”[②] 名言的作用在于畅志辨物，如果名言不能畅志辨物，则人们无法进行有效的沟通和品鉴识别的活动。物与理本来不必有某些名称，它们之所以被如此命名与指称，完全是因为人们需要区别不同的事物以及表达心中之理。在约定俗成的原则下，不同的事物有了不同的命名，不同的义理也有了不同的指称。而物与理与它们的名之间的关系是“犹声发响应，形存影附，不得相与为二”[③]，所以语言是表达思想的，语言的内容应当与思想一致。欧阳建以名实相应的视角，认为语言跟物、理之间更多的是一种约定关系。他的尽、意与王弼所言的尽与意的内涵有较大的差距。他只表示言尽意之“意”独立于名言的物与理，而王弼《老子注》中的“意”则较多指向形而上的层次。从这一方面而言，王弼的言意观点更能够在文艺批评领域产生影响。

二 “体道”——意象批评的基础

使用人物、自然对文艺进行意象性批评，在于玄学大义为

① （唐）欧阳询撰，汪绍楹校：《艺文类聚》，上海古籍出版社1982年版，第348页。

② （唐）欧阳询撰，汪绍楹校：《艺文类聚》，第348页。

③ （唐）欧阳询撰，汪绍楹校：《艺文类聚》，第348页。

其提供了通达的思想基础。前面谈到，玄学主张远致幽旨，人物之风度、气韵与自然之神貌一致，便以类比之，不在乎形，而在乎神。而艺术所表现出来的气韵风度，也可以整体观之。三者之中，蕴含同一神气者，虽是以不同形式表现，却都可以相通。卫恒《四体书势》中便有以“举大略”“举大较”的方式论书之体势：“思字体之俯仰，举大略而论旃”[①]“聊伫思而详观，举大较而论旃”[②]“略举大较，仿佛若斯”[③]。此种批评方式，不可剖析，而需以整体体验之。魏晋玄学中的体用之体，是就本体论而言的，而如何获得对本体的体验，时人以“体道”总之。

体道是玄学中圣人的境界，亦是士人的理想境界，在审美活动中亦是主体对美和艺术本质的感知。在艺术活动中，日常人生体验可以导向审美体验或转化为审美体验。魏晋玄学高扬的这种体道的圣人境界，在西晋时期常以不拘礼俗、任诞纵逸为手段，这也常遭到当时人的讽刺与讥诮。葛洪在《抱朴子外篇·疾谬》中说：“终日无及义之言，彻夜无箴规之益。诬引老、庄，贵于率任，大行不顾细礼，至人不拘检括，啸傲纵逸，谓之体道。呜呼惜乎！岂不哀哉！”[④]东晋士人纠正了此种士风，在名教与自然的融合中重新寻求对道的理解境界。体道也成为当时品题人物风神的重要评语，如荀顗“清纯体道”[⑤]，魏舒“体道弘粹”[⑥]，裴頠“体道居正”[⑦]，王导“体道明哲”[⑧]，体道表现出来的是清纯自然、简贵静正的

---

① （宋）陈思编撰，崔尔平校注：《书苑菁华校注》，第 39 页。
② （宋）陈思编撰，崔尔平校注：《书苑菁华校注》，第 40 页。
③ （宋）陈思编撰，崔尔平校注：《书苑菁华校注》，第 41 页。
④ 杨明照：《抱朴子外篇校笺》（上），第 632 页。
⑤ （唐）房玄龄等：《晋书》，第 1151 页。
⑥ （唐）房玄龄等：《晋书》，第 1187 页。
⑦ （唐）房玄龄等：《晋书》，第 1351 页。
⑧ （唐）房玄龄等：《晋书》，第 1752 页。

个人风度。

体道由哲学思辨向审美体验的转变得益于佛学的融合。孙绰《喻道论》有:“夫佛也者,体道者也;道也者,导物者也。”[①] 并以“应感顺通”来作进一步阐释。后来孙盛在《老子疑问反讯》中又谈及“知道”和“体道”,认为老子可谓知道,而非体道,因为老子仅仅是认识到“道冲而用之或不盈,和其光,同其尘”[②];而“陶唐之莅天下也,无日解哉,则维照任众,师锡匹夫,则驳然禅授,岂非冲而用之,光尘同波哉”[③],是进入了“体”的层面,而非仅是“知”。《世说新语》中亦有“《易》以感为体”的讨论:“殷荆州曾问远公:‘《易》以何为体?’答曰:‘《易》以感为体。’殷曰:‘铜山西崩,灵钟东应,便是《易》耶?’远公笑而不答。”[④] 慧远从“感”的角度来阐释《易》之体。《周易·咸卦》有:“咸,感也。柔上而刚下,二气感应以相与。”“天地感而万物化生,圣人感人心而天下和平。观其所感,而天地万物之情可见矣。”[⑤] 王弼注曰:“天地万物之情,见于所感也。”[⑥] 咸卦说“感”,是天地万物之相互感应。这里的“体”即体征,是系于形器的。慧远把握了《周易》之感应论,并深切体会到其变动不居的本质,因此有“《易》以感为体”的观点。支遁《大小品对比要抄序》中说:“夫体道尽神者,不可诘之以言教;游无蹈虚者,不可求之于形器。是以至人于物,遂通而已。”[⑦] 体道通过言教、形器却不拘执于言教、形器,最后达

---

① (清)严可均辑:《全上古三代秦汉三国六朝文》,第 1811 页。

② (清)严可均辑:《全上古三代秦汉三国六朝文》,第 1826 页。

③ (清)严可均辑:《全上古三代秦汉三国六朝文》,第 1826 页。

④ (南朝宋)刘义庆著,(南朝梁)刘孝标注,余嘉锡笺疏,周祖谟、余淑宜、周士琦整理:《世说新语笺疏》,第 284—285 页。

⑤ (清)阮元校刻:《十三经注疏·周易正义》,第 46 页。

⑥ (三国魏)王弼著,楼宇烈校释:《王弼集校释》,第 374 页。

⑦ (南朝梁)释僧祐撰,苏晋仁、萧炼子点校:《出三藏记集》,第 301 页。

到“通”的境界。

总的来说，魏晋南北朝时期，体道是圣贤君子的境界，它同时带有儒家和道家两种思想属性，体察天地大道，一方面可以无为而无不为，清净纯粹，冲虚玄远；另一方面居正合德，有君子之致。而如何“体”之，则唯有“应感”，不求言教、形器。体是士人对天地自然的整体感知与体察，又是深入形而上之道的手段与方式。这样的思维方式使得东晋南朝意象批评得以实现。通过“体”的方式，突破了不同艺术形式，最终攫取到相契合的气韵风神，而将二者联系起来。

三　刘勰《文心雕龙》中意象理论的建构

刘勰《文心雕龙·神思》中的“独照之匠，窥意象而运斤”[①] 是首次将“意象”一词运用在文学理论领域者。刘勰的“意象”理论的建构，与《周易》《庄子》以来提出的“言—象—意”之辨有着密切的联系，特别受到玄学中对言意之辨的阐释以及东晋时期针对《易》象讨论的影响甚大。

（一）“意象”（“象”）的本质

《周易·系辞上》中讨论了“圣人立象以尽意”“系辞焉以尽其言”[②] 的观点。这里的象并非只是形象，而是包含了拟象、象征之意在内的卦爻之象。“形”与“象”的区分，在东晋时期殷浩、孙盛等人之间已有讨论，有著名的论题“《易》象妙于见形”，即提出了《易》象比具体的形器高明之义。这些卦爻之象带有抽象、概括的意义，包含诸多具有一定形象性的自然、社会的事物，亦象征多种复杂的道理。可以说，这是将形象与抽象结合起来的象。

刘勰《文心雕龙》对于“《易》象”本质的讨论，也注

---

① （南朝梁）刘勰著，范文澜注：《文心雕龙注》，第 493 页。
② （清）阮元校刻：《十三经注疏·周易正义》，第 82 页。

意到这一点，即“物”或“物象”与“意象”的区分。“物象”是物呈现在主体眼中的表象。自《乐记》提出“感于物而动，故形于声”① 开始，物感说在音乐理论和诗歌理论中产生了重要的影响，这里的“物”是指的社会环境对人心的感触，王肃“谓哀乐喜怒和敬之事感人而动，见于声”（《史记》卷二十四《乐书》集解引）②。魏晋南北朝时期，人们对自然山水的审美欣赏兴起，“物”也逐渐以自然风物为主。《文心雕龙》中的“物”包括自然风物、禽鸟走兽、宫殿园池等，王运熙《读文心雕龙〈神思〉札记》中说：“这个为耳目所接触的物，是不是客观外界广泛的事物呢？不是。物仅指有形貌有声响、可以耳闻目睹之物。由人们活动所构成的事实，并无形貌，就不属于物。《神思》篇所谓物，首先指自然风景……还有一些外界之物，有些是人工制造之物（如宫殿），有些虽是自然之物，但不一定作为风景对象来描绘，也属于《神思》所谓物的范围。”③

《文心雕龙》中多次提到含“意”之“象”：

> 盖写物以附意，飏言以切事者也。故金锡以喻明德，珪璋以譬秀民，螟蛉以类教诲，蜩螗以写号呼，浣衣以拟心忧，席卷以方志固，凡斯切象，皆比义也。（《比兴》）④
>
> 若乃综述性灵，敷写器象，镂心鸟迹之中，织辞鱼网之上，其为彪炳，缛采名矣。（《情采》）⑤

---

① （清）阮元校刻：《十三经注疏·礼记正义》，第1527页。

② （汉）司马迁撰，（宋）裴骃集解，（唐）司马贞索引，（唐）张守节正义：《史记》，中华书局2014年修订本，第1402页。

③ 王运熙：《文心雕龙探索》，上海古籍出版社1986年版，第71—72页。

④ （南朝梁）刘勰著，范文澜注：《文心雕龙注》，第601页。

⑤ （南朝梁）刘勰著，范文澜注：《文心雕龙注》，第537页。

是以诗人感物，联类不穷。流连万象之际，沈吟视听之区；写气图貌，既随物以宛转；属采附声，亦与心而徘徊。(《物色》)①

纷哉万象，劳矣千想。玄神宜宝，素气资养。水停以鉴，火静而朗。无扰文虑，郁此精爽。(《养气》)②

刘勰所言“写物以附意”“飏言以切事”，正是谈言意关系，而“象”在其中是一个非常重要的中介。所写之物皆有形象，又内含明德、秀民、教诲等意，器象亦内含有性灵。《物色》与《养气》中的万象包含了具体形象的“物象”，自然的、社会的，也与“心”“想”密不可分。可以看到，刘勰所谈的“象”的本质仍是“意”，是蕴含了“意”的“物象”。“物象”是“意”的直接表现方式，在主体眼中呈现出感性直观的表象，能够触生“意象”。

（二）“意象”（“象”）的产生

“象”（“意象”）的产生过程经历了“体察”“想象”和“言辞”三个阶段。“体察”体现的是心物交流的过程，“想象”体现的是主体创造的过程，“言辞”体现的是表达和接受的过程。

1. 体察

“物象”作为“意象”的一个构成部分是非常重要的内容，而“物象”要成为“意象”还需要创作主体的参与。体察，是由“物象”向“心象”产生的第一阶段。

首先，体察是一个心物交流的过程。刘勰在《文心雕龙·神思》中提出了“神与物游”的命题。这论及了创作主体与客体的关系，特别强调思维与自然风物之间的关系。《神思》说

① （南朝梁）刘勰著，范文澜注：《文心雕龙注》，第693页。
② （南朝梁）刘勰著，范文澜注：《文心雕龙注》，第647—648页。

"登山则情满于山，观海则意溢于海"①，《明诗》说"人禀七情，应物斯感，感物吟志，莫非自然"②，《诠赋》说"原夫登高之旨，盖睹物兴情。情以物兴，故义必明雅；物以情观，故词必巧丽"③，都在阐释主体情志与物象的紧密联系。南朝齐梁时期士人亦多有此种心物交流之冲动，如钟嵘《诗品序》"若乃春风春鸟，秋月秋蝉，夏云暑雨，冬月祁寒，斯四候之感诸诗者也"④，萧统《答湘东王求文集及〈文苑英华〉书》"或日因春阳，其物韶丽，树花发，莺鸣和，春泉生，暄风至；陶嘉月而嬉游，藉芳草而眺瞩。或朱炎受谢，白藏纪时；玉露夕流，金风多扇；悟秋山之心，登高而远托。或夏条可结，倦于邑而属词；冬云千里，睹纷霏而兴咏"⑤，萧纲《答张缵谢示集书》"至如春庭落景，转蕙承风；秋雨且晴，檐梧初下；浮云生野，明月入楼。……是以沈吟短翰，补缀庸音，寓目写心，因事而作"⑥，萧子显《自序》"若乃登高目极，临水送归，风动春朝，月明秋夜，早雁初莺，开花落叶，有来斯应，每不能已也"⑦。

其次，心物的契合决定了意象的合理性。《神思》曰："物以貌求，心以理应。"⑧《物色》曰："写气图貌，既随物以宛转；属采附声，亦与心而徘徊。"⑨ 心与物、情与景是密切贴合的，一方面要贴切地描绘物之情状，另一方面要贴切地

① （南朝梁）刘勰著，范文澜注：《文心雕龙注》，第493—494页。
② （南朝梁）刘勰著，范文澜注：《文心雕龙注》，第65页。
③ （南朝梁）刘勰著，范文澜注：《文心雕龙注》，第136页。
④ （南朝梁）钟嵘撰，曹旭集注：《诗品集注》，上海古籍出版社1994年版，第47页。
⑤ （清）严可均辑：《全上古三代秦汉三国六朝文》，第3064页。
⑥ （清）严可均辑：《全上古三代秦汉三国六朝文》，第3010页。
⑦ （清）严可均辑：《全上古三代秦汉三国六朝文》，第3087页。
⑧ （南朝梁）刘勰著，范文澜注：《文心雕龙注》，第495页。
⑨ （南朝梁）刘勰著，范文澜注：《文心雕龙注》，第693页。

表达主体对物之情感。随物以宛转，正是要与物相适合。这使得纷繁复杂的情感与多样的物象相应，呈现出一定的合理性。

2. 想象

主体在完成心物交流的同时，动用心神进行想象。刘勰《文心雕龙·神思》中说的“神用象通，情变所孕”①，即借助想象，造就意象。“神用象通”是一个复杂变化的动态过程。“神”乃变化之极，不可测量，“妙万物而为言”②；“象”变而通之、周流不滞。自然社会之事物、事理参与主体的思维活动，通过最重要的主体之“情”而完成神思过程，形成意象。王元化认为“神用象通”是指意象由想象而成，“情变所孕”是指情志在想象而成意象的过程当中的重要作用。③《物色》有“诗人感物，联类不穷。流连万象之际，沈吟视听之区；写气图貌，既随物以宛转；属采附声，亦与心而徘徊”④，即强调通过想象而产生与主题情志相契合的意象。

3. 言辞

言辞是意象的表达和接受过程中的要素之一。首先，刘勰强调了言辞的重要性。《文心雕龙·神思》中在讨论作家构思时屡次谈及作品的语言：“吟咏之间，吐纳珠玉之声。”“神居胸臆，而志气统其关键；物沿耳目，而辞令管其枢机。枢机方通，则物无隐貌；关键将塞，则神有遁心。”“然后使玄解之宰，寻声律而定墨；独照之匠，窥意象而运斤。”⑤刘勰谈到意象的产生有两个重要的影响因素，一是志气，二是辞令。辞令是将生成的心象转化为意象的重要步骤。有较高的驾驭文辞的能力，意象的呈现才能更顺畅、更清晰。其次，在心物契合

① （南朝梁）刘勰著，范文澜注：《文心雕龙注》，第 495 页。
② （清）阮元校刻：《十三经注疏·周易正义》，第 94 页。
③ 王元化：《读文心雕龙》，上海书店出版社 2019 年版，第 103 页。
④ （南朝梁）刘勰著，范文澜注：《文心雕龙注》，第 693 页。
⑤ （南朝梁）刘勰著，范文澜注：《文心雕龙注》，第 493 页。

的基础之上所产生的意象合理性还需要言辞表达的贴切来补充。刘勰在《神思》中提到在表达过程中出现的问题："方其搦翰，气倍辞前，暨乎篇成，半折心始。何则？意翻空而易奇，言徵实而难巧也。"① 这是由于文不逮意而产生的现象。言辞表达是意象产生的重要环节，意象的合理性产生于心物契合，亦需要言意契合。刘勰在《物色》中描述："故灼灼状桃花之鲜，依依尽杨柳之貌，杲杲为出日之容，瀌瀌拟雨雪之状，喈喈逐黄鸟之声，喓喓学草虫之韵。皎日嘒星，一言穷理；参差沃若，两字穷形。并以少总多，情貌无遗矣。"②"至如雅咏棠华，或黄或白；骚述秋兰，绿叶紫茎；凡摛表五色，贵在时见，若青黄屡出，则繁而不珍。"③ 不论是拟声还是赋彩，对于物象的描述需要以少总多，贴切地还原其情貌。因而"言—象—意"的传达模式也是一一相对应的，两个过程都需要其合理性，言辞在最后一步确保了意的精确表达。

（三）"意象"（"象"）的价值

从以上刘勰论"意象"的产生来看，在"言—象—意"系统中，"象"有它独特的地位和价值。首先，它是无限的。由于"象"的本质是"意"，因此它带有"意"的根本属性。在"体察""想象"的过程中，作家思考的内容在时间、空间上具有无限的广阔性。在刘勰之前，陆机《文赋》中便谈到"心游万仞"，指出了思维的无限广阔的特点："观古今于须臾，抚四海于一瞬。"④《文心雕龙·神思》中有"文之思也，其神远矣。故寂然凝虑，思接千载；悄焉动容，视通万里"⑤，

① （南朝梁）刘勰著，范文澜注：《文心雕龙注》，第494页。
② （南朝梁）刘勰著，范文澜注：《文心雕龙注》，第693—694页。
③ （南朝梁）刘勰著，范文澜注：《文心雕龙注》，第694页。
④ 张少康集释：《文赋集释》，人民文学出版社2002年版，第36页。
⑤ （南朝梁）刘勰著，范文澜注：《文心雕龙注》，第493页。

在意象的产生过程中，体察、想象的具体手段都决定了意象具有无限性的特征。其次，“象”是审美的。以感性直观之“象”来表达抽象的“意”，这些物象丰富多姿、充满诗意，本身就带有艺术的、审美的特点。言辞通过对“象”的摹写来表现“意”，是一项充满审美性的活动，也是区别于说理、议论等文章的重要表现之一。

可以看到，刘勰对“言—象—意”的讨论建立在《周易》的基础之上，以玄学的思维模式将其运用在文学批评领域，建构起了“意象”的概念。刘勰强调“意”的重要本质意义，注重“意象”的产生过程中主客体之间的交互关系，以及言辞在意象生成中的重要的作用。

四　意象批评的实践

（一）求大义

言意问题发生在对经典的阐释上，因此首先对注经之思维与方法产生影响。南朝经学深受魏晋玄风的感染，又受到佛学的影响，解经体兼采众家，善言玄理。汉代古文经学重训诂、字词，今文经学贵章句、义理。郑玄博儒，由训诂而通义理，在南北朝时期，北方崇尚郑学，注重训诂章句；而南方兼重玄学，好讲论义理。且当时佛教盛行，聚众讲经常预撰讲义，称为“经疏”。这一阐释方式为经学所取，经解中常注明经典词义，并讲明章节段落之大义，形成了一种新的体式——义疏。综观《隋书·经籍志》中所载南北朝义疏，经典注解书目多为“义疏”“讲疏”“大义”等，蔚为风尚。“‘义疏’或‘讲疏’，不仅要解释经典词义、串讲句子、总结章节旨趣、申说全篇大意，而且要对当时依据的权威旧注进行疏通和证明。”①

① 舒大刚主编：《儒学文献通论　上》，福建人民出版社2012年版，第119页。

义疏体注重疏通经文大意，又守一家之注、融会诸家之说来阐明其旨意。王弼在《老子指略》中反复强调，要着重领会其精神实质，而不可拘泥个别的文句。“《老子》之文，欲辩而诘者，则失其旨也；欲名而责者，则违其义也。”[①] “解其一言而蔽之，则无幽而不识；每事各为意，则虽辩而愈惑。”[②] 如果因为一家之言而遮蔽了整体深蕴的内涵，即言文之“意”，那么再多的注解也会徒劳无功。

东晋南朝时期便有很多求大义而略章句的事例。《世说新语·文学》中载，谢安年少时曾经请阮裕讲《白马论》，但其中仍有不解的地方，便重相询问。阮裕叹道：“非但能言人不可得，正索解人亦不可得！”[③] 非但能谈论《白马论》的人不可得，就连能听懂的人亦不可得。能解之人，是要全其大义、通博全书的。陶渊明在《与子俨等疏》中提到他读书的体验与愉悦：“少学琴书，偶爱闲静，开卷有得，便欣然忘食。见树木交荫，时鸟变声，亦复欢然有喜。常言：五六月中，北窗下卧，遇凉风暂至，自谓是羲皇上人。”[④]《五柳先生传》中又说：“好读书，不求甚解；每有会意，便欣然忘食。”[⑤] 陶渊明读书充满了玄学思想的人生趣味。他喜好读书，却不像汉儒章句之学一般，将读书困于烦琐的训诂之中，索然乏味。他喜欢“有得”，喜欢“会意”，而魏晋时期的读书风尚多为“会意”。《世说新语·轻诋》中就以相马之说比喻读书讲道的故事：“谢安目支道林，如九方皋之相马，略其玄黄，取其俊逸。”刘孝标注引《支遁传》曰：“遁每标举会宗，而不留心

① （三国魏）王弼著，楼宇烈校释：《王弼集校释》，第 196 页。

② （三国魏）王弼著，楼宇烈校释：《王弼集校释》，第 198 页。

③ （南朝宋）刘义庆著，（南朝梁）刘孝标注，余嘉锡笺疏，周祖谟、余淑宜、周士琦整理：《世说新语笺疏》，第 255 页。

④ 逯钦立校注：《陶渊明集》，中华书局 1979 年版，第 188 页。

⑤ 逯钦立校注：《陶渊明集》，第 175 页。

象喻，解释章句，或有所漏，文字之徒，多以为疑。谢安石闻而善之曰：‘此九方皋之相马也，略其玄黄，而取其俊逸。’”[①]相马之说源于《列子·说符》中九方皋相马之事。当时伯乐向秦穆公推荐相马能者九方皋，秦穆公要求九方皋寻找一匹天下之马回来。九方皋三月之后返回，报告说已经在沙丘寻得一匹好马，乃一匹黄色母马。秦穆公派人去取，却领回来一匹黑色公马。穆公便很不高兴，向伯乐说：“败矣，子所使求马者！色物、牝牡尚弗能知，又何马之能知也?”伯乐便道出了相马的道理：“若皋之所观天机也，得其精而忘其粗，在其内而忘其外，见其所见，不见其所不见；视其所视，而遗其所不视。”[②] 伯乐认为，九方皋相马，是观其精内（天机）而忽视其粗外（牝牡毛色）。其实这也是人们对形神关系的认识的反映。此处张湛注曰：“神明所得。”卢重玄解曰：“夫形质者，万物之著也；神气者，无象之微也。运有形者，无象也；用无象者，形物也。终日用之而不知其功，终年运之而不以为劳，知而养之者，道之主也。皋之见乎所见者以神也。”[③] 九方皋相马，重在取神，而谢安以此喻支道林讲经。支道林每升座讲经，都标举大义，而在解释章句文字等上多有疏漏，谢安以为这是遗其形而取其神。支道林本就喜欢养马，重马之神骏，所以谢安以九方皋相马来喻之。至南朝时期，范晔亦谈读书“往往有微解，言乃不能自尽，为性不寻注书。……至于所通解处，皆自得之于胸怀耳”（《狱中与诸甥侄书》）[④]。诗文所要表达的，不仅是人的日常生活经验，还有诗性的生命体验。这种生命体验传递着人类生命的共感与本真，是纯粹的审美体

---

① （南朝宋）刘义庆著，（南朝梁）刘孝标注，余嘉锡笺疏，周祖谟、余淑宜、周士琦整理：《世说新语笺疏》，第 990 页。

② 杨伯峻：《列子集释》，第 257—258 页。

③ 杨伯峻：《列子集释》，第 258 页。

④ （清）严可均辑：《全上古三代秦汉三国六朝文》，第 2519 页。

验。东晋南朝士人说诗论文，都较少拘执于言辞而执象指意，推测诗人之志，一切以“通达”为务。

（二）人物意象与自然意象在不同艺术门类中的融通

在文学、绘画、书法等领域中的意象批评还表现在通过人物意象、自然意象对艺术作品进行整体品评。自先秦始，人们便以自然之物来比人之德，如以玉、松柏等比君子。如《诗经·秦风·小戎》：“言念君子，温其如玉。”[①] 孔子有：“岁寒，然后知松柏之后凋也。”（《论语·子罕》）[②]《孟子·公孙丑上》中称有人赞美孔子：“麒麟之于走兽，凤凰之于飞鸟，泰山之于丘垤，河海之于行潦，类也。圣人之于民，亦类也。出于其类，拔乎其萃，自生民以来，未有盛于孔子也。”[③] 这是早期人们以自然山水之物来类比君子人格的“比德”式思维模式。魏晋时期，人物品藻和山水品赏的兴盛将人物与自然在审美领域联系在一起，在人物品藻上多以具象事物来描述。这些具象事物所表现的是其人的全副风度与性情，承载着内部深蕴的“道”，是人们在审美体验中获得精神超越的重要津梁。

在东晋南朝的书法品评与文学品评中，批评家对于审美主体的体验十分重视，继承了人物品藻与山水欣赏的方式，因此东晋南朝的文艺批评形式相互渗透融合，呈现出生动活泼的状态。意象批评即通过不同意象背后契合的风神将人物批评、自然批评与文学、书法、绘画等不同艺术门类联系在一起，形成了丰富的批评样式。其中最为典型的，便是时人品评王羲之及其书法。《世说新语·容止》篇有：“时人目王右军‘飘如游云，矫若惊龙’。”[④]

---

① （清）阮元校刻：《十三经注疏·毛诗正义》，第 370 页。

② （清）阮元校刻：《十三经注疏·论语注疏》，第 2491 页。

③ （清）阮元校刻：《十三经注疏·孟子注疏》，第 2686 页。

④ （南朝宋）刘义庆著，（南朝梁）刘孝标注，余嘉锡笺疏，周祖谟、余淑宜、周士琦整理：《世说新语笺疏》，第 733 页。

这是借用曹植《洛神赋》中“翩若惊鸿，婉若游龙”语来品评的。而《晋书》王羲之本传中载为：“（王羲之）尤善隶书，为古今之冠，论者称其笔势，以为飘若浮云，矫若惊龙。”[①] 则将此语用以评论王羲之的隶书笔势。其文之气势如人之风度，浮云、惊龙之意象将二者联系起来。此外，东晋南朝时期的诸多书画、文学批评亦表现出此特点。

如袁昂《古今书评》便是一个典型。《古今书评》中有：

> 崔子玉书如危峰阻日，孤松一枝，有绝望之意。
> 师宜官书如鹏羽未息，翩翩自逝。
> 韦诞书如龙威虎振，剑拔弩张。
> 曹喜书如上林春花，远近瞻望，无处不发。[②]

“孤松一枝”“上林春花”是所拟之物象，“绝望之意”“无处不发”等是对所拟物象之“意”的阐释。袁昂后文说，“钟繇书意气密丽，若飞鸿戏海，舞鹤游天”，“萧思话书走墨连绵，字势屈强，若龙跳天门，虎卧凤阁”，“薄绍之书字势蹉跎，如舞女低腰，仙人啸树，乃至挥毫振纸，有疾闪飞动之势”[③]。袁昂进一步明确了以“飞鸿”“舞鹤”“龙”“虎”“舞女”“仙人”等来形容书法作品中的“走墨”“挥毫”之势，更是对创作主体表现在书法作品中的意气的具象表达。这种意气以动态之势呈现在书法的线的艺术中。

袁昂在《古今书评》中更用人物风神来品评书法作品中的灵动之势。如“王右军书如谢家子弟，纵复不端正者，爽

---

① （唐）房玄龄等：《晋书》，第2093页。
② （宋）陈思编撰，崔尔平校注：《书苑菁华校注》，第72页。
③ （宋）陈思编撰，崔尔平校注：《书苑菁华校注》，第73页。

爽有一种风气”，“殷钧书如高丽使人，跳浪甚有意气，滋韵终乏精味”，“蔡邕书骨气洞达，爽爽有神”[①]。他首先以“气”作为人物风神与作品之间的联系。早在魏时曹丕在《典论·论文》中提出文气论，将作者之个性与文章之“气”联系起来。气构成了创作主体与作品之间的津梁。它成为创作主体、对象、作品与欣赏者的内在联系。在品评欣赏过程中，作品之气被欣赏者感知而形成其进行艺术欣赏的审美体验。其次是“骨”，袁昂评陶隐居书“如吴兴小儿……骨体甚骏快”[②]，评蔡邕书“骨气洞达”，同样是以骨来洞照人物之神，并以此神品评书法作品之神，由此可见其评语受到了人物品藻风潮的影响。而袁昂特以典型人物的相关特征来拟喻，以人物之灵动说明书法之灵动。再次，人物品藻中所注重的容止行为、声调音辞，也是描述书法灵动之势的重要内容。袁昂说“庾肩吾书如新亭伧父，一往见似扬州人共语，便音态出”，“袁崧书如深山道士，见人便欲退缩”，“萧子云书如经纶道人，言不可绝”等[③]，将书法之动势转化为言行神态。

早在西晋时期，卫恒的《四体书势》中即以意象批评的形式将书法之势以自然意象的形式表现出来。卫恒在解释“势”时说：“古书亦有数种，其一卷论楚事者最为工妙，恒窃悦之，故竭愚思以赞其美，愧不足以厕前贤之作，冀以存古人之象焉。古无别名，谓之《字势》。”[④] 势可以存古人之象，其实这象的内蕴便是抽象的神韵气势和书体风格。卫恒将审美者的审美体验以自然意象为喻表达出来，更是对“象中之意”这一不可捉摸之物的认识与把握。他具体描述了这样的一种审

---

① （宋）陈思编撰，崔尔平校注：《书苑菁华校注》，第71—72页。
② （宋）陈思编撰，崔尔平校注：《书苑菁华校注》，第71页。
③ （宋）陈思编撰，崔尔平校注：《书苑菁华校注》，第71—72页。
④ （宋）陈思编撰，崔尔平校注：《书苑菁华校注》，第38页。

美体验："矫然特出，若龙腾于川；森尔下颓，若雨坠于天。或引笔奋力，若鸿雁高飞，邈邈翩翩；或纵肆婀娜，若流苏悬羽，靡靡绵绵。"又有："远而望之，若鸿鹄群游，络绎迁延"，"若飞龙在天。"① 卫恒主要以自然物态传书法之动势。相较于此，袁昂《古今书评》将意与象联系得更为紧密深入，并拓展了其审美想象空间。

书法批评与人物品藻、自然欣赏的联系，首先在于书法的再现性，中国古代书法强调"外师造化，中得心源"，王羲之《笔势论》中说："夫著点皆磊磊似大石之当衢，或如蹲鸱，或如蝌蚪，或如瓜瓣，或如栗子，存若鹗口，尖如鼠屎。如斯之类，各禀其仪。"② 书法应于自然形象中吸取具象乃至笔意。同时，书法还有强烈的情感表现性，现实生活中事物的形体美与动态美都可以作为书法之"意"，从而在鉴赏时使二者获得沟通。其次，书法作品的生命之美的性质使得人物品赏与书法品评的联结成为可能。宗白华便将书法视为一个生命的单位，它有骨、筋、肉、血，是一个个独立的生命体，中国书法家所创造出来的作品，使我们能从情感和想象中去体会这种生动的生命形式，并以此启示人类生活的内容和意义。书法笔、墨、线的个性因素反映人的审美经验，创作主体通过书法表现自己的审美体验，又在线条中融入自己的审美趣味，因此书法也表现出主体的人格生命。创作者—书法作品—欣赏者之间因为这种生命的美而联系在一起，这也是连接人物品评与书法品评的"意"。

无论是人物品评还是自然品评，与书法沟通的"意"具有如下特征：第一，不可得见，无法究其极，但却可以被感知。第二，此感知可以使用可被感知的物象来进行描述。品

---

① （宋）陈思编撰，崔尔平校注：《书苑菁华校注》，第38—40页。
② （宋）陈思编撰，崔尔平校注：《书苑菁华校注》，第10页。

评中多次出现“仰而望之”“俯而察之”，既是认识宇宙万物的方式，也是一种审美活动，以此获得书法深蕴之意。东晋南朝的书论总是强调“意”的表达，以“意”论书成为时尚。王羲之在与人论书时指出“须得书意转深，点画之间，皆有意，自有言所不尽。得其妙者，事事皆然”[1]，又有“字字新奇，点点圆转，美不可再”[2]。王羲之明确地提出书法点画之间之“意”的重要性，并强调“意”的微妙、不可言说的主观体验，也重视“象”的自然美丽。

由此，自然品评亦得以与文学批评相联系。李充《翰林论》中评价：“潘安仁之为文也，犹翔禽之羽毛，衣被之绡縠。”[3]《世说新语·文学》注引孙绰语：“潘文烂若披锦，无处不善；陆文若排沙简金，往往见宝。”[4] 南朝亦有著名的颜、谢对比：“谢诗如芙蓉出水，颜诗如错彩镂金。”[5] 自然意象，因为其内蕴之意而被用以艺术品评，且有时候在不同的艺术门类中使用同一种意象，就是因为他们指向相同的“意”。如“骅骝”，用以代指骏马。王僧虔《论书》：“子敬戏云：‘弟书如骑骡，骎骎恒欲度骅骝前。’”[6]《诗品》评王僧达诗“征虏卓卓，殆欲度骅骝前”[7]，以骅骝表示书法、诗文作品之俊逸。又有如“玄圃积玉”，葛洪评陆机文“犹玄圃之积玉，无非夜光焉”[8]，庾肩吾《书品》：“今以九例该此众贤，犹如玄圃积玉，炎州聚桂。”[9]

---

① （清）严可均辑：《全上古三代秦汉三国六朝文》，第 1582 页。

② （清）严可均辑：《全上古三代秦汉三国六朝文》，第 1609 页。

③ （清）严可均辑：《全上古三代秦汉三国六朝文》，第 1767 页。

④ （南朝宋）刘义庆著，（南朝梁）刘孝标注，余嘉锡笺疏，周祖谟、余淑宜、周士琦整理：《世说新语笺疏》，第 309 页。

⑤ （南朝梁）钟嵘撰，曹旭集注：《诗品集注》，第 270 页。

⑥ （南朝梁）萧子显：《南齐书》，第 597 页。

⑦ （南朝梁）钟嵘撰，曹旭集注：《诗品集注》，第 277 页。

⑧ （唐）房玄龄等：《晋书》，第 1481 页。

⑨ （宋）陈思编撰，崔尔平校注：《书苑菁华校注》，第 58 页。

表示书法、诗文作品精华荟萃的特点。

南朝艺术批评中，重视意象的批评是一个重要的特点。这种“意”在创作主体进行审美活动时作为内心映象存在于人的头脑中，是虚无的、不可见不可捉摸的，但它可以物化，外化为可感知形象，形成内外的统一。在欣赏过程中，可感知形象包蕴了典型的象征，可以使相同的“意”在不同的艺术形态中被感知。可以说，“意”联系了不同艺术审美的批评，是意象批评的本质和基础。

玄学思维影响文艺批评方法最常见亦最深刻的，是它改变了先秦儒家至汉儒对待文艺的思想方法，促进了南朝文艺批评从表象到心灵的超越。首先，“本末体用”的思维方式促使南朝士人思考与界定文艺之为文艺的本质，产生了以道为本、为文之用心、兴会标举等观点。其次，“辨名析理”的思维方式始终贯穿于玄学思想体系之中，郭象将“辨名析理”从解决实际问题向抽象思辨哲学转变，用以改善人的精神境界，完成了从质实到虚灵的转变。在南朝文学批评中，刘勰《文心雕龙》采用“位理定名”的方法展开他的理论体系。同时在阐释具体文体时，刘勰构建了“原始以表末，释名以章义，选文以定篇，敷理以举统”的理路，这是辨名析理思维方式的重要表现。再次，“言意之辨”的重新讨论，使得士人进一步思考“言—象—意”的关系。王弼解释《周易》的新方法“得意忘象，得象忘言”，影响了南朝的文学阐释，注重直观把握，这一方面使得评论诗文时重其整体通达之大义，另一方面以“象”来表达对艺术家作品风格的整体把握，在书法、文学批评中成为重要的思维方式。

第五章　玄学趣味与文艺批评风尚的嬗变

清谈是玄学思潮下魏晋士人最热衷的文化活动之一，直至南朝玄学式微，流传下来为数不多的与玄学相关的士人行为仍是以玄言清谈为主。东晋南朝士人多痴迷于此，常常达到废寝忘食、通宵达旦的境地。清谈中浓厚的玄学趣味也使得它具有极高的审美性和娱乐性，其中表现出来的文艺精神融入南朝文艺实践中，形成了独特的审美风尚。此外，玄学在“自然”“清”等审美范畴的内涵转变上也起了非常重要的作用。在文学批评领域中的“自然”与“清”，可以说是受玄学趣味影响的范畴的代表。士人推崇素朴与藻饰的统一、清与丽的统一，正是玄学趣味与文学自身发展的结合造就了这一时代的审美风尚。

第一节　清谈与文艺审美风尚的嬗变

清谈一词最早源于汉末建安时代刘祯、曹丕的诗文之中[①]，而清谈思想的起源有多种说法，有源于汉代方术道家、老易思想和儒家思想一说；有源于东汉经学的今古文之争说；有源于王充哲学说等。而清谈作为一种思辨活动，学界一般认为它起源于东汉人物品评。自曹魏正始年间始，何晏、王弼振

① 刘桢《赠五官中郎将诗》四首其二曰：“清谈同日夕，情盼叙忧勤。”曹丕《又报钟繇书》：“至于荀公之清谈，孙权之妩媚，执乎嗢噱，不能离手。”

起玄风，开始了玄学的思考与对话，其中最重要的对话形式便是清谈。清谈作为一种思辨活动，早期以辨析玄理为主要目的，缪钺依据袁宏《名士传》中对于名士的分期，亦将其定为清谈之分期，即正始名士为第一期，竹林名士为第二期，中朝名士为第三期，东晋以后为第四期①。东晋是清谈最兴盛的时期，也是清谈审美风尚的转变期。清谈中的变化，亦进一步引起了文艺审美风尚的转变。

一　东晋清谈的文艺精神

东晋时期，清谈活动进入了另一个兴盛期，士人在清谈中获得了极大的审美体验。清谈活动本身成为欣赏对象，士人主体开始进入智悟境界与艺术境界的融合阶段。从清谈的目的方面而言，士人将析理求通的思辨之美内化为个人风度，更加注重相互攻难时的快感；在清谈的语言方面，士人将个性才情向外发出，从丰赡言辞中反复体验语言声韵之美；在主体精神方面，士人将风神意气突出地表达为清谈过程中言辩的动态气势。东晋士人丰富了清谈的审美意味，他们对艺术境界的开掘以及智美融合的主体精神对东晋南朝文艺批评也产生了一定的影响。

早在20世纪中叶，宗白华在《清谈与析理》中特别谈及了魏晋清谈与美学的关系，宗白华认为“晋人的艺术气质，使‘共谈析理’也成了一种艺术创作”②。在魏晋美学的研究中，作为玄学的重要内容，清谈与美学的关系受到了广泛关注和深入研究。清谈的“玄思”之美，士人的“体玄”趣味，文艺的“清”“远”品格等，都是重要内容③。而在具体分析

---

① 缪钺：《冰茧庵丛稿》，上海古籍出版社1985年版，第34页。
② 宗白华：《宗白华全集》第2卷，安徽教育出版社1994年版，第311页。
③ 盛源、袁济喜：《六朝清音》，第67—84页。

清谈的不同阶段时，我们又可以看到，在浓厚玄味的基础之上，东晋清谈表现出智悟与艺术相融合的特征，士人往返辩难、才藻丰蔚、使气奔诣，获得了前所未有的审美体验。

（一）东晋清谈盛况与士人的审美愉悦

玄学清谈之初，士人一变东汉断章求索的读经方式，而从抽象玄思中找寻精神上的自由。自太和初年荀粲、傅嘏等人交游谈论以降，何晏、王弼等人清谈讨论玄学的重要问题，皆从虚胜玄远、天人之际、有无体用等命题中获得高妙的思辨愉悦。随后，西晋重要的清谈人物王衍立贵无之论，举办了多次清谈活动。约元康七年（297）时[①]，王衍四女嫁与裴遐，王衍特意举行了一次诸婿大会，广邀名士及王、裴子弟聚坐。时郭象亦在座，与裴遐共谈，"子玄（郭象）才甚丰赡，始数交未快。郭陈张甚盛，裴徐理前语，理致甚微，四坐咨嗟称快。"[②] 郭象彼时约三十岁，受到以王衍为代表的贵无派的赞誉，声名大起。他少有才理，好老庄，闲居在家时常以文论自娱，才思甚是丰赡，他的谈论"如悬河写水，注而不竭"[③]。而裴遐"以辩论为业，善叙名理，辞气清畅，泠然若琴瑟。闻其言者，知与不知，无不叹服"[④]，他的清谈特点是思辨深微。一"盛"一"微"，不论是才理还是言辞都让人"咨嗟称快"，给人以审美的愉悦。发展至东晋，清谈风气更盛，对理、辞的欣赏更有独特的体验。

1. 工导的"交接仪式"

东渡之后，悲观失败的哀感一度笼罩在北方士人之中。经

---

① 王晓毅：《郭象评传》，南京大学出版社 2006 年版，第 382 页。

② （南朝宋）刘义庆著，（南朝梁）刘孝标注，余嘉锡笺疏，周祖谟、余淑宜、周士琦整理：《世说新语笺疏》，第 247 页。

③ （南朝宋）刘义庆著，（南朝梁）刘孝标注，余嘉锡笺疏，周祖谟、余淑宜、周士琦整理：《世说新语笺疏》，第 519 页。

④ （南朝宋）刘义庆著，（南朝梁）刘孝标注，余嘉锡笺疏，周祖谟、余淑宜、周士琦整理：《世说新语笺疏》，第 247 页。

过一段时间的平静与恢复，士人的清谈活动重新活跃起来。王导、王敦作为王衍的族弟，在中朝时便积极参加清谈。当时有人曾拜访王衍，恰逢琅玡王氏子弟聚于一堂，王戎、王衍、王敦、王导、王诩、王澄等皆在，客人称赞其“琳琅珠玉”[①]。王敦与王澄、谢鲲、阮修为王衍“四友”，王导在洛下与王承、阮瞻齐名，皆善谈玄。这些元康清谈的后起之秀也成为东渡之初重振清谈于江左的重要人物。东晋初期，王导、王敦分别镇守建康、武昌，为东渡士人建立了两个清谈中心。

在王敦府中，首先引人注目的是卫玠谈道。卫玠与谢鲲彻夜清谈，以至病笃。而卫玠的玄理要妙确实给人以“叹息绝倒”[②] 的高峰体验。这种对思理智悟的欣赏，从中朝延续至江左，成为士人主要的审美体验。此后二十多年，又出现了一次著名的清谈盛会，由王导主持，当时的青年名士殷浩等人参与。这是一次精神盛宴，谈者与听者双方共同达到了神超形越的理想境界。《世说新语·文学》记载了这次清谈：

> 殷中军为庾公长史，下都，王丞相为之集，桓公、王长史、王蓝田、谢镇西并在。丞相自起解帐带麈尾，语殷曰：“身今日当与君共谈析理。”既共清言，遂达三更。丞相与殷共相往反，其余诸贤，略无所关。既彼我相尽，丞相乃叹曰：“向来语，乃竟未知理源所归，至于辞喻不相负。正始之音，正当尔耳！”明旦，桓宣武语人曰：

---

① （南朝宋）刘义庆著，（南朝梁）刘孝标注，余嘉锡笺疏，周祖谟、余淑宜、周士琦整理：《世说新语笺疏》，第 721 页。

② （南朝宋）刘义庆著，（南朝梁）刘孝标注，余嘉锡笺疏，周祖谟、余淑宜、周士琦整理：《世说新语笺疏》，第 530 页。

“昨夜听殷、王清言甚佳，仁祖亦不寂寞，我亦时复造心，顾看两王掾，辄翣如生母狗馨。”[①]

此次清谈约发生在咸康三年（337），殷浩为司徒庾亮左长史，从武昌来到都城建康。王导为之举行了一次重要聚会，桓温、王濛、王述、谢尚也都参加了。此次清谈时，王导已经六十二岁了，而参与者殷浩、谢尚等人约三十出头，最小的桓温才二十六岁[②]。唐翼明在《魏晋清谈》中称其为“一次隆重的交接仪式”[③]。在这次清谈中，参与诸人都获得了审美愉悦。就谈者而言，王导与殷浩二人共谈析理，忘却了时间及身边诸人诸物，互相往返，在思理之趣中流连，趋近忘我的境界。东晋许多清谈记录也都强调这种审美专注。如前文所谈卫玠与谢鲲，两相知音，通宵达旦地讨论精微玄言，一向身体羸弱的卫玠因此过度疲惫，病情加重。此后又有孙盛与殷浩共谈，往返十分激烈，辩谈到日暮，都忘记了吃饭。且两人激动地挥动麈尾，麈尾毛尽脱落在饭菜中都未察觉。专注力使谈者达到“忘”的境界，而沉浸于精神的愉悦之中。

王导与殷浩所谈之结果乃是“竟未知理源所归，至于辞喻不相负”。所辩之理，只在辩的过程，而不去究其源流归属；同时，使用精妙的言辞来表达，言辞与义理不相违背。此时的清谈已经由魏、西晋时期注重思理之高致向理辞结合的趋向发展。或许殷浩诸人在此次清谈中受到了一定的影响，他们在以后的谈玄中都更多地获得此种理辞共妙的审美体验。

2. 殷浩与诸名士的“剧谈”

殷浩的清谈之力，在东晋首屈一指，从而引导了咸康至永

① （南朝宋）刘义庆著，（南朝梁）刘孝标注，余嘉锡笺疏，周祖谟、余淑宜、周士琦整理：《世说新语笺疏》，第250—251页。

② 唐翼明：《魏晋清谈》，人民文学出版社2002年版，第182页。

③ 唐翼明：《魏晋清谈》，第183页。

和年间的清谈热潮。《世说新语·文学》记载：

> 殷中军、孙安国、王、谢能言诸贤，悉在会稽王许。殷与孙共论《易》象，妙于见形。孙语道合，意气干云。一坐咸不安孙理，而辞不能屈。会稽王慨然叹曰："使真长来，故应有以制彼。"既迎真长，孙意已不如。真长既至，先令孙自叙本理。孙粗说己语，亦觉殊不及向。刘便作二百许语，辞难简切，孙理遂屈。一坐同时拊掌而笑，称美良久。①

殷浩与孙盛、王濛、谢尚、刘惔、许询等人是当时清谈的主要人物。殷浩能言理，谈论精微，为当时风流人物。他对才性四本论、佛理等都很精通，且辞藻丰赡，极富辩才。孙盛善理义，能与殷浩剧谈相抗。刘惔也是清谈名家，常与殷浩辩论，但相比殷浩博赡的风格，刘惔更为简秀切至。诸家名士的来往谈论，掀起了咸康永和年间的清谈高峰。

此条一直是展现东晋易学不同派别之争与势力消长的重要文献，孙盛与殷浩关于"《易》象妙于见形"的讨论内容也在刘孝标注中得以保留。清谈中探讨易学的重要问题，表现出清谈剖玄析理的初衷。而与此同时，此次清谈进程反复，以辩胜为目的，已经颇有游戏逞气之意。孙盛持异于众人之理，而以辞胜之。众人不屈，又不能辩胜，因此迟迟不肯结束。最后又请来言辞简秀的刘惔，败下孙盛方才罢休。士人好攻难，求辩胜，虽道理已明，却反复往来争辩，最后众人皆获得精神的愉悦——"一坐同时拊掌而笑，称美良久"。

3. 以支遁为代表的名僧谈坐

僧人加入谈坐、佛理进入清谈也是东晋清谈的重要特征。

---

① （南朝宋）刘义庆著，（南朝梁）刘孝标注，余嘉锡笺疏，周祖谟、余淑宜、周士琦整理：《世说新语笺疏》，第281—282页。

《世说新语·文学》记载：

> 支道林、许掾诸人共在会稽王斋头。支为法师，许为都讲。支通一义，四坐莫不厌心。许送一难，众人莫不抃舞。但共嗟咏二家之美，不辩其理之所在。[①]
>
> 支道林、许、谢盛德，共集王家。谢顾谓诸人："今日可谓彦会，时既不可留，此集固亦难常。当共言咏，以写其怀。"许便问主人有《庄子》不？正得《渔父》一篇。谢看题，便各使四坐通。支道林先通，作七百许语，叙致精丽，才藻奇拔，众咸称善。于是四坐各言怀毕。谢问曰："卿等尽不？"皆曰："今日之言，少不自竭。"谢后粗难，因自叙其意，作万余语，才峰秀逸。既自难干，加意气拟托，萧然自得，四坐莫不厌心。支谓谢曰："君一往奔诣，故复自佳耳。"[②]

名僧加入谈坐，一方面将佛理融入玄学论题，另一方面亦有借玄释佛、以佛理为主题的谈论，都为玄学清谈的内容加入了新鲜的血液。除支遁外，还有如竺法深、支愍度、康僧渊等都在东晋清谈活动中占据重要的地位，也促进了玄佛的交融。而名僧作为清谈主体，也获得了与名士相同的审美体验。以上所引支遁与诸名士的清谈，因谈论者"叙致精丽，才藻奇拔""意气拟托，萧然自得"，使得四坐在精神享受上得到满足。听者的听、观、赞叹、钦羡等，都与谈者有着密切的联系。从记载内容来看，东晋时期的清谈活动对于听者反应的记载也更

---

① （南朝宋）刘义庆著，（南朝梁）刘孝标注，余嘉锡笺疏，周祖谟、余淑宜、周士琦整理：《世说新语笺疏》，第268—269页。

② （南朝宋）刘义庆著，（南朝梁）刘孝标注，余嘉锡笺疏，周祖谟、余淑宜、周士琦整理：《世说新语笺疏》，第281页。

为具体。如上文所引材料中支遁与许询共讲，四坐厌心、抃舞、嗟咏二家之美，即对二人清谈的再度体验。听者所获得的审美体验，可以说是“审美主体对审美对象进行聚精会神的体验时所感受到的无穷意味的心灵战栗”[①]。支遁说《渔父》，“于是四坐各言怀毕”，谢安又作，“四坐莫不厌心”。此外谢尚听殷浩谈义理，“动心骇听”[②]，王羲之听支遁讲《逍遥游》，“披襟解带，留连不能已”[③]，都是作为听者在清谈中得到的愉悦的审美体验。我们稍加梳理，便可以看到，士人经历的审美体验阶段首先是“称善”。清谈中，对于谈论双方的观点、才藻语辞及个人意气，听者都直接感受到并予以称赞。而听者对于玄理、辞藻等的进一步思考、领悟，能引起极大的审美愉悦和共鸣，进而有了“厌心”的感受。而最高的一个阶段，应是将自我融入清谈活动所创造出来的审美之境中，以至“留连不能已”。这种对自我主体精神的抒发，即艺术理论中的“畅神”。从“称善—厌心—流连”层层递进的审美体验中，清谈的美学气质逐渐被东晋士人发现。在玄理追求与审美体验的融合过程中，士人的主体精神得到申发，开掘出艺术的境界。

（二）从求通到攻难

在玄理的追求上，西晋清谈所达到的成就远胜过东晋。从何晏“贵无论”、王弼“圣人有情论”、钟会等人的“才性四本论”，到裴頠“崇有论”、嵇康“声无哀乐论”“养生论”、欧阳建“言尽意论”、郭象“独化论”，玄言清谈处于勃兴的

---

① 胡经之：《文艺美学》，第 52 页。

② （南朝宋）刘义庆著，（南朝梁）刘孝标注，余嘉锡笺疏，周祖谟、余淑宜、周士琦整理：《世说新语笺疏》，第 257 页。

③ （南朝宋）刘义庆著，（南朝梁）刘孝标注，余嘉锡笺疏，周祖谟、余淑宜、周士琦整理：《世说新语笺疏》，第 264 页。

青春时期，充满玄理的力量和思辨之美。而东渡之后，“止道声无哀乐、养生、言尽意，三理而已”①。刘勰《文心雕龙·论说》亦曰：“虽有日新，而多抽前绪矣”②。只等后来支遁等名僧的加入，引佛理以解玄题，才有“拔新领异”③ 的创见出现。然而新理未出，玄学旧理在清谈中仍然“宛转关生，无所不入”。士人依旧在清谈中讨论玄理，表现出对智悟的执着追求。谢安向阮裕请教《白马论》；孙盛与殷浩讨论重要的易学问题“《易》象妙于见形”；王修年少便作《贤人论》，刘惔因此称他足可以参与谈玄；谢万作《八贤论》，并以之与孙绰往返谈辩。而在前代玄学思想的基础之上，他们亦可以从专注立论上解脱出来，于玄思中注以通达、伤逝、会心、愉悦等感受，因此也产生了智悟与艺术融合的契机。

清谈求通，这在初期关于玄理的问答往来中便已是最重要的目的。如魏时傅嘏善谈虚胜，荀粲善谈玄远，两人共论，产生争端，互相都不能以理说服对方。而裴徽居中，解释二家义理，沟通彼此胸意，常使得“两情皆得，彼此俱畅”④。卫玠向乐广问“梦”，在义理不同之处经日索之而不得，竟因此成病，幸得乐广再次剖析，方才通解。他们注重玄思的辨析与疏通，求的是义理疏解之后的畅快，这种“求通”，是士人在思辨上的追求，也是对智悟的崇尚。颜之推在《颜氏家训·勉学》中曾评论“直取其清谈雅论，剖玄析微，宾主往复，娱心悦耳”⑤。

---

① （南朝宋）刘义庆著，（南朝梁）刘孝标注，余嘉锡笺疏，周祖谟、余淑宜、周士琦整理：《世说新语笺疏》，第 249 页。

② （南朝梁）刘勰著，范文澜注：《文心雕龙注》，第 327 页。

③ （南朝宋）刘义庆著，（南朝梁）刘孝标注，余嘉锡笺疏，周祖谟、余淑宜、周士琦整理：《世说新语笺疏》，第 264 页。

④ （南朝宋）刘义庆著，（南朝梁）刘孝标注，余嘉锡笺疏，周祖谟、余淑宜、周士琦整理：《世说新语笺疏》，第 236 页。

⑤ 王利器：《颜氏家训集解》，中华书局 1996 年版，第 187 页。

然而，在东晋清谈中出现一种攻难性质的谈辩——“剧谈”。《世说新语·文学》记载孙盛与殷浩共论，“往反精苦，客主无间。左右进食，冷而复暖者数四。彼我奋掷麈尾，悉脱落，满餐饭中”[①]。刘孝标注引《续晋阳秋》：“孙盛善理义。时中军将军殷浩擅名一时，能与剧谈相抗者，惟盛而已。”[②]在立论之初，士人清谈带有学术探讨的意味，追求义理上的通解，因此也有了何晏见王弼注老子精奇，而改己注为道德二论。在义理创建完毕之后，东晋清谈执前人之论，求以索解，往往各执己见，希望说服对方，表现出激烈的对抗性。而孙盛常常标持自己的观点与众人不同，他与殷浩的谈论“往反精苦”，“彼我奋掷麈尾”，大有专注执着、“一往奔诣”的气势和精神。这与东晋士人文艺精神中的审美专注力是一脉相通的。东晋画家顾恺之也是一位深通玄学的士人，他任散骑常侍时，官署与谢瞻相连。顾恺之喜在月夜中长咏，而谢瞻每每遥相称赞。顾恺之精神鼓舞，忘记倦乏。夜中，谢瞻将要睡去，便悄悄命人代替自己咏颂赞语，顾恺之竟不觉有异，吟咏至天亮才停下。后人只道顾恺之的“痴”，却不知他心无旁骛、专一认真的态度。清谈活动往往精苦，因而常有如卫玠彻夜清淡而病笃、谢朗与支遁讲论体不堪劳的事件发生。孙绰与殷浩的“剧谈”，大抵形成了谈者的忘我与执着的精神，从而能够进入审美的境界。

因是“剧谈”，往来间也常常有攻城守地、运兵战争之喻。殷浩作为当时谈玄的第一流人物，对才性四本之论极为精通，如果谈玄中涉及《四本论》的玄理，他便像守着汤池铁

① （南朝宋）刘义庆著，（南朝梁）刘孝标注，余嘉锡笺疏，周祖谟、余淑宜、周士琦整理：《世说新语笺疏》，第259页。

② （南朝宋）刘义庆著，（南朝梁）刘孝标注，余嘉锡笺疏，周祖谟、余淑宜、周士琦整理：《世说新语笺疏》，第259页。

城一般，有坚不可破之势。支遁与殷浩在简文帝司马昱宴会中，简文提醒支遁“而《才性》殆是渊源（殷浩）崤、函之固，君其慎焉”[①]，随后两人交谈，支遁有意避开才性话题，但数回之后不知不觉依然落入玄中。刘惔同为清谈领袖，与殷浩相谈时理有不敌，殷浩便嘲笑“恶卿不欲作将善云梯仰攻?”[②] 除殷浩外，其他士人的清谈亦有军事之喻。如庾龢自称清谈战术：“若文度（王坦之）来，我以偏师待之；康伯（韩伯）来，济河焚舟。”[③] 与统军作战一样，清谈需要气势、战术和求胜的目标。论者有军队首领般的高迈自如，听者亦有参与其中的酣畅淋漓，这种在东晋清谈中普遍出现的审美体验，在魏时便有士人早已领略。管辂为诸葛原祖饯，其谈论之势如迂回多变的战事：“辂解景春（诸葛原）微旨，遂开张战地，示以不固，藏匿孤虚，以待来攻。景春奔北，军师摧衄，自言吾睹卿旌旗，城池已坏也。其欲战之士，于此鸣鼓角，举云梯，弓弩大起，牙旗雨集。然后登城曜威，开门受敌。”[④]（《三国志》卷二十九《魏书·管辂传》裴松之注引《辂别传》）双方谈辩如此激烈精彩，听者亦“皆欲面缚衔璧，求束手于军鼓之下”[⑤]。这一段描写足可以揭示东晋清谈中往来谈辩的审美体验。

不论是求通还是攻难，士人主体的趣味仍是保持玄风不变的。西晋时期的玄思之妙已经内化为士人的玄风气质，渗透进他们的精神当中，因而表现出让人欣赏的清谈气度和语言。《世说新语·品藻》记载了晋简文帝司马昱与孙绰品评当时名

① （南朝宋）刘义庆著，（南朝梁）刘孝标注，余嘉锡笺疏，周祖谟、余淑宜、周士琦整理：《世说新语笺疏》，第 277 页。

② （南朝宋）刘义庆著，（南朝梁）刘孝标注，余嘉锡笺疏，周祖谟、余淑宜、周士琦整理：《世说新语笺疏》，第 256 页。

③ （南朝宋）刘义庆著，（南朝梁）刘孝标注，余嘉锡笺疏，周祖谟、余淑宜、周士琦整理：《世说新语笺疏》，第 163 页。

④ （晋）陈寿撰，陈乃乾校点：《三国志》，第 817 页。

⑤ （晋）陈寿撰，陈乃乾校点：《三国志》，第 817 页。

士的言语[1]：刘惔“清蔚简令”，王濛“温润恬和”，桓温“高爽迈出”，谢尚“清易令达”，阮裕“弘润通长”，袁乔“洮洮清便”，殷融“远有致思”，皆为玄风所染。因此，在谈论中求得“理中”即可，士人们对于苦苦相逼而取得的胜利是不屑的。许询年少时曾与王修齐名，许询很不满，在会稽西寺听支遁讲经时偶遇王修便挑起辩论，共决优劣。许询“苦相折挫”，数次挫败了王修。在胜利之后，支遁却对许询说：“君语佳则佳矣，何至相苦邪？岂是求理中之谈哉！”[2] 支遁对许询的表现表示不满，认为这种咄咄逼人的论谈，即便赢得胜利，也不符合谈论的宗旨。早在《人物志·材理》中探讨“论辩”问题时，刘劭就谈道：“夫辩有理胜，有辞胜。理胜者，正白黑以广论，释微妙而通之。辞胜者，破正理以求异，求异则正失矣。”[3] 刘劭认为，辩论时有人以观点正确而取胜，有人因言辞巧丽而取胜。以理胜者，证据确凿、是非分明，即使最细微深奥的道理也解释得明白畅达。以辞胜，却会诋毁正理而追求异端邪说，这样就会失去正确的道理。从西晋玄谈开始，求理胜，求得道，一直是两晋时期清谈的基本目的。即使东晋清谈中游戏、竞胜的性质和士人的审美心态增加，却依然注重思理。因此，浓厚的玄风确立了审美体验的基本风调，而剧谈中辩难的快感也给予士人多样的审美体验。

（三）从简切到才藻

清谈初期由于士人主动对汉代繁缛章句予以清理，加之形而上学思维的主导，很多论辩都注重辞约旨达。乐广向客人解

---

① （南朝宋）刘义庆著，（南朝梁）刘孝标注，余嘉锡笺疏，周祖谟、余淑宜、周士琦整理：《世说新语笺疏》，第617页。

② （南朝宋）刘义庆著，（南朝梁）刘孝标注，余嘉锡笺疏，周祖谟、余淑宜、周士琦整理：《世说新语笺疏》，第266页。

③ 伏俊琏：《人物志译注》，第60页。

释“旨不至”，几不言语，不剖析文句，只手拿麈尾示意。另有阮修以“将无同”三语为太尉王衍所赏，名士卫玠驳曰“一言可辟”，阮修又争曰“无言而辟”[①]。这些都是对简洁而切要的言辞的推崇。东晋时期，这种简约之风仍影响了一批名士的清谈风格，特别如王濛“简而有会”[②]，刘惔“辞难简切”[③]“往辄破的”[④]。而与王濛、刘惔共谈的殷浩、支遁诸人则与之相反，他们注重理辞共妙，追求才藻。殷浩与谢安、王濛等人讨论《渔父》一篇，作七百许语，“叙致精丽，才藻奇拔”，谢安作万余语，“才峰秀逸”“意气拟托，萧然自得”[⑤]。殷浩与谢尚共谈，论简单义理共数百句，“既有佳致，兼辞条丰蔚”[⑥]。支遁对王羲之谈《逍遥游》，作数千言，“才藻新奇，花烂映发”[⑦]。王珉善玄谈，“风情秀发，才辞富赡”[⑧]。辞藻丰赡成为东晋士人辩难的有力武器，也是士人在清谈活动中重要的审美对象。刘劭在《人物志·材理》中有“人情枢机”一句，刘昞解释说：“观物之情，在于言语。”[⑨] 观察人情变化的关键，要察其言谈举止。《易·系辞上》有言：“言行，君子之

---

① （南朝宋）刘义庆著，（南朝梁）刘孝标注，余嘉锡笺疏，周祖谟、余淑宜、周士琦整理：《世说新语笺疏》，第 245 页。

② （南朝宋）刘义庆著，（南朝梁）刘孝标注，余嘉锡笺疏，周祖谟、余淑宜、周士琦整理：《世说新语笺疏》，第 578 页。

③ （南朝宋）刘义庆著，（南朝梁）刘孝标注，余嘉锡笺疏，周祖谟、余淑宜、周士琦整理：《世说新语笺疏》，第 282 页。

④ （南朝宋）刘义庆著，（南朝梁）刘孝标注，余嘉锡笺疏，周祖谟、余淑宜、周士琦整理：《世说新语笺疏》，第 624 页。

⑤ （南朝宋）刘义庆著，（南朝梁）刘孝标注，余嘉锡笺疏，周祖谟、余淑宜、周士琦整理：《世说新语笺疏》，第 281 页。

⑥ （南朝宋）刘义庆著，（南朝梁）刘孝标注，余嘉锡笺疏，周祖谟、余淑宜、周士琦整理：《世说新语笺疏》，第 257 页。

⑦ （南朝宋）刘义庆著，（南朝梁）刘孝标注，余嘉锡笺疏，周祖谟、余淑宜、周士琦整理：《世说新语笺疏》，第 264 页。

⑧ （南朝宋）刘义庆著，（南朝梁）刘孝标注，余嘉锡笺疏，周祖谟、余淑宜、周士琦整理：《世说新语笺疏》，第 586 页。

⑨ 伏俊琏：《人物志译注》，第 54 页。

枢机。”[①] 容貌面色以及声音的变化，是人的内在精神的外现。士人清谈时的精神外发，首先表现在辞藻之上。

除辞藻之外，士人对于音调之美也愈来愈重视。如前文提到裴遐谈玄理“辞气清畅，泠然若琴瑟”，支遁面对北来道人的疑难“辩答清析，辞气俱爽”[②]。在诗文讽咏与创作上，语言的节奏、声韵也因此受到影响。袁宏未达时，曾为人运租行船，夜晚泊舟渚中，于月下讽咏，“声既清会，辞文藻拔”[③]，因而受到谢尚大赏。孙绰所作《庾公诔》被袁乔称赞为“见此张缓”[④]，即从文气语韵上的欣赏，当时士人皆以为这是名赏。

这种音调的审美可追溯至东汉末年，《后汉书》记载，马融“为人美辞貌，有俊才”[⑤]，符融“幅巾奋袖，谈辞如云”[⑥]，卢植“音声如钟”[⑦]。后来，佛教传入士大夫阶层，高僧诵经，于凝寒静夜、朗月长宵之中，“独处闲房，吟讽经典，音吐遒亮，文字分明。足使幽灵忻踊，精神畅悦”[⑧]，也对士人清谈的音辞审美体验产生一定的影响。这种对声韵之美的重视一直延续到南朝，如南朝宋人张敷“善持音仪，尽详缓之致，与人别，执手曰：‘念相闻。’余响久之不绝”[⑨]。南齐周颙谈论，“音辞辩丽，出言不穷，宫商朱紫，发口成句”[⑩]。

---

① （清）阮元校刻：《十三经注疏·周易正义》，第79页。

② （南朝宋）刘义庆著，（南朝梁）刘孝标注，余嘉锡笺疏，周祖谟、余淑宜、周士琦整理：《世说新语笺疏》，第258页。

③ （南朝宋）刘义庆著，（南朝梁）刘孝标注，余嘉锡笺疏，周祖谟、余淑宜、周士琦整理：《世说新语笺疏》，第317页。

④ （南朝宋）刘义庆著，（南朝梁）刘孝标注，余嘉锡笺疏，周祖谟、余淑宜、周士琦整理：《世说新语笺疏》，第305页。

⑤ （南朝宋）范晔撰，（唐）李贤等注：《后汉书》，中华书局1965年点校本，第1953页。

⑥ （南朝宋）范晔撰，（唐）李贤等注：《后汉书》，第2232页。

⑦ （南朝宋）范晔撰，（唐）李贤等注：《后汉书》，第2113页。

⑧ （南朝梁）释慧皎撰，汤用彤校注，汤一玄整理：《高僧传》，第475页。

⑨ （南朝梁）沈约：《宋书》，第1663页。

⑩ （南朝梁）萧子显：《南齐书》，第731页。

从理胜到辞胜的审美体验来看，魏晋士人也在清谈中思考达意与辞藻的关系。达意首先是谈论与文学创作的基础。在玄风熏染下的经学贵讲论义理，当时蔚为风尚的义疏体即是在解释词义、总结旨趣之上疏通阐明经文大意。《庄子·秋水》中对语言明意有粗精之论："可以言论者，物之粗也；可以意致者，物之精也；言之所不能论，意之所不能致者，不期精粗焉。"① 物之精髓为意，相较于意，言落入更低一层，是物之粗、形而下。相较于"言"本身而言，文艺的创作与欣赏更注重的是意致。而文学创作中意志与言辞的关系，也在士人清谈中得到辨析。《世说新语·排调》中记载殷融与刘惔讨论诗句："殷洪远答孙兴公诗云：'聊复放一曲。'刘真长笑其语拙，问曰：'君欲云那放？'殷曰：'榼腊亦放，何必其鎗铃邪？'"对此，余嘉锡疏曰："此云'榼腊亦放，何必鎗铃'者，谓己诗虽不工，亦足以达意，何必雕章绘句，然后为诗？犹之鼓虽无当于五声，亦足以应节，何必金石铿鎗，然后为乐也？"② 士人们思考达意与雕章绘句之间的关系时，仍首取达意。这也是玄学之士与文学之士之间难以相沟通的因素之一。特别是在诗歌创作上，形成了以玄理为主的玄言诗。但是士人在清谈中理辞俱美的审美精神，在文学复兴的东晋晚期和南朝时期得到了申发。刘勰在《文心雕龙·情采》中分析情理与文辞的关系时，要求情采兼得，也一再强调情理的本源地位："故情者，文之经，辞者，理之纬；经正而后纬成，理定而后辞畅，此立文之本源也。"③ 言约旨达，要求更高的思辨能力；才藻丰赡，则是士人在审美体验上的开拓。形、色、声等外在的形式，

---

① （清）郭庆藩撰，王孝鱼点校：《庄子集释》，第 572 页。

② （南朝宋）刘义庆著，（南朝梁）刘孝标注，余嘉锡笺疏，周祖谟、余淑宜、周士琦整理：《世说新语笺疏》，第 948—949 页。

③ （南朝梁）刘勰著，范文澜注：《文心雕龙注》，第 538 页。

更直接地引起人们进行初级审美体验，随后进行思辨，进入深层次的境界。理辞俱美，是东晋清谈士人的新的审美体验。

（四）从析理到意气

对于清谈主体意气的激赏，也是东晋清谈中取得审美愉悦的方式。意气作为个人内在风神，在清谈中主要表现于士人的辞藻、神情、谈吐、仪容的统一。《世说新语》中记载清谈的内容也多次提及“意气”及相关概念。

> 有北来道人好才理，与林公相遇于瓦官寺，讲《小品》。于时竺法深、孙兴公悉共听。此道人语，屡设疑难。林公辩答清析，辞气俱爽。[①]
>
> 谢后粗难，因自叙其意，作万余语，才峰秀逸。既自难干，加意气拟托，萧然自得，四坐莫不厌心。[②]
>
> 孙语道合，意气干云。一坐咸不安孙理，而辞不能屈。[③]

支遁谈玄给东晋清谈的义理带来了清新奇拔之风。支遁以佛理入玄，在讨论《庄子》时标举新理，又“叙致精丽，才藻奇拔”[④]“花烂映发”。[⑤] 其理为诸名贤所寻味，其辞亦清丽俊爽。而支遁“辞气俱爽”之气，也应指具体谈论时的语气。

---

① （南朝宋）刘义庆著，（南朝梁）刘孝标注，余嘉锡笺疏，周祖谟、余淑宜、周士琦整理：《世说新语笺疏》，第 258 页。

② （南朝宋）刘义庆著，（南朝梁）刘孝标注，余嘉锡笺疏，周祖谟、余淑宜、周士琦整理：《世说新语笺疏》，第 281 页。

③ （南朝宋）刘义庆著，（南朝梁）刘孝标注，余嘉锡笺疏，周祖谟、余淑宜、周士琦整理：《世说新语笺疏》，第 282 页。

④ （南朝宋）刘义庆著，（南朝梁）刘孝标注，余嘉锡笺疏，周祖谟、余淑宜、周士琦整理：《世说新语笺疏》，第 281 页。

⑤ （南朝宋）刘义庆著，（南朝梁）刘孝标注，余嘉锡笺疏，周祖谟、余淑宜、周士琦整理：《世说新语笺疏》，第 264 页。

谢安“萧然自得”的意气，使得“四坐”获得精神上的满足。孙绰“意气干云”，遒劲不屈，也是其辩论胜利的关键。

“气”在中国古代审美活动中是一个重要的概念，它贯穿于整个体验过程的始终，在主体和客体都表现出活泼的生命力。汉人讨论元气，认为气是宇宙之根本，大化流行、生生不息。刘劭《人物志》中讨论人生而禀气，即以此为基础。但他还进一步提到语气、音声发乎心气，气包含了人的精神因素的全部，如情、志、才，而它们向外宣发出的容止行貌则是这些精神因素的直接体现。《人物志·九征》中说：“夫容之动作，发乎心气，心气之征，则声变是也。夫气合成声，声应律吕。有和平之声，有清畅之声，有回衍之声。夫声畅于气，则实存貌色。故诚仁，必有温柔之色。诚勇，必有矜奋之色。诚智，必有明达之色。”[①] 刘劭认为，人的声容动作与“心气”相关。心气又来源于人所禀之气质，气质辉发于外，则“著乎形容，见乎声色，发乎情味，各如其象”[②]。心气外发，则产生了声音，且声音的变化是随着心气而发生改变的。言辞的表达表现在容貌与声音上，都是内在气质风神的外发。因此，在东晋清谈中，士人所欣赏的意气，是宇宙根本之气赋予个体之上的活泼泼的心气。士人在欣赏清谈时，除了注重玄理思致，同时对清谈者的语词、谈吐、神情等进行综合审美，也对其内在气质进行审美。因此才会有谢安“意气拟托，萧然自得”而使在座的听者达到了极高状态的审美愉悦。

从追求玄理到注重个人意气的表达，我们可以看出从西晋到东晋士人理想境界的转变，即从外部世界的探讨转向追求个体内在的人格境界。可以说，对外部世界的抽象的哲理探讨是士人智悟境界的表现，而追求个体精神风度特别是对言辞、语

---

① 伏俊琏：《人物志译注》，第 20 页。

② 伏俊琏：《人物志译注》，第 19 页。

气、风神等的重视则是士人艺术境界的体现。二者有所侧重却都不可或缺。特别是到了东晋中期以后，士人的玄智与风神结合得愈来愈紧密。相较于前期清谈活动而言，由“求通”到“不辩其理之所在”，是思智之趣在清谈活动中的淡出，而士人更多地注重往返之间意气的欣赏。这种意气，与人物品藻风尚之下的人物风神有相异之处。意气所寄，是在“神”的理想人格本体之下瞬时的活动之势，因而有“一往奔诣”“萧然自得”等品语。在文学、书画领域，“意气”便是流动之神。文章之气，以主体之神使之，而表现出义理和语言上的节奏与风调；书画之气，则表现出线条与光影的承接。士人“使气以命诗”，著文则“意气所寄”，皆是创作主体映照于作品的表现。

清谈中的意气还涉及吟咏、唱乐等艺术形式。东晋士人谢尚不仅风流擅清谈，而且还精通音律，善弹筝咏歌。《艺文类聚》卷四十四载《俗说》曰：“谢仁祖为豫州主簿，在桓温阁下。桓闻其善弹筝，便呼之。既至，取筝令弹，谢即理弦抚筝，因歌秋风，意气殊遒。桓大以此知之。”[①] 谢尚应桓温所邀，抚筝弹唱，即以秋风秋气所感而歌出“秋风意殊迫”（《太平御览》卷五七六录其《筝歌》一句）[②]，心气外表，内心遒迈，想此筝声歌咏亦如其象，而为听者桓温所体验，大为赞赏。谢尚在豫州刺史任上进镇西将军，“常著紫罗襦，据胡床，在市中佛国门楼上弹琵琶，作《大道曲》。市人不知是三公也”[③]。《大道曲》云：“青阳二三月，柳青复桃红。车马不相识，音落黄埃中。”[④] 他的歌、咏、乐、诗，

① （唐）欧阳询撰，汪绍楹校：《艺文类聚》，第785页。
② 逯钦立辑校：《先秦汉魏晋南北朝诗》，第879页。
③ 逯钦立辑校：《先秦汉魏晋南北朝诗》，第878页。
④ 逯钦立辑校：《先秦汉魏晋南北朝诗》，第878页。

都是其通脱率真、与自然相感的内质的体现，融会而成一往之隽气。

唐翼明在《魏晋清谈》中谈及清谈的理想境界："理想的清谈，应当是理、辞俱美，风度优雅，连语音也要漂亮。"①即简要总结了东晋清谈的审美体验。对玄理的追求、辞藻音韵的使用、风神意气的欣赏，是东晋清谈活动中最突出的审美趣向，也使得清谈中蕴含了与之相应的士人主体艺术精神，潜在地对后来文艺产生影响。在清谈中，士人的智悟与艺术表达形成了一种微妙的契合。智悟是艺术表达的内在机心，而艺术表达又呈现为外在的风神气度。如果不追求智悟而只谈文藻的话，则缺乏内在深度与厚度；如果没有音气语词的润饰和外在行为声色的表出，那么玄智也终将只是无生气的枯木，也不为晋人所赏。正是在士人的清谈活动中，此智悟境界与艺术境界的契合使得士人内在的心气得以宣发，以切合的容止音辞等表现出来，形成充满生气的永恒的美。

二　清谈与文学批评

在文学批评史上，东晋文坛特别是诗坛一直受到指斥，玄言诗为"中原平淡之体"（钟嵘《诗品》评郭璞诗条）②，"理过其辞，淡乎寡味"（钟嵘《诗品序》）③，过江诸人"因谈余气，流成文体"（刘勰《文心雕龙·时序》）④，"弥善恬淡之词"（钟嵘《诗品》评孙绰、许询诗条）⑤。而东晋时人对于当时的文学批评却有自己的特色，受到东晋玄风的影响，他们的文学批评表现出独特的意味，发人深思。

---

① 唐翼明：《魏晋清谈》，第 51 页。

② （南朝梁）钟嵘撰，曹旭集注：《诗品集注》，第 247 页。

③ （南朝梁）钟嵘撰，曹旭集注：《诗品集注》，第 24 页。

④ （南朝梁）刘勰著，范文澜注：《文心雕龙注》，第 675 页。

⑤ （南朝梁）钟嵘撰，曹旭集注：《诗品集注》，第 386 页。

（一）清谈中的诗文观念

东晋士人精神世界的载体是玄言清谈，清谈中的取舍决定着鉴赏的方向。首先，受到玄学融合名教与自然的影响，士人对诗歌的品赏表现出与政治人生紧密相连的特点。

> 谢公因子弟集聚，问《毛诗》何句最佳？遏称曰："昔我往矣，杨柳依依；今我来思，雨雪霏霏。"公曰："讦谟定命，远猷辰告。"谓此句偏有雅人深致。（《世说新语·文学》）①
>
> 王凝之妻谢氏，字道韫……聪识有才辩。叔父安尝问："《毛诗》何句最佳？"道韫称："吉甫作颂，穆如清风。仲山甫永怀，以慰其心。"安谓有雅人深致。（《晋书》卷九十六《列女传》）②

谢安与家族子弟共赏文义时，鉴赏古诗佳句，其侄谢玄从艺术的角度赞赏《小雅·采薇》"昔我往矣，杨柳依依；今我来思，雨雪霏霏"句，而谢安则以自己执政经历与忧国之思的角度，挑选了《大雅·抑》"讦谟定命，远猷辰告"一句，评其具有"雅人深致"。《晋书》中所载则是谢道韫称《大雅·烝民》赞扬了仲山甫的美德和辅佐宣王的政绩，明代孙鑛《批评诗经》曰："语意高妙，探微入奥，又别是一种风格，大约以理趣胜。"③ 谢安的评语，一方面表达了自己的政治信念，另一方面也突出了《诗经》的美刺教化功能，表现了诗文欣赏中重思理轻文采、重教化而轻审美的倾向。《世说新语》中还

---

① （南朝宋）刘义庆著，（南朝梁）刘孝标注，余嘉锡笺疏，周祖谟、余淑宜、周士琦整理：《世说新语笺疏》，第278页。

② （唐）房玄龄等：《晋书》，第2516页。

③ 程俊英、蒋见元：《诗经注析》，中华书局2017年版，第953页。

有王恭行散时与弟弟王爽谈论古诗佳句的事例，王恭直取“所遇无故物，焉得不速老”[①] 一句，鲜明地体现了士人对人生苦短、变幻莫测的感喟。

其次，除对诗文的总体评价外，部分文学士人注重讨论文章工拙，重视文章写作技巧。《世说新语·文学》记载孙绰品评曹毗，言其极有才华，为文善用辞藻，但疏于文章总体剪裁，因此做不出好文章。[②]《排调》中又有刘真长嘲笑殷融答孙绰诗“聊复放一曲”，问曰：“君欲云那放?”殷曰：“榼腊亦放，何必其鎗铃邪?”[③] 刘真长以为“放”字此处甚为拙劣，反问殷融如何放，殷融认为自己的诗虽然像鼓声，比不上金石声清脆悦耳，却也能表情达意，何必要雕章琢句，刻意作金石声。余嘉锡笺疏曰：“此云‘榼腊亦放，何必鎗铃’者，谓己诗虽不工，亦足以达意，何必雕章绘句，然后为诗？犹之鼓虽无当于五声，亦足以应节，何必金石铿鎗，然后为乐也?”[④]

再次，有关文学内容的清谈还涉及复古与新变的争端。就孙绰的《天台赋》，孙绰与范启曾有过讨论。孙绰颇以《天台赋》自胜，而范启则从儒家文艺精神着手，认为其赋不符合宫商音调，不符合儒家礼仪。但也不免对其中佳句进行赞赏，感叹“应是我辈语”[⑤]。“我辈语”之风格与宫商之声形成了较

---

① （南朝宋）刘义庆著，（南朝梁）刘孝标注，余嘉锡笺疏，周祖谟、余淑宜、周士琦整理：《世说新语笺疏》，第327页。

② （南朝宋）刘义庆著，（南朝梁）刘孝标注，余嘉锡笺疏，周祖谟、余淑宜、周士琦整理：《世说新语笺疏》，第321页。

③ （南朝宋）刘义庆著，（南朝梁）刘孝标注，余嘉锡笺疏，周祖谟、余淑宜、周士琦整理：《世说新语笺疏》，第948页。

④ （南朝宋）刘义庆著，（南朝梁）刘孝标注，余嘉锡笺疏，周祖谟、余淑宜、周士琦整理：《世说新语笺疏》，第949页。

⑤ （南朝宋）刘义庆著，（南朝梁）刘孝标注，余嘉锡笺疏，周祖谟、余淑宜、周士琦整理：《世说新语笺疏》，第316页。

大的差异，这也是时代新风尚与传统经典文学风格的差异。此外，士人对俳谐之文的态度也不一。《世说新语·雅量》记载殷仲堪与王恭讨论俳谐之文。殷仲堪写作了一篇俳谐慢戏之赋，自以为很有才华，于坐中交给王恭赏鉴，王恭读后，不言好恶，而以手中如意来回熨帖文纸。[①] 魏晋时期俳谐之作蔚为大观，殷仲堪善属文，本人喜作谐隐文，又曾与桓玄等共作“了语”。而王恭好清谈却不善属文，且“志存格正”[②]，排斥尾巷之歌。王恭以表示风流之装饰的如意来熨帖赋文，或有清言胜过俳谐的意指。

复次，受到清谈辩论析理的影响，士人崇尚文思速捷。从《世说新语》论及诗赋创作与评论的条目中可以见出，晋人崇尚应机而变、文思速捷、从容不迫的创作能力。《世说新语·文学》记载袁宏文思敏捷，富有才情。袁宏作《北征赋》，王珣提出赋中少一“写”韵句子，袁宏当即提笔便增添了两句“感不绝于余心，溯流风而独写”，为宾客所赞赏。[③] 桓温命袁宏依在马前写作北征鲜卑的檄文，袁宏“手不辍笔，俄得七纸，殊可观”，受到了士人的赞赏。[④] 袁宏作《东征赋》未提及陶侃，陶侃子陶范临之以白刃，袁宏当即创作并诵咏出有关陶侃的三句，才得以幸免。此外还有诸多士人为文思速捷的事例。《文学》篇记载，魏廷封司马昭为公，加礼九锡，司马昭固辞不受。司空郑冲因此请阮籍撰写劝进文，而阮籍当时正在袁准家中宿醉未消，当即被人扶起，捉笔撰写，下笔成章，且

① （南朝宋）刘义庆著，（南朝梁）刘孝标注，余嘉锡笺疏，周祖谟、余淑宜、周士琦整理：《世说新语笺疏》，第449—450页。

② （南朝宋）刘义庆著，（南朝梁）刘孝标注，余嘉锡笺疏，周祖谟、余淑宜、周士琦整理：《世说新语笺疏》，第59页。

③ （南朝宋）刘义庆著，（南朝梁）刘孝标注，余嘉锡笺疏，周祖谟、余淑宜、周士琦整理：《世说新语笺疏》，第320页。

④ （南朝宋）刘义庆著，（南朝梁）刘孝标注，余嘉锡笺疏，周祖谟、余淑宜、周士琦整理：《世说新语笺疏》，第323页。

无须修改。时人赞叹其速捷与文采，谓之“神笔”[①]。王珣上任桓温属吏，已经在官署大厅等候了，却发现有人偷走了他的奏事文本。因此王珣当即在厅前重新作文，没有重复之前文章的一个字。[②] 桓玄登临江陵城南楼，为王恭作诔，于宾客笑谈之间便已写成。桓玄初统领荆楚地区时，荆江二州、八州都督与将军二府、南郡国共五处贺笺同时送到，桓玄在厅堂上，直接批复于贺版之后，文采粲然，毫不混杂。[③] 此种士人之故事在《文学》篇中大量出现，我们可以看到，东晋时期士人所赞赏的是创作主体的才华横溢、优游雅量与思维敏捷。

最后，由于清谈的流行，士人的玄学趣味浓于文学趣味，在清言与文笔上产生了明显的差异。清谈士人擅长言语，而文学士人擅长属文，士人在此两方面往往各有所长。《世说新语·文学》中记载了乐广与潘岳、太叔广与挚虞、殷浩与殷融等人对于清言和文笔各自优势的认识，表现出人们开始自觉地认识义理与文辞的差异，并有意识地将二者融合，以期望达到理想的境界。且清谈士人与文学士人之间有比较大的鸿沟。袁宏作《名士传》，请谢安阅看，谢安的反应首先是谈论江北之事不过是游戏而已，不值得专笔著论。谢安有区分言笔之意，在二者之间，谢安更倾向于清谈。

清谈影响下东晋文学批评表现出玄学式的文学批评，士人更注重、人生玄理的取向，讨论符合我辈之风格的文章，崇尚文思速捷与机巧。在文学创作上也呈现出清言与文笔的差异。从文学发展的内部特征与规律而言，这一时期的诗文批评未能

---

① （南朝宋）刘义庆著，（南朝梁）刘孝标注，余嘉锡笺疏，周祖谟、余淑宜、周士琦整理：《世说新语笺疏》，第 290 页。

② （南朝宋）刘义庆著，（南朝梁）刘孝标注，余嘉锡笺疏，周祖谟、余淑宜、周士琦整理：《世说新语笺疏》，第 323 页。

③ （南朝宋）刘义庆著，（南朝梁）刘孝标注，余嘉锡笺疏，周祖谟、余淑宜、周士琦整理：《世说新语笺疏》，第 328 页。

够得到良好的发展，而是更多地笼罩在玄学精神之下。但是，清谈对南朝文学也有促进的一面，特别突出的便是清谈对音韵美的重视以及玄学对声与气的讨论，为南朝文学批评声律论演奏了序曲。

（二）清谈与文学批评中的声气说

汉魏以来，人们的谈吐言辞多讲究声韵美，《后汉书》卷八十四《列女传》载，董祀犯法当死，蔡琰向曹操求情，“音辞清辩，旨甚酸哀，众皆为改容”①。《晋书》卷七十六《王彬传》称王彬“音辞慷慨”②，卷八十八《王裒传》称王裒“音声清亮，辞气雅正”③。在玄学清谈中，音辞之美是引起士人产生审美愉悦的重要因素。在人物品藻中，士人开始探讨外发之音辞与内在心气之间的关系，并在审美体验中灌注声与气的观念，进而影响了文学声律的思想基础。

刘劭在《人物志》中便提出了人之心气与声音的关系：

> 夫容之动作，发乎心气，心气之征，则声变是也。夫气合成声，声应律吕。有和平之声，有清畅之声，有回衍之声。夫声畅于气，则实存貌色。故诚仁，必有温柔之色。诚勇，必有矜奋之色。诚智，必有明达之色。④

人的容貌仪态的变化是源自“心气”。而心气的特征会表现为人的声音之变化。此心气，除指人的呼吸吐纳之气外，还特别代表人的天禀之气。《九征》篇认为，人的五种性质刚、柔、明、畅、贞固，表现在外即“著乎形容，见乎声色，发

① （南朝宋）范晔撰，（唐）李贤等注：《后汉书》，第2800页。
② （唐）房玄龄等：《晋书》，第2005页。
③ （唐）房玄龄等：《晋书》，第2278页。
④ 伏俊琏：《人物志译注》，第20页。

乎情味，各如其象”。声音是以性情为本，是内在心气的外在表征。在人物品藻重视风神的趋势中，人的声音与貌色、行为等都作为人物之“神”的重要表象而为士人所欣赏。《世说新语》中载：

> 庾太尉（庾亮）在武昌，秋夜气佳景清，使吏殷浩、王胡之之徒登南楼理咏。音调始遒，闻函道中有屐声甚厉，定是庾公。（《容止》）①
>
> （裴遐）善叙名理，辞气清畅，泠然若琴瑟。（《文学》）②
>
> 桓（温）既素有雄情爽气，加尔日音调英发，叙古今成败由人，存亡系才，其状磊落，一坐叹赏。（《豪爽》）③

音声由气而出，都是自然而发。“音调始遒”“辞气清畅”“音调英发”，都表现出言谈吟咏者的内在所禀之气质。由于曹丕提出的“文气说”在文学批评中的广泛运用，文气与文辞之声韵也逐渐为批评家所重视。西晋时期，陆机便提出了声音变化像五色相宣的主张。他在《文赋》中说：“暨音声之迭代，若五色之相宣。”④ 李善注曰：“言音声迭代而成文章，若五色相宣而为绣也。”⑤ 其中提到了声律对于文章的重要性。此外，宫商五声之清浊也与气质清浊相关联。南朝宋时，范晔在《狱中与诸甥侄书》也有：“性别宫商，识清浊，斯自然也。”⑥

---

① （南朝宋）刘义庆著，（南朝梁）刘孝标注，余嘉锡笺疏，周祖谟、余淑宜、周士琦整理：《世说新语笺疏》，第 727 页。

② （南朝宋）刘义庆著，（南朝梁）刘孝标注，余嘉锡笺疏，周祖谟、余淑宜、周士琦整理：《世说新语笺疏》，第 247 页。

③ （南朝宋）刘义庆著，（南朝梁）刘孝标注，余嘉锡笺疏，周祖谟、余淑宜、周士琦整理：《世说新语笺疏》，第 708 页。

④ 张少康集释：《文赋集释》，第 132 页。

⑤ 张少康集释：《文赋集释》，第 134 页。

⑥ （清）严可均辑：《全上古三代秦汉三国六朝文》，第 2519 页。

范晔认为人生性能识别语音的宫商、清浊，提出自然音律说。沈约《宋书》卷六十七《谢灵运传论》说："欲使宫羽相变，低昂互节，若前有浮声，则后须切响。"① 已是自觉地在文章中做到宫商之声前后对应。

而刘勰在《文心雕龙·声律》中也将人声作为音律之本："夫音律所始，本于人声者也。声含宫商，肇自血气，先王因之，以制乐歌。"因此"器写人声"，而文章音律也是表达人心的："故言语者，文章神明枢机，吐纳律吕，唇吻而已。"刘勰随后又指出了文之气势与文辞音律的关系："凡声有飞沈，响有双叠，双声隔字而每舛，叠韵杂句而必睽；沈则响发而断，飞则声飏不还，并辘轳交往，逆鳞相比迂其际会，则往蹇来连其为疾病，亦文家之吃也。"② 郭绍虞在《中国文学批评史》中说："骈文家的音律说，与散文家的文气说，实是同样的性质。散文家利用其气势之灏瀚流利，所以不致'吃'；骈文家使不注重音律的谐和，如何而不为文家之吃呢！"③ 声韵如果不协调，那么文章读起来都不顺口，就如同作者患有口吃一样。文章的气势亦不连贯通畅。

在鉴赏过程中，刘勰提出："是以声画妍蚩，寄在吟咏，吟咏滋味，流于字句。气力穷于和韵。"（《文心雕龙·声律》）④ 提出吟咏滋味的鉴赏方式，从音韵中去品味文章之气韵。早在先秦时期，歌诗传统便十分流行。《尚书·尧典》曰："诗言志，歌永言，声依永，律和声。"⑤ 诗是用来表达内心之志的，歌则借助语言把这种志咏唱出来，歌唱的声音既要根据情志，也要符合音律。这种符合曼声咏唱的、合于韵律而富于音乐美

---

① （南朝梁）沈约：《宋书》，第1779页。
② （南朝梁）刘勰著，范文澜注：《文心雕龙注》，第552—553页。
③ 郭绍虞：《中国文学批评史》，商务印书馆2010年版，第170页。
④ （南朝梁）刘勰著，范文澜注：《文心雕龙注》，第553页。
⑤ （清）阮元校刻：《十三经注疏·尚书正义》，第131页。

的歌诗传统为提倡礼乐的儒家所重视，《史记》卷四十七《孔子世家》曰："三百五篇孔子皆弦歌之，以求合《韶》《武》《雅》《颂》之音。"[①] 两晋以降，对诵诗进行鉴赏开始盛行。对文章之气的欣赏，在多数场合中通过吟咏的方式完成。《世说新语》刘孝标注引《续晋阳秋》载："虎（袁宏）少有逸才，文章绝丽，曾为《咏史诗》，是其风情所寄。少孤而贫，以运租为业。镇西谢尚，时镇牛渚，乘秋佳风月，率尔与左右微服泛江。会虎在运租船中讽咏，声既清会，辞文藻拔。非（谢）尚所曾闻，遂住听之，乃遣问讯。答曰：'是袁临汝郎诵诗，即其《咏史》之作也。'尚佳其率有胜致，即遣要迎，谈话申旦。自此名誉日茂。"[②] 东晋著名士人画家顾恺之也十分喜爱月下吟咏，《续晋阳秋》有："(顾恺之）为散骑常侍，与谢瞻连省，夜于月下长咏，自云得先贤风制，瞻每遥赞之。"[③] 顾恺之对于艺术的专注力使其吟诵而忘倦，获得精神上的满足。王子猷雪夜访戴，也是由于吟咏左思《招隐诗》而"兴"，"乘兴而行，兴尽而返"[④] 达到愉悦的体验与精神满足，即是一种审美的愉悦。

东晋著名的洛生咏也是颇为流行的吟咏欣赏形式之一。《世说新语·雅量》记载：

> 桓公伏甲设馔，广延朝士，因此欲诛谢安、王坦之。王甚遽，问谢曰："当作何计?"谢神意不变，谓文度曰：

---

① （汉）司马迁撰，（宋）裴骃集解，（唐）司马贞索引，（唐）张守节正义：《史记》，第2345页。

② （南朝宋）刘义庆著，（南朝梁）刘孝标注，余嘉锡笺疏，周祖谟、余淑宜、周士琦整理：《世说新语笺疏》，第317页。

③ （南朝宋）刘义庆著，（南朝梁）刘孝标注，余嘉锡笺疏，周祖谟、余淑宜、周士琦整理：《世说新语笺疏》，第326页。

④ （南朝宋）刘义庆著，（南朝梁）刘孝标注，余嘉锡笺疏，周祖谟、余淑宜、周士琦整理：《世说新语笺疏》，第893页。

> “晋阼存亡，在此一行。”相与俱前。王之恐状，转见于色。谢之宽容，愈表于貌。望阶趋席，方作洛生咏，讽“浩浩洪流”。桓惮其旷远，乃趣解兵。①

刘孝标注引宋明帝《文章志》曰：“安能作洛下书生咏，而少有鼻疾，语音浊。后名流多学其咏，弗能及，手掩鼻而吟焉。”②《世说新语·轻诋》也有：“人问顾长康：‘何以不作洛生咏?’答曰：‘何至作老婢声!’”刘孝标注：“洛下书生咏，音重浊，故云老婢声。”③ 洛生咏即仿洛下书生读书之声以咏诗，音重浊，谢安有鼻疾，因而音声相似。时人以吴音读之，则须掩鼻，故而后来又常被称为“拥鼻吟”，《诗话总龟》卷四十六引宋柳永诗“高吟拥鼻诗怀壮，雅论盱衡道气充”④即是一例。洛生咏不仅是对诗文的鉴赏，还表现了士人清雅脱俗、超逸高远的风度。因此谢安吟诵嵇康《赠秀才入军诗》“浩浩洪流，带我邦畿”时⑤，其旷远的个人风神为桓温所忌惮。《南齐书》卷四十一《张融传》载：“獠贼执融，将杀食之，融神色不动，方作洛生咏，贼异之而不害也。”⑥ 余嘉锡说：“吾友陈寅恪尝考东晋南朝之吴语（见《历史语言研究所集刊》第七本第一分），引《世说》此条及张融事论之曰：‘据此则江东士族不独操中原之音，亦且学洛下之咏。张融本

① （南朝宋）刘义庆著，（南朝梁）刘孝标注，余嘉锡笺疏，周祖谟、余淑宜、周士琦整理：《世说新语笺疏》，第437页。

② （南朝宋）刘义庆著，（南朝梁）刘孝标注，余嘉锡笺疏，周祖谟、余淑宜、周士琦整理：《世说新语笺疏》，第437页。

③ （南朝宋）刘义庆著，（南朝梁）刘孝标注，余嘉锡笺疏，周祖谟、余淑宜、周士琦整理：《世说新语笺疏》，第992页。

④ （宋）阮阅编，周本淳校点：《诗话总龟》人民文学出版社1987年版，第434页。

⑤ （三国魏）嵇康著，戴明扬校注：《嵇康集校注》，第22页。

⑥ （南朝梁）萧子显：《南齐书》，第721页。

吴人，而临危难仍能作洛生咏，虽由其心神镇定，异乎常人，要必平日北音习俗，否则决难致此无疑也。’”[①] 可见洛生咏在当时之盛。

吟咏诗文的品赏方式，是欣赏者领略、把握诗文情感与灵性的有效的审美中介形式，得意于汉字的音节、字句与内在神气的审美过程。后来诸多文论家皆注重音声与文学创作、鉴赏之关系。清代桐城派文论家刘大櫆从神气与音节、字句的辩证关系进行论述，将此前关于“文气”的过分玄虚抽象难以捉摸的论述具体化。从创作上而言，“神气不可见，于音节见之；音节无可准，以字句准之。”就鉴赏而言，“合而读之，音节见矣；歌而永之，神气出矣。”（《论文偶记》）[②] 他认为只有通过“歌而永之”，才能把握文章最精妙的神气。曾国藩《家训》里也有：“凡作诗最宜讲究声调，须熟读古人佳篇，先之以高声朗读，以昌其气；继之以密咏恬吟，以玩其味。二者并进，使古人之声调拂拂然若与我喉舌相习，则下笔时必有句调奔赴腕下，诗自成读之，亦自觉琅琅可诵，引出一种兴会来。”[③] 诗文的学习亦与声气密不可分。朱光潜将这种吟咏视作筋肉上的动作。他在《谈美》中说：“声本于气，所以想得古人之气，不得不求之于声。求之于声，即不能不朗诵。”[④] 声气在诗文创作鉴赏与模仿学习中都有重要的作用。

清淡对声韵的注意和对意气的激赏，促进了文学批评中对声气说的重视，也塑造了其时吟咏的品赏方式，为后来的诗文

---

① （南朝宋）刘义庆著，（南朝梁）刘孝标注，余嘉锡笺疏，周祖谟、余淑宜、周士琦整理：《世说新语笺疏》，第439页。

② （清）刘大櫆著，舒芜校点：《论文偶记》，人民文学出版社1959年版，第6页。

③ 朱光潜：《朱光潜全集》第2卷，安徽教育出版社1997年版，第80页。

④ 朱光潜：《朱光潜全集》第2卷，第80页。

声气理论奠定了基础。

第二节　玄学趣味与南朝文艺批评中审美风尚的嬗变

除清谈所反映的士人审美精神之外，玄学义理本身也传递出浓厚的玄学趣味，其中以“自然”为第一。玄学中对于名教与自然的极力融合，使得“自然”的范畴在其各个阶段有着不同的内涵，也表现出不同的审美形态。与“自然”紧密联系的“清”这一审美范畴，也同样在两晋和南朝时期发生融合与转变。在玄学的发展过程中，哲学思理的变化也在一定程度上影响着文艺审美风尚的转变。

一　“自然”的素朴与藻饰

（一）先秦道家思想中的自然论

“自然”的思想，可以溯源至老庄。老子以“道”为万物之根本，将“自然”确定为“道”的基本属性以及万物大化的根本规律。老子说：“人法地，地法天，天法道，道法自然。”[①] 要求人们顺应“道”的自然发展规律，全真保性，少私寡欲。老子主张任何事物都应该顺任它自身规律去运行。因此老子摒弃外在声色，认为“五色令人目盲，五音令人耳聋，五味令人口爽，驰骋畋猎令人心发狂”[②]。老子指出了物欲文明带来的弊害——寻求官能的刺激，流逸奔竞，淫佚放荡。这些都是超出了“自然”的。老子将顺任自然推广到社会历史领域，认为人的最高标准就是自然，而矫揉造作是社会文明所

---

① （三国魏）王弼注，楼宇烈校释：《老子道德经注校释》，中华书局 2008 年版，第 64 页。

② （三国魏）王弼注，楼宇烈校释：《老子道德经注校释》，第 27 页。

带来的负面现象。受到社会文明的影响，人们逐渐失去了淳朴的本性，变得虚伪、贪婪。因此人要如婴儿、如赤子，返璞归真，顺应自然。

在庄子哲学中，自然论得到了丰富和发展。庄子也以“自然无为”来阐释“道”：“夫道，有情有信，无为无形……在太极之先而不为高，在六极之下而不为深，先天地生而不为久，长于上古而不为老。”（《庄子·大宗师》）[①] 他认为天道是自然无为的。庄子也提出圣人是法天道的：“天地有大美而不言，四时有明法而不议，万物有成理而不说……是故至人无为，大圣不作，观于天地之谓也。”（《庄子·知北游》）[②] “夫水之于汋也，无为而才自然矣。至人之于德也，不修而物不能离焉，若天之自高，地之自厚，日月之自明，夫何修焉！”（《庄子·田子方》）[③] 这些都是庄子对老子思想的阐释。重要的是，庄子将自然理论从治国延伸至了修身，并将其作为人生解脱之道的重要内容。

庄子首先认为保持自然天性是最重要的。《庄子·秋水》说：“牛马四足，是谓天；落马首，穿牛鼻，是谓人。故曰，无以人灭天，无以故灭命，无以得殉名。”[④] 牛马四足，天性自然，但人们络首穿鼻，改变物性，是不可取的。他强调以自然界的“天籁”为美，认为天籁“天然耳，非为也”[⑤]。庄子又提出了“忘”，在《庄子·达生》中有：“必齐以静心。齐三日，而不敢怀庆赏爵禄；齐五日，不敢怀非誉巧拙；齐七日，辄然忘吾有四枝形体也。”梓庆削木为鐻，工艺达到出神入化的境地，是因为忘利、忘名，乃至忘我，最后达到“以

① （清）郭庆藩撰，王孝鱼点校：《庄子集释》，第246—247页。
② （清）郭庆藩撰，王孝鱼点校：《庄子集释》，第735页。
③ （清）郭庆藩撰，王孝鱼点校：《庄子集释》，第716页。
④ （清）郭庆藩撰，王孝鱼点校：《庄子集释》，第590—591页。
⑤ （清）郭庆藩撰，王孝鱼点校：《庄子集释》，第50页。

天合天，器之所以凝神”[①]，此即主体的自然与客体自然的契合。这种自然因而成为道家最高的理想人格：“不刻意而高，无仁义而修，无功名而治，无江海而闲，不道引而寿，无不忘也，无不有也，澹然无极而众美从之。此天地之道，圣人之德也。”[②]“澹然无极而众美从之”，是自然美的境界，也是审美主体的理想境界。

自然论在后代有诸多讨论，特别在崇尚老庄的玄学中风靡不衰。在玄学家的阐释与推崇下，自然的内涵不断丰富和发展，表现出独有的特点。

（二）“自然”在王弼与郭象思想中的分野

魏晋之际的大名士夏侯玄说：“天地以自然运，圣人以自然用。自然者，道也。道本无名，故老氏曰强为之名。”[③] 王弼《老子注》阐释“自然”为：“自然，其端兆不可得而见也，其意趣不可得而睹也。”（《老子》第十七章注）[④] 又有：“法自然者，在方而法方，在圆而法圆，于自然无所违也。自然者，无称之言，穷极之辞也。”（《老子》第二十五章注）[⑤] 王弼将自然归结为“无称之言、穷极之辞”，是以道家的“无”来说明其本质。天地万物皆以自然无为作为自己的存在方式，“神不害自然也。物守自然，则神无所加。神无所加，则不知神之为神也”（《老子》第六十章注）[⑥]，“天地任自然，无为无造，万物自相治理，故不仁也”（《老子》第五章注）[⑦]。天地万物自然而然地存在发展，便是道的魅力。因此王弼倡导

① （清）郭庆藩撰，王孝鱼点校：《庄子集释》，第 659 页。
② （清）郭庆藩撰，王孝鱼点校：《庄子集释》，第 537 页。
③ 杨伯峻：《列子集释》，第 121 页。
④ （三国魏）王弼著，楼宇烈校释：《王弼集校释》，第 41 页。
⑤ （三国魏）王弼著，楼宇烈校释：《王弼集校释》，第 65 页。
⑥ （三国魏）王弼著，楼宇烈校释：《王弼集校释》，第 158 页。
⑦ （三国魏）王弼著，楼宇烈校释：《王弼集校释》，第 13 页。

自然，反对人为，他说："自然之道，亦犹树也。转多转远其根，转少转得其本。多则远其真，故曰'惑'也。少则得其本，故曰'得'也。"（《老子》第二十二章注）[①] 自然之道就像一棵树，越往上便越远离其本真。一件事物，越被巧制，便越失去其本性。因此，在艺术观上，王弼也以不改本性的自然素朴为美。

而郭象《庄子注》中将自然的含义更进一步发挥。郭象首先也赞同自然即无为的观点，他说："天地者，万物之总名也。天地以万物为体，而万物必以自然为正，自然者，不为而自然者也。"（《庄子·逍遥游》注）[②] 他还以他的"独化论"来阐释自然："无既无矣，则不能生有；有之未生，又不能为生。然则生生者谁哉？块然而自生耳。自生耳，非我生也。我既不能生物，物亦不能生我，则我自然矣。自己而然，则谓之天然。天然耳，非为也，故以天言之。〔以天言之〕所以明其自然也。"（《庄子·齐物论》注）[③] 从郭象的此段议论我们可以看出，郭象认为独化，即块然自生，每个事物自生独化，则是自然而然的。因此他还指出，人的认识和实践活动都应出于自然。他说："天者，自然之谓也。夫为为者不能为，而为自为耳；为知者不能知，而知自知耳。自知耳，不知也，不知也则知出于不知矣；自为耳，不为也，不为也则为出于不为矣。为出于不为，故以不为为主；知出于不知，故以不知为宗。是故真人遗知而知，不为而为，自然而生，坐忘而得，故知称绝而为名去也。"（《庄子·大宗师》注）[④] 郭象认为只有不知才能知，不为才能为，知和为都应出于自然。但值得注意的是，

---

① （三国魏）王弼著，楼宇烈校释：《王弼集校释》，第56页。
② （清）郭庆藩撰，王孝鱼点校：《庄子集释》，第20页。
③ （清）郭庆藩撰，王孝鱼点校：《庄子集释》，第50页。
④ （清）郭庆藩撰，王孝鱼点校：《庄子集释》，第224页。

郭象的独化论思想使得他的自然观并未与“无”紧密联系，而是以“自生”“自任”“自为”为法则。万物以自己的方式存在，物性各不相同，因此，“自然”便是要充分尊重事物各自的特性。前面提到庄子反对为牛马络首穿鼻，对此郭象解释道：

> 人之生也，可不服牛乘马乎？服牛乘马，可不穿落之乎？牛马不辞穿落者，天命之固当也。苟当乎天命，则虽寄之人事，而本在乎天也。穿落之可也，若乃走作过分，驱步失节，则天理灭矣。不因其自为而故为之者，命其安在乎！（《庄子·秋水》注）①

郭象将络首穿鼻作为牛马的天性，认为这并不存在有伤自然、灭天理的问题。只有“走作过分，驱步失节”，才是违背了自然。因此郭象认为，自然决定于万物各自之性分，而不绝对地反对人为。郭象所提出的纯、素，也不只是未假雕饰的本色美。他说：

> 苟以不亏为纯，则虽百行同举，万变参备，乃至纯也；苟以不杂为素，则虽龙章凤姿，倩乎有非常之观，乃至素也。若不能保其自然之质而杂乎外饰，则虽犬羊之鞹，庸得谓之纯素哉！（《庄子·刻意》注）②

不亏，即自性之充分体现，不杂，即不夹杂他物，正是万物之自有的性分得以呈现出其本来面目，却仍是纯真自然的。如此，龙章凤姿也是至纯至素的，因为它保有事物内在的和谐美。陈鼓应指出：“老子主张允许每个个人都能依照自己的需

① （清）郭庆藩撰，王孝鱼点校：《庄子集释》，第591页。
② （清）郭庆藩撰，王孝鱼点校：《庄子集释》，第546页。

要去发展他的秉赋，以此他提出了‘自然’的观念；为了使不同的意愿得到和谐平衡，他又提出‘无为’的观念。老子‘自然无为’的观念，运用到政治上，是要让人民有最大的自主性，允许持特殊性、差异性的发展。也就是说，允许个人人格和个人愿望的充分发展，但不以伸展到别人的活动范围为限。”① 正是郭象此意的注脚。不仅是政治上的运用，在审美和艺术创造上，自然也是自我性分之自然，允许独立的个性人格与思想的存在与发展。郭象主张名教与自然的融合，他以主体人格的“无心”来连接二者。圣人无为，是身虽在庙堂之上，而心无异于在山林之中。“圣人常游外以（宏）〔冥〕内，无心以顺有，故虽终日（挥）〔见〕形而神气无变，俯仰万机而淡然自若。”（《庄子·大宗师注》）② 万物的“无心”，是安分知足、符合自我的性分即可。自然不再与名教对立，而与其圆融为一体。现存的名教秩序也是合乎自然的，“君臣上下，手足外内，乃天理自然”（《庄子·齐物论》注）③。

王弼和郭象的哲学旨趣不同，对自然的阐释也出现分野。统一的、最高境界的天真自然和表现各自性分的“自任”“自然”，也给后代的自然论留下了阐释的空间。除自然之道、自然英旨之外，符合艺术创作自然规律的情采藻饰，也在东晋南朝文艺批评中颇被重视。

（三）天真自然与情采藻饰

自然对象在现实中的本然状态，是玄学赋予“自然”风格的基础。艺术作品是人为的，体现的是主体的精神。因此东晋南朝士人在艺术创作中所崇尚的是创作主体的自然之思，顺应自然之道，不刻意经营。刘勰在《文心雕龙》中指出创作

---

① 陈鼓应：《老子注译及评介》，中华书局 1984 年版，第 35 页。
② （清）郭庆藩撰，王孝鱼点校：《庄子集释》，第 268 页。
③ （清）郭庆藩撰，王孝鱼点校：《庄子集释》，第 58 页。

主体“感物吟志”的过程是自然的，他说：“人禀七情，应物斯感，感物吟志，莫非自然。”（《明诗》）① 刘勰推崇创作主体不矫揉造作，自然生情。他在《情采》篇中说：“昔诗人什篇，为情而造文，辞人赋颂，为文而造情。何以明其然？盖风雅之兴，志思蓄愤，而吟咏情性，以讽其上，此为情而造文也；诸子之徒，心非郁陶，苟驰夸饰，鬻声钓世，此为文而造情也。”② 写作态度决定文风的好坏。写作的目的、态度是处理好文章内容与文辞关系的关键。胸中有所郁积，真实的、充实的思想感情不得不吐，即是好的写作态度。在创作构思上，他主张“秉心养术，无务苦虑，含章司契，不必劳情”（《神思》）③。

对于自然的崇尚，使得士人在进行文艺创作时重视天赋，而不推雕琢。自然也含有“才”的先天禀赋的含义。在重视形式美的潮流下，南朝士人仍然将先天的艺术之才放在重要位置。如萧纲在《与湘东王书》中盛赞“谢客吐言天拔，出于自然”④。姚最《续画品》评萧绎：“湘东殿下，右天挺命世，幼禀生知，学穷性表，心师造化。”⑤ 萧绎《金楼子·立言》有：“至于谢玄晖，始见贫小，然而天才命世，过足以补尤。”⑥ 王僧虔在书法理论中，首次提出了书法品评的“天然”与“功夫”。他在《论书》中说：“宋文帝书，自谓不减王子敬。时议者云：‘天然胜羊欣，功夫不及欣。’”⑦ 这里的天然，一方面是创作主体的先天禀赋之“才”，另一方

① （南朝梁）刘勰著，范文澜注：《文心雕龙注》，第 65 页。

② （南朝梁）刘勰著，范文澜注：《文心雕龙注》，第 538 页。

③ （南朝梁）刘勰著，范文澜注：《文心雕龙注》，第 494 页。

④ （清）严可均辑：《全上古三代秦汉三国六朝文》，第 3011 页。

⑤ （南朝陈）姚最撰，王伯敏标点注释：《续画品录》，人民美术出版社 1959 年版，第 9 页。

⑥ （南朝梁）萧绎撰，许逸民校笺：《金楼子校笺》，中华书局 2011 年版，第 966 页。

⑦ （宋）陈思编撰，崔尔平校注：《书苑菁华校注》，第 163 页。

面是创作活动中的自由。才赋予了创作主体以先天的审美能力，表现为对外物的敏锐把握与感受，而创作中的自由赋予了主体以表达能力。正是二者的结合，使得作品呈现出“天然”的状态。时人亦从自然人工的角度区分音声之美的高下，《世说新语·识鉴》注引《嘉别传》：“（桓温）又问：‘听伎，丝不如竹，竹不如肉，何也?’（孟嘉）答曰：‘渐近自然。’”[①] 在文学领域，钟嵘《诗品》标榜“自然英旨”（《诗品序》），提倡“即目”“直寻”，自然“调谐”。《诗品》卷中记载：“汤惠休曰：‘谢诗如芙蓉出水，颜诗如错彩镂金。’颜终身病之。”[②]《南史》卷三十四《颜延之传》中也有类似的记载：“延之尝问鲍照己与灵运优劣，照曰：‘谢五言如初发芙蓉，自然可爱。君诗若铺锦列绣，亦雕绘满眼。’”[③] 初发芙蓉与铺锦列绣都是美，然而前者是自然，后者乃人工，自然是高于人工的。

除了受王弼朴素无为的自然旨趣影响外，刘勰更受到郭象的自然论的影响。刘勰将自然与名教统一而论，并从文学本体的角度来讨论自然。刘勰在《原道》中说：“心生而言立，言立而文明，自然之道也。”[④] 刘勰以自然为文学的本原。自然之道，即本然如此之理。他从本体思维的方式来讲自然，认为文是道的外化，符合道的属性，因此是自然的。而道外化的文又分为天文、人文、地文，这些都是自然而然形成的。“玄黄色杂”“方圆体分”“日月叠璧”“山川焕绮”，动物毛色、植物花朵、悦耳声响，都是文。而所谓人文，指人类社会的文明、文化，包括礼乐制度、文字文章。这些跟天地万物的色

---

① （南朝宋）刘义庆著，（南朝梁）刘孝标注，余嘉锡笺疏，周祖谟、余淑宜、周士琦整理：《世说新语笺疏》，第474页。

② （南朝梁）钟嵘撰，曹旭集注：《诗品集注》，第270页。

③ （唐）李延寿：《南史》，第881页。

④ （南朝梁）刘勰著，范文澜注：《文心雕龙注》，第1页。

彩、音响、线条一样，也都是文，符合自然之道。万物本来如此，非关外力，不知其所以然而然。刘勰将人文纳入自然的范畴，也将儒家六经等与自然圆融为一体。在此基础上，他讨论征圣、宗经等思想便顺理成章地融入自然论的体系中去了。而对于人为的作品的创作自然也需要因情立体，使文章感情与文体、词句自然契合。《定势》篇说："如机发矢直，涧曲湍回，自然之趣也"，"譬激水不漪，槁木无阴，自然之势也"①。秀篇佳句"并思合而自逢，非研虑之所求也"，"故自然会妙，譬卉木之耀英华；润色取美，譬缯帛之染朱绿。朱绿染缯，深而繁鲜；英华曜树，浅而炜烨"（《隐秀》）②。而对于文辞上的声律与用典，刘勰认为都是本于自然的。"夫音律所始，本于人声者也。声含宫商，肇自血气，先王因之，以制乐歌。故知器写人声，声非学器者也。"（《声律》）③ 运用典故，要如出己口一样自然，"凡用旧合机，不啻自其口出"，"用人若己，古来无懵"（《事类》）④，文辞的对仗，也是从自然中来："造化赋形，支体必双，神理为用，事不孤立。夫心生文辞，运裁百虑，高下相须，自然成对。"（《丽辞》）⑤ 而诗文中的对偶，"奇偶适变，不劳经营"⑥，乃随自然之道而形成。刘勰察觉到齐梁文坛追求辞采华美的轻靡之风，提出了"宗经"和"自然"的救治之策，来矫正当时的文风。

二　"清"的审美转变及其与艺术形式美的融合

在关于名教与自然的讨论中，六朝士人从气质、才性出

---

① （南朝梁）刘勰著，范文澜注：《文心雕龙注》，第 530 页。
② （南朝梁）刘勰著，范文澜注：《文心雕龙注》，第 632—633 页。
③ （南朝梁）刘勰著，范文澜注：《文心雕龙注》，第 552 页。
④ （南朝梁）刘勰著，范文澜注：《文心雕龙注》，第 616—617 页。
⑤ （南朝梁）刘勰著，范文澜注：《文心雕龙注》，第 588 页。
⑥ （南朝梁）刘勰著，范文澜注：《文心雕龙注》，第 588 页。

发，对“清”范畴有了进一步的阐释。“清”从内在之气性外发，在人物的容止精神上表现出独有的玄学趣味，又反映在文艺批评中形成了玄学的审美风尚。在南朝文艺批评特别是文学批评中，“清”与逐步得到发展的形式美结合，形成了“清丽”的审美理想。

（一）魏晋以前的“清”范畴

“清”字本作水清之义，《说文解字》有：“清，朖也。澂水之貌，从水青声。”[①] 意思是水净透明、清澄无滓的样子。在中国古代哲学思想中，“清”贯通天、地、人三者，鼓荡灵动，表现出浑融一体的内涵。从先秦哲学中的“清”及其与儒道两家的联系，到魏晋玄学圆融儒道赋予“清”以新的内涵，进而映射于文艺领域中，“清”这一范畴从哲学向审美的转变也显示了玄学思想与文艺批评的联结。

《老子》第三十九章曰：“昔之得一者，天得一以清，地得一以宁，神得一以灵，谷得一以盈，万物得一以生，侯王得一以为天下贞。其致之。”[②] 老子以为，“清”“宁”“灵”“正”等都是道的特征，道通过这些特征将天、地、人统一起来。道具有虚静无为的属性，与人的心灵的空虚澄明与之相应。《老子》有：“孰能浊以静之徐清？孰能安以久动之徐生？”[③] 又有：“躁胜寒，静胜热，清静为天下正。”[④]《庄子》中也有：“天无为以之清，地无为以之宁，故两无为相合，万物皆化。”[⑤] 又有：“夫道，渊乎其居也，漻乎其清也。”[⑥]“水之

① （汉）许慎撰，（清）段玉裁注：《说文解字注》，上海古籍出版社 1981 年版，第 550 页。

② （三国魏）王弼注，楼宇烈校释：《老子道德经注校释》，第 105—106 页。

③ （三国魏）王弼注，楼宇烈校释：《老子道德经注校释》，第 33 页。

④ （三国魏）王弼注，楼宇烈校释：《老子道德经注校释》，第 123 页。

⑤ （清）郭庆藩撰，王孝鱼点校：《庄子集释》，第 612 页。

⑥ （清）郭庆藩撰，王孝鱼点校：《庄子集释》，第 411 页。

性，不杂则清，莫动则平；郁闭而不流，亦不能清；天德之象也。”[①] 道的特征是“清”，能够完美体现道的“水”也具有这样的特征。庄子则将“清”提升到了最高的精神境界：“无视无听，抱神以静，形将自正。必静必清，无劳女形，无摇女精，乃可以长生。”[②]“虚缘而葆真，清而容物。”[③]“澹而静乎！漠而清乎！调而闲乎！”[④]“其动若水，其静若镜，其应若响。芴乎若亡，寂乎若清。”[⑤]

在儒家思想中，“清”被赋予了道德伦理的意义，被用以评论人的品德行为。如《孺子歌》曰：“沧浪之水清兮，可以濯我缨；沧浪之水浊兮，可以濯我足。”[⑥] 孔子评价齐国大夫陈文子洁身去乱，可称为“清”[⑦]，孟子称赞伯夷治世则进仕、乱世则退居，可谓“圣之清者”[⑧]。《诗经》中也有：“猗嗟名兮，美目清兮。”[⑨]“有美一人，清扬婉兮。”[⑩]《尚书·舜典》有：“夙夜惟寅，直哉惟清。”[⑪] 因此《礼记·乐记》中用“清明”来表示音乐的教化作用：“是故清明象天，广大象地，终始象四时，周还象风雨。五色成文而不乱，八风从律而不奸，百度得数而有常。小大相成，终始相生，倡和清浊，迭相为经。故乐行而伦清。耳目聪明，血气和平，移风易俗，天下皆宁。”[⑫]

而在汉代元气论的影响下，清浊成为宇宙生成论中的重要

---

① （清）郭庆藩撰，王孝鱼点校：《庄子集释》，第 544 页。
② （清）郭庆藩撰，王孝鱼点校：《庄子集释》，第 381 页。
③ （清）郭庆藩撰，王孝鱼点校：《庄子集释》，第 702 页。
④ （清）郭庆藩撰，王孝鱼点校：《庄子集释》，第 752 页。
⑤ （清）郭庆藩撰，王孝鱼点校：《庄子集释》，第 1094 页。
⑥ （清）阮元校刻：《十三经注疏·孟子注疏》，第 2719 页。
⑦ （清）阮元校刻：《十三经注疏·论语注疏》，第 2474 页。
⑧ （清）阮元校刻：《十三经注疏·孟子注疏》，第 2740 页。
⑨ （清）阮元校刻：《十三经注疏·毛诗正义》，第 355 页。
⑩ （清）阮元校刻：《十三经注疏·毛诗正义》，第 346 页。
⑪ （清）阮元校刻：《十三经注疏·尚书正义》，第 131 页。
⑫ （清）阮元校刻：《十三经注疏·礼记正义》，第 1536 页。

范畴。《淮南子·天文训》中说："道始于虚霩，虚霩生宇宙，宇宙生气，气有涯垠。清阳者薄靡而为天，重浊者凝滞而为地。清妙之合专易，重浊之凝竭难。故天先成而地后定。"① 王充在《论衡》中便使用清浊来讨论人的秉性，如"故夫临事知愚，操行清浊，性与才也。"(《论衡·命禄》)② "凡人禀性也，清浊贪廉，各有操行，犹草木异质，不可复变易也。"(《论衡·非韩》)③ "道有精粗，志有清浊也。"(《论衡·逢遇》)④ "非徒富贵贫贱有骨体也，而操行清浊亦有法理。"(《论衡·骨相》)⑤ 汉末魏时的人物品评中，清浊常用于人才学中，以表示人的禀性行为。如《后汉书》卷六十一《左雄传》载左雄上书指责当时的选举人才的弊端"朱紫同色，清浊不分"⑥。应劭《风俗通》所载"言人清高，如冰之洁"(《文选》卷四十七《汉高祖功臣颂》李善注引)⑦，亦可见出"清"逐渐成为东汉士风的标准。

（二）"清"范畴审美内涵的出现

1. 从清议到清谈的转变

魏晋时期，"清"范畴从道德伦理的含义转向纯粹的人物才性欣赏，是发生在"清议"向"清谈"转变的过程中。东汉末年，宦官专政，政治黑暗，也阻断了许多士人的仕途。这一时期，太学生已发展到三万余人，各郡县的儒生也很多，他们与士大夫相结合，在朝野形成一股反对宦官专权的政治力量。他们品评人物、批评政事，力图通过清议反对当权宦官，

---

① 何宁：《淮南子集释》，中华书局 1998 年版，第 165—166 页。
② 黄晖：《论衡校释》，第 20 页。
③ 黄晖：《论衡校释》，第 438 页。
④ 黄晖：《论衡校释》，第 3 页。
⑤ 黄晖：《论衡校释》，第 120 页。
⑥ （南朝宋）范晔撰，（唐）李贤等注：《后汉书》，第 2017 页。
⑦ （南朝梁）萧统编，（唐）李善注：《文选》，第 2113 页。

挽救东汉政治。士人“品核公卿，裁量执政”，还对当时影响力较大的名士进行品评识鉴。清议之“清”，即激浊扬清，敦风化俗。而清谈则主要是抽象玄理的讨论，主要依据玄学对宇宙、社会、人生进行哲理探讨和谈玄论道。此外，清谈还包括对人物才性识具、风神气度的洞察识鉴。鲁迅说：“清谈，本从汉之清议而来。”[①] 汤用彤也认为：“魏初清谈，上接汉代之清议，其性质相差不远。其后乃演变而为玄学之清谈。”[②] 陈寅恪《逍遥游向郭义及支遁义探源》中认为：“清谈之风实开自（郭）林宗，故抽象研讨人伦鉴识之理论，亦由林宗启之也。”[③]《陶渊明之思想与清谈之关系》中又论：“大抵清谈之兴起由于东汉末世党锢诸名士遭政治暴力之催压，一变其指实之人物品题，而为抽象玄理之讨论，启自郭林宗，而成于阮嗣宗，皆避祸远嫌，消极不与其时政治当局合作者也。”[④]

我们借史书记载郭泰、阮籍之故事，可以略见清谈之清相较于清议之清的转变。《后汉书》卷六十八《郭泰传》载：“林宗虽善人伦，而不为危言核论，故宦官擅政而不能伤也。及党事起，知名之士多被其害，唯林宗及汝南袁闳得免焉。遂闭门教授，弟子以千数。”[⑤] 本卷又有李贤注引《谢承书》曰：“泰之所名，人品乃定，先言后验，众皆服之。故适陈留则友符伟明，游太学则师仇季智，之陈国则亲魏德公，入汝南则交黄叔度。初，太始至南州，过袁奉高，不宿而去；从叔度，累日不去。或以问太。太曰：‘奉高之器，譬之（泛）〔氿〕滥，虽清而

① 鲁迅：《鲁迅全集》第9卷，人民文学出版社2005年版，第319页。

② 汤用彤：《魏晋玄学论稿》增订版，第13页。

③ 陈寅恪：《陈寅恪集·金明馆丛稿二编》，生活·读书·新知三联书店2001年版，第92页。

④ 陈寅恪：《陈寅恪集·金明馆丛稿初编》，生活·读书·新知三联书店2001年版，第202页。

⑤（南朝宋）范晔撰，（唐）李贤等注：《后汉书》，第2226页。

易挹。叔度之器，汪汪若千顷之陂，澄之不清，扰之不浊，不可量也。'已而果然，太以是名闻天下。"[①]《世说新语·政事》篇刘孝标注引《泰别传》："（郭泰）自著书一卷，论取士之本，未行，遭乱亡失。"[②]

郭泰"不危言核论"，在品评人物时不表现出明显的政治目的与个人情感。他奖拔士人，察言观色、辨其行为才智，多从生活中洞察士人秉性并判断其前程。当时人称其"澄之不清，扰之不浊，不可量也"，他以自身的识鉴能力进行品核，还著书谈取士之本，已经开始从政治性的品题人物向风神气度的审美品评转变。而阮籍则使得这种转变达成。《世说新语·德行》刘孝标注引李康《家诫》载司马昭言："然天下之至慎者，其唯阮嗣宗乎！每与之言，言及玄远，而未尝评论时事，臧否人物，可谓至慎乎！"[③]嵇康《与山巨源绝交书》："阮嗣宗口不论人过，吾每师之，而未能及。"[④]《晋书》卷四十九《阮籍传》又载："（阮）籍虽不拘礼教，然发言玄远，口不臧否人物。"[⑤] 根据阮籍品人的特点，我们可以看到，"评论时事""臧否人物""论人过"等，皆为"清议"，而"言及玄远""不拘礼教""发言玄远"等，皆为"清谈"。由汉代元气论下品评人物的政治目的与情感，向魏晋玄学的品评人物才性风神的转变，使得"清"范畴的内涵逐渐抽象化、境界化、审美化，这也为东晋南朝文艺批评中的"清"范畴作了思想准备。

这种转变的理论基础，在刘劭《人物志》中被明确阐释

---

① （南朝宋）范晔撰，（唐）李贤等注：《后汉书》，第2227页。

② （南朝宋）刘义庆著，（南朝梁）刘孝标注，余嘉锡笺疏，周祖谟、余淑宜、周士琦整理：《世说新语笺疏》，第214页。

③ （南朝宋）刘义庆著，（南朝梁）刘孝标注，余嘉锡笺疏，周祖谟、余淑宜、周士琦整理：《世说新语笺疏》，第21页。

④ （三国魏）嵇康著，戴明扬校注：《嵇康集校注》，第197页。

⑤ （唐）房玄龄等：《晋书》，第1361页。

出来。王充元气论的提出将气之清浊指示贤愚、善恶的操行和禀性，而刘劭《人物志》中则将清浊之气进一步赋予了审美内涵。刘劭《人物志》中的清已带有才性论的特点。一方面它仍未完全脱离儒家伦理道德色彩，如“清介”“清节”“清道”等；另一方面，它开拓了气质之性，提到了“气清”“清和”“清朗”“声清”“清畅”“清雅”等。刘劭认为圣人能得阴阳清和之气，因此能具备中和之质，而形之于外，必然显示出清明、朗畅的神气。《九征》篇有：“性之所尽，九质之征也。然则平陂之质在于神……其为人也，若质素平澹，中睿外朗，筋劲植固，声清色怿，仪正容直，则九征皆至，则纯粹之德也。九征有违，则偏杂之材也。”① 圣人所禀清和之气，外发而使其相貌清朗，声音清畅。而“阴阳清和，则中睿外明。圣人淳耀，能兼二美”②，阴阳二气调和而成清和之气，造就了圣人平淡清朗之气质。这是士人人格的理想境界。

袁准《才性论》中也谈及气之清浊：“凡万物生于天地之间，有美有恶。物何故美？清气之所生也。物何故恶？浊气之所施也。”③ 袁准认为如果人为清气所钟，必然会具有贤良智慧的美质，而如果禀受了浊气，则会成为贪暴奸诈的恶徒。这个观点与刘劭是一致的。

2. “清”的审美内涵——容止声色与精神风度之清

才性之清外发，一为容止声色之清，一为精神风度之清，由此就进入了审美的维度。有研究者指出，清的本质在于“澄明”，内在之“清”向外澄明地显现，便是“清”的美。④ 这在当时盛行的人物品藻中表现得尤为突出。徐复观说：“由

---

① 伏俊琏：《人物志译注》，第 24 页。

② 伏俊琏：《人物志译注》，第 14 页。

③ （清）严可均辑：《全上古三代秦汉三国六朝文》，第 1769 页。

④ 袁昌丽：《玄学对六朝美学范畴“清”的影响》，《云南农业大学学报》（社会科学版）2008 年第 4 期。

庄学而来的魏晋玄学，可以说是‘清的人生’，‘清的哲学’；这只要把《世说新语》打开一看，便立刻可以承认。”[1]《世说新语》作为记载当时名士风度的重要史料，保留了许多关于“清”的品评。

《世说新语》讨论人物之清，主要从人物之仪容、声音、气质、风神等方面来品评。在仪容声色上，《世说新语·容止》评裴楷“如玉山上行，光映照人”[2]，王恭“濯濯如春月柳”[3]，杜弘治“面如凝脂，眼如点漆”[4]，桓伊评其“弘治肤清”[5]。在品行德操上，王导称周镇“胡威之清，何以过此！”[6] 以清褒扬人物德行品格廉洁清白，不贪名图利。

在气度风神上，清用以品评人物个性清虚超俗、任性自然：

> 嵇康身长七尺八寸，风姿特秀，见者叹曰：“萧萧肃肃，爽朗清举。”[7]
>
> 武元夏目裴（楷）、王（戎）曰：“戎尚约，楷清通。”[8]
>
> 王公目太尉：“岩岩清峙，壁立千仞。”[9]

---

① 徐复观：《中国艺术精神》，第 269 页。

② （南朝宋）刘义庆著，（南朝梁）刘孝标注，余嘉锡笺疏，周祖谟、余淑宜、周士琦整理：《世说新语笺疏》，第 720 页。

③ （南朝宋）刘义庆著，（南朝梁）刘孝标注，余嘉锡笺疏，周祖谟、余淑宜、周士琦整理：《世说新语笺疏》，第 737 页。

④ （南朝宋）刘义庆著，（南朝梁）刘孝标注，余嘉锡笺疏，周祖谟、余淑宜、周士琦整理：《世说新语笺疏》，第 730 页。

⑤ （南朝宋）刘义庆著，（南朝梁）刘孝标注，余嘉锡笺疏，周祖谟、余淑宜、周士琦整理：《世说新语笺疏》，第 621 页。

⑥ （南朝宋）刘义庆著，（南朝梁）刘孝标注，余嘉锡笺疏，周祖谟、余淑宜、周士琦整理：《世说新语笺疏》，第 34 页。

⑦ （南朝宋）刘义庆著，（南朝梁）刘孝标注，余嘉锡笺疏，周祖谟、余淑宜、周士琦整理：《世说新语笺疏》，第 716 页。

⑧ （南朝宋）刘义庆著，（南朝梁）刘孝标注，余嘉锡笺疏，周祖谟、余淑宜、周士琦整理：《世说新语笺疏》，第 505 页。

⑨ （南朝宋）刘义庆著，（南朝梁）刘孝标注，余嘉锡笺疏，周祖谟、余淑宜、周士琦整理：《世说新语笺疏》，第 524 页。

世目李元礼："谡谡如劲松下风。"[①]

王戎云："太尉神姿高彻，如瑶林琼树，自然是风尘外物。"[②]

亦用以品评人物处变不惊、优然容与：

宣武（桓温）与简文、太宰（武陵王晞）共载，密令人在舆前后鸣鼓大叫。卤簿中惊扰，太宰惶怖求下舆。顾看简文，穆然清恬。宣武语人曰："朝廷间故复有此贤。"[③]

还用以品评人物识具卓异者：

世目谢尚为"令达"。阮遥集云："清畅似达。"[④]

在南朝时期，史书中也多有以清品人的现象。在对世家大族子弟的品评中，常有以清评其风神气度者，如琅琊王氏，王弘"以清恬知名"（《宋书》卷四十二《王弘传》）[⑤]，王惠与陈郡谢氏兄弟群从"谈论锋起，文史间发，惠时相酬应，言清理远"（《宋书》卷五十八《王惠传》）[⑥]，王敬弘"少有清尚……性恬静，乐山水"（《宋书》卷六十六《王敬弘传》）[⑦]

① （南朝宋）刘义庆著，（南朝梁）刘孝标注，余嘉锡笺疏，周祖谟、余淑宜、周士琦整理：《世说新语笺疏》，第 491 页。

② （南朝宋）刘义庆著，（南朝梁）刘孝标注，余嘉锡笺疏，周祖谟、余淑宜、周士琦整理：《世说新语笺疏》，第 508 页。

③ （南朝宋）刘义庆著，（南朝梁）刘孝标注，余嘉锡笺疏，周祖谟、余淑宜、周士琦整理：《世说新语笺疏》，第 434 页。

④ （南朝宋）刘义庆著，（南朝梁）刘孝标注，余嘉锡笺疏，周祖谟、余淑宜、周士琦整理：《世说新语笺疏》，第 566 页。

⑤ （南朝梁）沈约：《宋书》，第 1311 页。

⑥ （南朝梁）沈约：《宋书》，第 1589 页。

⑦ （南朝梁）沈约：《宋书》，第 1729 页。

等。其中也常以士人“理通”来表现其“清”的气质，如琅玡颜延之书吊茂度曰：“贤弟子少履贞规，长怀理要，清风素气，得之天然。”（《宋书》卷六十二《张敷传》）[①] 桓伟评陈郡谢绚“清悟审正，理怀通美，居以端右，虽未足舒其采章，升庸以渐，差可以位拟人”（《宋书》卷六十四《郑鲜之传》）[②]，琅玡王景文“风度淹粹，理怀清畅，体兼望实，诚备夷岨”（《宋书》卷八十五《王景文传》）[③]。而梁代崇尚儒学，因此在选士任能上多注重士人的道德品格，他们在品论士人时，多以儒家之清为上。《梁书》评论士人多使用“清恪”“清警”“清慎”“清正”“清节”等评语。

（三）从气质之“清”到文章之“清”

从人物之清到文章之清的过渡，在于“气”范畴在文论中的引进。由于曹丕“文气论”的提出，气之清浊得以从人物移向文章。在“才性、容止、风度”关系讨论的基础之上，刘勰将“才性之清”“容止之清”“风度之清”运用到了他的文论体系中，并赋予了“清”以文艺美的内涵。蒋寅在《古典诗学中的“清”概念》中强调在创作论角度的“清”是作者必备之素质，即才之清。[④] 秉承才性之清决定声清、神清的思想，刘勰讨论了创作主体的才性之清。《文心雕龙·铭箴》有：“张载剑阁，其才清采。”[⑤]《程器》又评庾亮：“才华清英，勋庸有声。”[⑥] 他在《风骨》中明确提出：“意气骏爽，则文风清焉。”[⑦] 将才性气质与文章风格紧密联系在一起。因此他评论道：

---

① （南朝梁）沈约：《宋书》，第1664页。
② （南朝梁）沈约：《宋书》，第1695页。
③ （南朝梁）沈约：《宋书》，第2179页。
④ 蒋寅：《古典诗学中的“清”概念》，《中国社会科学》2000年第1期。
⑤ （南朝梁）刘勰著，范文澜注：《文心雕龙注》，第194页。
⑥ （南朝梁）刘勰著，范文澜注：《文心雕龙注》，第720页。
⑦ （南朝梁）刘勰著，范文澜注：《文心雕龙注》，第513页。

贾谊才颖，陵轶飞兔，议惬而赋清，岂虚至哉！(《才略》)[①]

是以贾生俊发，故文洁而体清。(《体性》)[②]

士龙朗练，以识检乱，故能布采鲜净，敏于短篇。(《才略》)[③]

士龙思劣，而雅好清省。(《镕裁》)[④]

唯嵇志清峻，阮旨遥深，故能标焉。(《明诗》)[⑤]

刘勰在《才性》中即指出，才、气、学、习影响作家的个性风格，对作品风格起决定性的作用。创作主体所禀之气，提供了创作活动的主观条件，而清气则可以形成作品之清。刘勰在《文心雕龙·宗经》中提出体之清："故文能宗经，体有六义：一则情深而不诡，二则风清而不杂，三则事信而不诞，四则义直而不回，五则体约而不芜，六则文丽而不淫。"[⑥] 刘勰将情深与风清并提，是对才性之清外发为精神风度之清的继承。情即文章的神明，"情深"就是要求文章要有深厚的思想感情。《风骨》又说："情之含风，犹形之包气。""意气骏爽，则文风清焉。"[⑦] 将情志写得生气、快利、爽朗，便是风清。

在不同的文体中，刘勰也要求"清"：

五言流调，则清丽居宗；华实异用，惟才所安。(《明诗》)[⑧]

① （南朝梁）刘勰著，范文澜注：《文心雕龙注》，第698页。
② （南朝梁）刘勰著，范文澜注：《文心雕龙注》，第506页。
③ （南朝梁）刘勰著，范文澜注：《文心雕龙注》，第701页。
④ （南朝梁）刘勰著，范文澜注：《文心雕龙注》，第544页。
⑤ （南朝梁）刘勰著，范文澜注：《文心雕龙注》，第67页。
⑥ （南朝梁）刘勰著，范文澜注：《文心雕龙注》，第23页。
⑦ （南朝梁）刘勰著，范文澜注：《文心雕龙注》，第513页。
⑧ （南朝梁）刘勰著，范文澜注：《文心雕龙注》，第67页。

原夫颂惟典雅，辞必清铄。(《颂赞》)①

标序盛德，必见清风之华……此碑之制也。(《诔碑》)②

必敛饬入规，促其音节，辨要轻清，文而不侈，亦启之大略也。(《奏启》)③

原笺记之为式，既上窥乎表，亦下睨乎书，使敬而不慑，简而无傲，清美以惠其才，彪蔚以文其响，盖笺记之分也。(《书记》)④

刘勰在文体中讨论的清，大多从属于典雅的规范之中。谈诗时，刘勰以四言雅润、五言清丽为宗，有人偏美，有人兼善。“平子得其雅，叔夜含其润，茂先凝其清，景阳振其丽。兼善则子建仲宣，偏美则太冲公干。”⑤ 而他在前文谈及张衡诗时评曰：“至于张衡怨篇，清典可味；仙诗缓歌，雅有新声。”⑥ 清典是与雅的要求一致的。而颂文中的“典雅”与“清铄”，碑文中的“清允”与“雅而泽”，皆是此类。

清还表示清简、清切。自西晋时期的陆云始，“清省”的审美标准便被明确提出。陆云在《与兄平原君书》中讨论诗文，特别谈道：“兄文章之高远绝异，不可复称言。然犹皆欲微多，但清新相接，不以此为病耳。若复令小省，恐其妙欲不见，可复称极，不审兄由以为尔不……云今意视文，乃好清省，欲无以尚，意之至此，乃出自然。”⑦ 陆云以“清省”来表达自己的主张，认为文章出于自然，清新而不过多雕饰，去

---

① （南朝梁）刘勰著，范文澜注：《文心雕龙注》，第158页。

② （南朝梁）刘勰著，范文澜注：《文心雕龙注》，第214页。

③ （南朝梁）刘勰著，范文澜注：《文心雕龙注》，第424页。

④ （南朝梁）刘勰著，范文澜注：《文心雕龙注》，第457页。

⑤ （南朝梁）刘勰著，范文澜注：《文心雕龙注》，第67页。

⑥ （南朝梁）刘勰著，范文澜注：《文心雕龙注》，第66页。

⑦ （晋）陆云撰，黄葵点校：《陆云集》，中华书局1988年点校本，第138页。

繁尚简，是文章创作的标准。此时，“清省”已作为文学创作与鉴赏中的一个美学品格。它出于自然，字句简省洁净而又蕴含深情厚蕴。而刘勰在评价奏文时要求其“明宪清国”，启文“辨要轻清”，皆以简切清通为主，有六义中“体约而不芜”之意。除文体外，刘勰也要求声韵“清切”，章句“清英”。表现在语言风格上，便有“祢衡之吊平子，缛丽而轻清”（《哀吊》）[①]，“张华短章，弈弈清畅”（《才略》）[②]，“曹摅清靡于长篇”（《才略》）[③] 等评语。

钟嵘对“清”范畴的审美着重在诗人情气之上。钟嵘所赞赏的清气，在刘琨身上表现得尤为典型。《诗品序》中说：“刘越石仗清刚之气，赞成厥美。然彼众我寡，未能动俗。”[④]“其源出于王粲。善为悽戾之词，自有清拔之气。”[⑤] 在诗文风格中，钟嵘“清”的内涵偏属于清简。他评陶潜“文体省静，殆无长语。笃意真古，辞兴婉惬。每观其文，想其人德。世叹其质直。至如‘欢言酌春酒’、‘日暮天无云’，风华清靡，岂直为田家语耶？古今隐逸诗人之宗也”[⑥]。评嵇康“然托谕清远，良有鉴裁，亦未失高流矣”[⑦]。评范云“范诗清便宛转，如流风回雪”[⑧]。

在史书中士人论文，也表现出由清气而来的审美意识。《宋书》记载，“晋孝武帝崩，（王诞）从叔尚书令（王）珣为哀策文，久而未就，谓诞曰：‘犹少序节物一句。’因出本示诞。诞揽笔便益之，接其秋冬代变后云，‘霜繁广除，风回

---

① （南朝梁）刘勰著，范文澜注：《文心雕龙注》，第 241 页。
② （南朝梁）刘勰著，范文澜注：《文心雕龙注》，第 700 页。
③ （南朝梁）刘勰著，范文澜注：《文心雕龙注》，第 701 页。
④ （南朝梁）钟嵘撰，曹旭集注：《诗品集注》，第 28 页。
⑤ （南朝梁）钟嵘撰，曹旭集注：《诗品集注》，第 241 页。
⑥ （南朝梁）钟嵘撰，曹旭集注：《诗品集注》，第 260 页。
⑦ （南朝梁）钟嵘撰，曹旭集注：《诗品集注》，第 210 页。
⑧ （南朝梁）钟嵘撰，曹旭集注：《诗品集注》，第 312 页。

高殿’。珣嗟叹清拔，因而用之。”(《宋书》卷五十二《王诞传》)[①] 吴均“文体清拔有古气，好事者或学之，谓为‘吴均体’”(《梁书》卷四十九《吴均传》)[②]。南朝士人在文学批评中所使用的“清”，由才性之清而来，由创作主体之气清而转为文章风格之清。我们略可以表示为下面的关系。

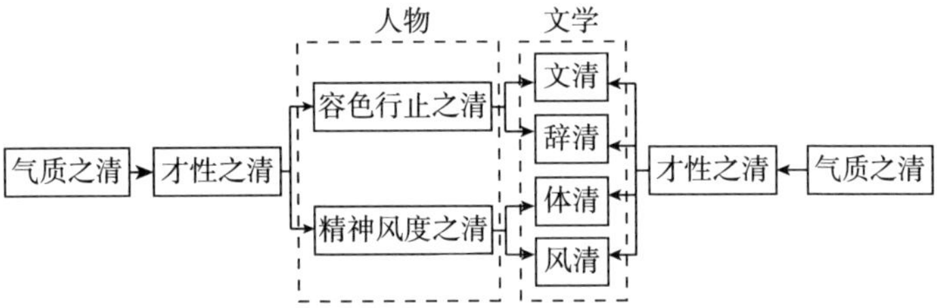

而“清”的审美风尚又与南朝时期时尚的“丽”结合在一起，表现了玄学趣味浸润下的文艺形式美的发展。

(四)“清丽”——玄学趣味与语言形式美的融合

刘勰《文心雕龙》中从批评家的角度提出五言诗的清丽理想：“若夫四言正体，则雅润为本；五言流调，则清丽居宗；华实异用，惟才所安。”[③] 在《定势》中，又再次强调赋、颂、歌、诗诸文学体式“羽仪乎清丽”[④]。他将清与丽并举的例子，主要表现在才志情气与文章辞采上：

> 故文能宗经，体有六义：一则情深而不诡，二则风清而不杂，三则事信而不诞，四则义直而不回，五则体约而不芜，六则文丽而不淫。(《宗经》)[⑤]

① (南朝梁) 沈约：《宋书》，第 1491 页。
② (唐) 姚思廉：《梁书》，第 698 页。
③ (南朝梁) 刘勰著，范文澜注：《文心雕龙注》，第 67 页。
④ (南朝梁) 刘勰著，范文澜注：《文心雕龙注》，第 530 页。
⑤ (南朝梁) 刘勰著，范文澜注：《文心雕龙注》，第 23 页。

张载剑阁，其才清采。(《铭箴》)①
祢衡之吊平子，缛丽而轻清。(《哀吊》)②
雅义以扇其风，清文以驰其丽。(《章表》)③
魏文之才，洋洋清绮。(《才略》)④
风清骨峻，篇体光华。(《风骨》)⑤
结藻清英，流韵绮靡。(《时序》)⑥

刘勰以“六义”探讨他所提倡的写作规范，与《附会》里的“必以情志为神明，事义为骨髓，辞采为肌肤”⑦ 相应。情深、风清，即情志为神明。事信、义直，即事义为骨髓。体约、文丽，即辞采为肌肤。曹眉评：“此书以心为主，以风为用，故于六义首见之，而末则归之以文。所谓‘丽而不淫’，即雕龙也。”⑧ 经典的内容丰富，又有多种多样的表现手法，各种文体都源于经典，自然在探讨其写作规律时也要宗经。这里的“风清而不杂”和“文丽而不淫”，正是为刘勰在后文讨论清丽时树立的两个主要内容。刘勰认为，“清文以驰其丽”“洋洋清绮”等也包含了风与文、情与辞的内涵。是故，刘勰在《风骨》中所说“风清骨峻，篇体光华”、《时序》中称晋诗“结藻清英，流韵绮靡”即可作为“清丽”之注脚。

第一，“清”主要用以表现主体之情思。主体情思上的“清”的状态，是内在之气外发，正与创作者的“风”“气”

① （南朝梁）刘勰著，范文澜注：《文心雕龙注》，第 194 页。
② （南朝梁）刘勰著，范文澜注：《文心雕龙注》，第 241 页。
③ （南朝梁）刘勰著，范文澜注：《文心雕龙注》，第 408 页。
④ （南朝梁）刘勰著，范文澜注：《文心雕龙注》，第 700 页。
⑤ （南朝梁）刘勰著，范文澜注：《文心雕龙注》，第 514 页。
⑥ （南朝梁）刘勰著，范文澜注：《文心雕龙注》，第 674 页。
⑦ （南朝梁）刘勰著，范文澜注：《文心雕龙注》，第 650 页。
⑧ 黄霖：《文心雕龙汇评》，上海古籍出版社 2005 年版，第 20 页。

“情”“志”相联系。《文心雕龙·明诗》有“嵇志清峻”[①]，《时序》有“简文勃兴，渊乎清峻，微言精理”[②]，《程器》有“庾元规才华清英”[③]，这些皆是气之外发而形成的诗人“清”的才识品质。在此之前，陆机在《文赋》中谈及“清丽”：“或藻思绮合，清丽千眠。炳若缛绣，悽若繁弦。”[④]朱自清将这两句话理解为：“清”与“丽”连在一起，“悽若繁弦”是说“清”，与“清商”意同，表哀思；而“炳若缛绣”则说“丽”，“丽”着重其篇章组织而言。[⑤]朱自清将此处“清”“丽”分开来解，释“清”为哀思，亦即情思中之内容。

第二，“丽”侧重表现文章之辞采。“丽”本是两张鹿皮，有对称之意，在为文中更重语句之整齐。此外，《周易》有：“离，丽也。日月丽乎天，百谷草木丽乎土，重明以丽乎正，乃化成天下。”[⑥]“丽”指附丽、附着，同时离卦卦象为火，明亮鲜艳，宗白华即指出离卦显示了“附丽和美丽的统一”(《中国美学史重要问题的初步探索》)[⑦]。宗白华又解释道：“丽者并也。丽加人旁，成俪，即并偶的意思。即两个鹿并排在山中跑。这是美的景象。在艺术中……形象的对比、色彩的对称等，都是并俪之美。”(《中国美学史重要问题的初步探索》)[⑧]曹丕《典论·论文》中便提出了“诗赋欲丽”[⑨]的观

① （南朝梁）刘勰著，范文澜注：《文心雕龙注》，第 67 页。
② （南朝梁）刘勰著，范文澜注：《文心雕龙注》，第 674 页。
③ （南朝梁）刘勰著，范文澜注：《文心雕龙注》，第 720 页。
④ 张少康集释：《文赋集释》，第 145 页。
⑤ 朱自清讲授，刘晶雯整理：《朱自清中国文学批评研究讲义》，天津古籍出版社 2004 年版，第 186 页。
⑥ （清）阮元校刻：《十三经注疏·周易正义》，第 43 页。
⑦ 宗白华：《宗白华全集》第 3 卷，第 461 页。
⑧ 宗白华：《宗白华全集》第 3 卷，第 461 页。
⑨ 郭绍虞主编：《中国历代文论选》第 1 册，第 158 页。

点，但当时的华丽乃是服从于雅的。黄侃《诗品讲疏》中说："文采缤纷，而不离闾里歌谣之质，故其称景物则不尚雕镂，叙胸情则唯求诚恳，而又缘以雅词，振其英响，斯所以兼笼前美，作范后来者也。"[①]《文心雕龙》中谈及"丽"也主要从风格辞采而言。刘勰在《通变》中论述了丽风格的早期形成："夏歌雕墙，缛于虞代；商周篇什，丽于夏年。至于序志述时，其揆一也。暨楚之骚文，矩式周人；汉之赋颂，影写楚世；魏之策制，顾慕汉风；晋之辞章，瞻望魏采。"[②] 并认为魏晋文章风格以"轻绮"为总体特征："晋世群才，稍入轻绮，张潘左陆，比肩诗衢，采缛于正始，力柔于建安，或析文以为妙，或流靡以自妍，此其大略也。"[③] 丽即以华美、绮丽的审美形态出现。如《诠赋》有："情以物兴，故义必明雅；物以情观，故词必巧丽。"[④] 刘勰在《文心雕龙》中又以大量的篇幅来讨论语言的形式美，《丽辞》论对偶，《声律》论声律，《事类》论用典，还有《比兴》《夸饰》《练字》《隐秀》等从各种角度讨论文句的修辞。这与齐梁时代追求语言形式美的风尚密不可分。

第三，清丽在审美本体上出于自然。罗宗强在《魏晋南北朝文学思想史》中认为："正始玄风继承老、庄传统，高度的思辨与直观把握、与审美判断是统一在一个思潮里的。"[⑤] 清丽范畴正是这样的一个统一，而这统一的基础是由郭象阐释的"纯素"观念所奠定的。郭象在《庄子·刻意》注中认为，自然本色的美不只是纯素的。"苟以不亏为纯，则虽百行同举，万变参备，乃至纯也；苟以不杂为素，则虽龙章凤姿，倩

① 黄侃：《文心雕龙札记》，上海古籍出版社2006年版，第25页。
② （南朝梁）刘勰著，范文澜注：《文心雕龙注》，第519—520页。
③ （南朝梁）刘勰著，范文澜注：《文心雕龙注》，第67页。
④ （南朝梁）刘勰著，范文澜注：《文心雕龙注》，第136页。
⑤ 罗宗强：《魏晋南北朝文学思想史》，第46页。

乎有非常之观，乃至素也。若不能保其自然之质而杂乎外饰，则虽犬羊之鞟，庸得谓之纯素哉！”[①] 自然之美，只要不“杂乎外饰”，即使是绚丽多彩的龙章凤姿，也可以被称为“至素”。从郭象调和名教与自然的思想来看，“丽”与自然因此联系起来。在文学批评领域中，“丽”的提出也因此有了哲学的基础。刘勰《文心雕龙》中以玄学的思维方式阐释了“丽”之文出乎自然的本体论。他在《原道》中以“道—天文、地文、人文”的思路揭示了人文之丽的自然性：“心生而言立，言立而文明，自然之道也。傍及万品，动植皆文：龙凤以藻绘呈瑞，虎豹以炳蔚凝姿；云霞雕色，有逾画工之妙；草木贲华，无待锦匠之奇；夫岂外饰，盖自然耳。”[②] 这段话即上文郭象语在文学领域的延伸。刘勰将丽纳入自然范畴的审美内涵之中，万品皆文，“藻绘”“炳蔚”“雕色”“贲华”，无一不是自然之“丽”。唐皎然《诗式》也称“至丽而自然”[③]，颇有“大美而不言”[④] 之意。

第四，清丽在审美旨趣上归于冲淡。情思之“清”与文辞之“丽”的完美统一，表现出来的审美形态是二者结合之后的至美的境界。钟嵘在《诗品》中评陶渊明诗：

> 其源出于应璩，又协左思风力。文体省静，殆无长语。笃意真古，辞兴婉惬。每观其文，想其人德。世叹其质直。至如“欢言酌春酒”、“日暮天无云”，风华清靡，岂直为田家语耶？古今隐逸诗人之宗也。[⑤]

---

① （清）郭庆藩撰，王孝鱼点校：《庄子集释》，第 546 页。
② （南朝梁）刘勰著，范文澜注：《文心雕龙注》，第 1 页。
③ 郭绍虞主编：《中国历代文论选》第 2 册，第 75 页。
④ （清）郭庆藩撰，王孝鱼点校：《庄子集释》，第 735 页。
⑤ （南朝梁）钟嵘撰，曹旭集注：《诗品集注》，第 260 页。

应璩诗多以讥切时事，“风规治道”为长。陶诗之讽刺者亦多。而左思之诗“胸次高旷，笔力雄迈”，陶诗“音节苍凉激越，辞句挥洒自如”，二者“同其风力”[①]。陶诗简洁明净，情意深厚，真率古朴，为清淡之宗。其诗文并非质朴无文，而是意味绵长，因此有“风华清靡”的评语。苏轼语“渐老渐熟，乃造平淡，其实不是平淡，绚烂之极也”（《与二郎侄》）[②]，即此旨归。

清丽范畴，表现出了玄学的审美趣尚与文学语言形式美的结合，是在南朝思想融合、多元发展的环境之下产生的。当时士人品评诗文，常有“清”且“丽”的评语。《梁书》中记载，王僧孺与友人何炯书有：“悲夫！岂复得与二三士友，抱接膝之欢，履足差肩，摛绮縠之清文，谈希微之道德。”[③] 梁武陵王称赞江革“文华清丽”[④]。何逊八岁能诗，范云大相称赏，与其结为忘年交好，属文吟咏，云辄嗟赏：“顷观文人，质则过儒，丽则伤俗；其能含清浊，中今古，见之何生矣。”[⑤] 南朝诗人希望在今古、质文之间折中调和，适度处理文风的变化。

（五）“清丽”的审美理想与南朝诗人的文学实践

南朝齐时的诗人谢朓，文章清丽，古今独步，为后世文人推崇备至。他的五言诗正符合这种“清丽”的审美理想，深含玄思妙理，造境清旷，又辞尚简净流丽。

在玄思妙理方面，沈德潜《说诗晬语》云：“齐人寥寥，谢玄晖独有一代，以灵心妙悟，觉笔墨之中、笔墨之外，别有一段深情妙理。”[⑥] 谢诗主体精神之玄意，正在于此灵心妙悟

---

① （南朝梁）钟嵘撰，曹旭集注：《诗品集注》，第264页。
② 张志烈等校注：《苏轼全集校注》，河北人民出版社2010年版，第8664页。
③ （唐）姚思廉：《梁书》，第474页。
④ （唐）姚思廉：《梁书》，第525页。
⑤ （唐）姚思廉：《梁书》，第693页。
⑥ （清）沈德潜著，霍松林校注：《说诗晬语》，人民文学出版社1979年版，第203页。

与深情妙理。永明九年、十年（491—492），谢朓在荆州与随王萧子隆相交，甚得子隆信任，与子隆不舍日夕地流连晤对。他的生活日日伴随随王左右，所目之极多为殿庭苑囿、诗酒饮宴。但也不乏玄思与理悟。其《奉和随王殿下诗十六首》有："渊情协爽节，咏言兴德音"（其二）[①]，"高琴时以思，幽人多载怀"（其一）[②] 之句。他的鼓吹曲《临高台》也藏妙悟于美的欣赏中："千里常思归，登台瞻绮翼。才见孤鸟还，未辨连山极。四面动清风，朝夜起寒色。谁识倦游者，嗟此故乡忆。"[③]《永明乐·曲池之水》中"浮云自西北，江海思无穷。鸟去能传响，见我绿琴中"[④]，也有同样的妙悟。至宣城后，与山水更近距离的往还使得谢朓有了精神的寄托之处，他的玄悟与自然山水的描写联系得愈加紧密。《出下馆》即一首由玄言诗脱胎而来的山水诗：

> 麦候始清和，凉雨销炎燠。红莲摇弱荇，丹藤绕新竹。物色盈怀抱，方驾娱耳目。零落既难留，何用存华屋！[⑤]

此诗作于建武二年（495）始至宣城时。初夏，时清气和，山水物色充满生机，娱人耳目。末句反用曹植《野田黄雀行》"生存华屋处，零落归山丘"[⑥]，将其眷恋富贵生活的迁逝之悲转换为顺应大化、存心自然的清朗情趣。前四句揽景，后四句悟理，颇有王羲之《兰亭诗》"大矣造化功，万殊莫不

① （南朝齐）谢朓著，曹融南校注集说：《谢宣城集校注》，第 366 页。
② （南朝齐）谢朓著，曹融南校注集说：《谢宣城集校注》，第 365 页。
③ （南朝齐）谢朓著，曹融南校注集说：《谢宣城集校注》，第 163 页。
④ （南朝齐）谢朓著，曹融南校注集说：《谢宣城集校注》，第 193—194 页。
⑤ （南朝齐）谢朓著，曹融南校注集说：《谢宣城集校注》，第 259 页。
⑥ 逯钦立辑校：《先秦汉魏晋南北朝诗》，第 425 页。

均。群籁虽参差，适我无非新”[①] 之风度。谢朓诗歌情感深切而真实，在诗文中散发着余韵。黄子云透彻地评价道：“元晖句多清丽，韵亦悠扬，得于性情独深。”（《野鸿诗的》）[②] 永明十一年（493），谢朓被诏从荆州回京，在与诸同僚赠别时，发出“常恐鹰隼击，时菊委严霜”（《暂使下都夜发新林至京邑赠西府同僚》）[③] 的感叹。建武二年（495）出为宣城太守，已见如此时局，一方面眷恋京城，一方面又庆幸自己远离祸端中心，作“敕躬每局蹐，瞻恩惟震荡。行矣倦路长，无由税归鞅”（《京路夜发》）[④]，“佳期怅何许，泪下如流霰。有情知望乡，谁能鬒不变？”（《晚登三山还望京邑》）[⑤]。谢朓在郡卧病后，建武四年（497）秋以病解官还京城钟山东田之庄园。作《移病还园示亲属》：“疲策倦人世，敛性就幽蓬。停琴伫凉月，灭烛听归鸿。凉蒹乘暮晰，秋华临夜空。叶低知露密，崖断识云重。折荷葺寒袂，开镜眄衰容。海暮腾清气，河关秘栖冲。烟衡时未歇，芝涧去相从。”[⑥] 诗中描写了还园伊始的情景，又于写景中深情地表达了出世的向往。谢朓诗风之“清”正是由于此主体情思的凸显。

在辞采造境方面，谢朓诗精工细腻，流丽生动，充满人境的意味。特别是他描写山水风物的动态，生动细腻而自然。他游览钟山东田，感受“鱼戏新荷动，鸟散余花落”（《游东田》）[⑦]；和刘绘诗中登台望海所见，“往往孤山映，处处春云生”（《和刘西曹望海台》）[⑧]，想象自己也能跟他一样摆脱喧

---

① 逯钦立辑校：《先秦汉魏晋南北朝诗》，第 895 页。
② （清）王夫之等：《清诗话》，中华书局 1963 年版，第 862 页。
③ （南朝齐）谢朓著，曹融南校注集说：《谢宣城集校注》，第 205—206 页。
④ （南朝齐）谢朓著，曹融南校注集说：《谢宣城集校注》，第 276 页。
⑤ （南朝齐）谢朓著，曹融南校注集说：《谢宣城集校注》，第 278 页。
⑥ （南朝齐）谢朓著，曹融南校注集说：《谢宣城集校注》，第 257 页。
⑦ （南朝齐）谢朓著，曹融南校注集说：《谢宣城集校注》，第 260 页。
⑧ （南朝齐）谢朓著，曹融南校注集说：《谢宣城集校注》，第 336 页。

器；在荆州看到的是“草合亭皋远，霞生川路长”（《奉和随王殿下诗十六首》其六）[①]；在宣城时，与郡吏何从事访谈赋诗，以吏隐自居，因此眼见之景如“池北树如浮，竹外山犹影”（《新治北窗和何从事》）[②]。谢朓诗的辞采精丽，是齐梁间清新自然、生动流转之文辞的风气使然。这即“清丽”之“丽”所在。但在精工流丽的辞采之上，谢朓还追求语言的造境，有清虚之境、阔远之境，足有古诗之势。在政局动荡、战乱纷繁的时局中，谢朓不想卷入险恶的政治斗争，而对隐居的田园生活十分向往，但这种向往并未形成如陶渊明般真正的坦然归隐，而是取舍不定导致的内心的忧惧与愁苦，因此他在诗歌中以精细的笔触营造出了清寒之境。他在《治宅》诗中说：“结宇夕阴街，荒途横九曲。迢递南川阳，迤逦西山足。辟馆临秋风，敞窗望寒旭。风碎池中荷，霜剪江南菉。既无东都金，且税东皋粟。”[③] 秋风、寒旭、风碎、霜剪，从物态中可见世态，从清景中可见清思。另有如《和王中丞闻琴》：“凉风吹月露，圆景动清阴。蕙气入怀抱，闻君此夜琴。萧瑟满林听，轻鸣响涧音。无为澹容与，蹉跎江海心。”[④] 王思远，琅玡王氏子弟，史书称“思远清修，立身简洁”[⑤]。王思远与谢朓均为竟陵西邸之故友，萧鸾辅政时又同在朝中，因此唱和以寄意。全诗以凉风、月、露、清阴、萧瑟、轻鸣、涧水造出清寒虚旷之境，归结为高洁隐遁之心志，纯任自然。

谢朓诗除清寒之境外，还充满了清旷阔远的风调。“飞雪天山来，飘聚绳枨外。苍云暗九重，北风吹万籁。”（《答王世子》）[⑥]

---

① （南朝齐）谢朓著，曹融南校注集说：《谢宣城集校注》，第 371 页。
② （南朝齐）谢朓著，曹融南校注集说：《谢宣城集校注》，第 360 页。
③ （南朝齐）谢朓著，曹融南校注集说：《谢宣城集校注》，第 268 页。
④ （南朝齐）谢朓著，曹融南校注集说：《谢宣城集校注》，第 337 页。
⑤ （南朝梁）萧子显：《南齐书》，第 766 页。
⑥ （南朝齐）谢朓著，曹融南校注集说：《谢宣城集校注》，第 200 页。

"朔风吹飞雨，萧条江上来。"（《观朝雨》）[①]"沧波不可望，望极与天平。往往孤山映，处处春云生。"（《和刘西曹望海台》）[②] 气调有古意，凸显出劲拔之风骨。沈约《伤谢朓》诗云："吏部信才杰，文锋振奇响。调与金石谐，思逐风云上。"[③] 其中的风云之思，正是此意。

谢朓五言诗的"清丽"，主要源于其玄学余味。在诗歌的审美对象上，谢朓以朝隐的态度在仕宦与栖遁之间寻求妥协，最终以山水为归宿，是郭象玄学中名教与自然谐和一体的艺术样板。在审美主体精神上，谢朓以玄悟和深情寄托于山水之中，又驾驭时俗，在诗歌辞采上以优秀的写景技巧弥补玄思的朴拙，有精丽流转之语言，又造清虚阔远之诗境。他的诗歌在风清、思清、境清与辞丽上的结合超越时人，是南朝五言诗"清丽"理想的典范。

在玄学趣味的影响下，东晋南朝的文艺批评风尚表现出内在风神意气与外在感兴形式的圆融。东晋清谈从求通转向攻难、从言词简切转向辞藻丰赡、从思辨析理转向意气欣赏，并在声气说上为后来的诗文创作声律论奠定了基础。而最能反映这种圆融的两个范畴"自然"与"清"，更是玄学思想渗透在文学批评领域中，进一步与文学自身发展动向相结合的典型表现。

---

① （南朝齐）谢朓著，曹融南校注集说：《谢宣城集校注》，第215页。
② （南朝齐）谢朓著，曹融南校注集说：《谢宣城集校注》，第336页。
③ 逯钦立辑校：《先秦汉魏晋南北朝诗》，第1653页。

结　语

魏晋玄学作为魏晋南北朝时期的主流思潮，在中古时期乃至整个中国哲学史占据了重要的位置。这是继先秦诸子与两汉经学之后中国古代先哲在思想解放与自我意识发展领域的一次重要成就。玄学为士人人生与美学诸方面的内容做了充实与开拓，对整个时代的文艺批评产生了深刻影响。在东晋南朝文艺批评的演进过程中，魏晋玄学是不可或缺的基础和动力。

玄学确立了以无为本的基本命题，将汉代之滞重变为虚灵，其探讨的内容也由对外在具象的关注转向对内在本质及内外层次的总体性把握。玄学在自我与自然之中寻求解脱之道，调和名教与自然，关注“生死”“逍遥”等问题，进一步开拓了精神境界，在主体的理想人格、精神气质，主客的往还与圆融等方面给文艺批评以启示。玄学的本末体用的思维，使得文艺活动中的有、形、迹与无、神、心微妙地联系起来。从才性、情性出发，文艺上重视情感、标举事义；又注重以辞采、形貌、线条、声律等具体艺术形态构造本体形象；在鉴赏中重视创作主体的精神气质及心态。文艺批评中的性情论、形神论、文笔说、声律论等皆由此出。概括来说，玄学在本体论、人格理想、思维方式、审美趣味上深刻影响着东晋南朝文艺批评的文艺本体论、文艺价值论、批评方法论、审美趣味论。

首先，玄学的根本问题是有无本末问题，它打开了研究文艺本体论的大门。在何晏与王弼开始以抽象的思维辨析宇宙本体之后，一方面开启了新的理路，引导士人从“无”“有”的角度探讨本质与现象的问题，使得玄学的生命力继续伸张；另一方面元气说依然深入人心，而阮籍、嵇康即以此为基础讨论人与自然、人与社会的关系，发表新论。士人探讨本体及其与现象之间的关系，对于人所生活的世界从形而上的角度进行理解与感知，为探讨自身与世界的关系奠定了思想的基础。士人们寻求到了一种新的方式，来重新思考文艺的本原。王微《叙画》将绘画艺术抬高到与书法艺术同等的地位，并认为其具有与《周易》之象共同的本质，即“道”这一本体。宗炳更是从不同角度反复论证“道”“圣人”“山水”之间的联系，提出“圣人含道暎物”“贤者澄怀味象”“圣人以神法道”“山水以形媚道”等命题。在文学理论领域，最为突出的是刘勰《文心雕龙》中的核心观点“原道—征圣—宗经”，将“道”“自然”等的本体意义与其所外现之“文”的内涵统归于“道—文”关系之中，以“道”来阐释文学的本体问题。

其次，玄学在天人、物我关系上深入探索，关于有无的讨论沉淀至个体人生的层面，进入了名教与自然的话题之中，直接影响了主体人格的建构。郭象提出独化理论，为玄学圣人人格与士人现实人格奠定了基础。郭象的理想人格，除继承先贤所说的无为顺有、与化为体之外，还从自己的理论体系中设计了顺任性分、“常游外以弘内”的圣人人格，这也是与现实人格联系得最为紧密的。这种玄学人格的实践主要反映在士人的玄心、任真与接物上。东晋南朝士人对名教与自然的取舍与偏重，造就了独特的仕隐趣味与山水趣味，产生了“得意”与“自适”的精神追求，进而影响到文学、绘画等的审美趣味和价值观念。宗炳在《画山水序》中提出“澄怀观道”“畅神”等观点，将士人之玄心转变为审美能力，接物方式转变为审美体验。他还明确提出了“人是精神物”的观点，强调主体精神的重要性。士人的“自适”也在审美领域有所延展，自适所获得的审美愉悦成为南朝绘画创作与批评的目标，在精神境界与感官愉悦上都有体现，推动了南朝艺术“自娱”“娱人”“悦目”“悦情”价值论的发展进程。艺术作品的创作与鉴赏活动不仅可以“畅神”，亦可以悦目悦情、悦心悦意以达“自适”。

再次，玄学的思维方式从内在理路上引导了东晋南朝文艺批评方式的转变。从何晏开始，玄学在确立了以无为本的本体论基础之上，开始积极探索本末关系。王弼将本体论整体思维运用到自己的体系中，以崇本息末的命题解释本末之间的关系，并以体及用、由用及体反复循环论证，将现象与本质紧密联系在一起。这不仅将抽象思维与具体事象统一于一体，两不偏废，也为哲学的高度思辨与艺术的直观把握的统一提供了可能。在本末体用思维的影响下，东晋南朝文艺批评中也多运用此种思维方式进行理论阐释。葛洪讨论文德关系，王微《叙画》探讨绘画创作的本质与技巧，从“体”与“技”的方面讨论山水画的艺术创作与欣赏。齐梁文学批评中，士人多以《周易》对天文、人文的论述来讨论文学本质；刘勰的《文心雕龙》以本末关系论证人文与自然的融合，并用本末体用的思维构建全书体系。而在“才性”“情性”范畴的发展过程中，体用思维发展了才与性、情与性的关系，在文艺批评领域中开拓出更深远的思维空间与审美空间。

此外，辨名析理的思维方式始终贯穿于玄学思想体系之中，是玄学从政治领域向抽象精神转变的途径之一。名理作为逻辑学方法，是王弼构建其哲学体系的重要方法之一，它同时又在理论层面上进一步提升了玄学的思辨境界。辨名析理的思维方式不仅影响了南朝的注经方式，也启发了南朝文艺批评的论证方法。刘勰《文心雕龙》中无论从整部论著的结构安排，还是具体内容的分析方式，都暗含着辨名析理的思维方式。他以“位理定名”为主要原则，根据“理”而确定各篇之名序，作为文章的总体思路；在对文体的具体讨论中，刘勰由文体之“名”论及各文体之“实”，并对相关作家作品予以评析，阐释对文体特征的看法，形成了内涵丰富的文体论体系。

而言意之辨促使南朝文学批评凸显其精神境界，并重视大义、幽旨的获得。在体道的基础之上，南朝士人重新讨论“意象”理论，强调“意”的本质意义，注重意象的产生过程中主客体之间的交互关系，以及言辞在意象生成中的重要作用。在具体的意象批评中，“意”由内心形象外化为可感知的形象，形成内外的统一。人物意象与自然意象的使用使得各个艺术门类能够相互对话、相互融通，其具体物象承载着内部深蕴的“意”，是人们在审美体验中获得精神超越的重要津梁。

最后，玄学趣味特别是清谈趣味影响了东晋南朝文艺批评的审美风尚。东晋时期的清谈反映了士人智悟境界与艺术境界的变化，从清谈目的的求通到攻难，从清谈言辞的简切到才藻，从剖玄析理的审美到对意气的激赏，士人的智悟与艺术表达形成了一种微妙的契合。而清谈中亦反映了士人的诗赋观念与批评方式，特别是清谈中士人对于音韵美的欣赏，进一步推进了东晋南朝文艺批评讨论声律的浪潮。此外，玄学趣味对南朝文艺批评的审美形态产生了深远的影响，最典型的即“自然论”新义的阐释。“自然”在王弼与郭象思想中的分野，使得天真素朴之自然与文采藻饰之自然皆出现在文论思想当中，尤以刘勰、钟嵘所受影响最深。郭象以“自性”“自任”“自为”来阐释自然，对审美上的纯素作了重新的定义。因此，文学中的人为因素也被笼括进自然论之中，表现为文之构思、情感、选体、文势、修辞等各个方面，以自然为高。此外，在玄学趣味与文学自身发展规律的共同影响下，南朝文学批评中出现由“清”向“清丽”的审美理想的转变，亦表现了士人对玄言诗清淡无味的反思，也凸显了南朝文学之“折衷”思想。

要之，玄学在东晋南朝时期，其本身逐渐内化为士人群体甚至整个社会的精神背景，从思致走向审美。在士人逐渐以文学和艺术为新的趣味的时代，玄学退居儒学之下重新成为多元思想格局中的一方，但它对时代文艺批评中各个方面都产生了深远的影响。玄学具象于艺术，赋予其深度和灵魂，而艺术则表现玄学，呈现出活泼泼的生命形态。玄学促进了中国文艺批评史的转折，也塑造了东晋南朝文艺批评的基本品格。

参考文献

古代典籍

（汉）班固：《汉书》，中华书局1962年标点本。

陈伯君校注：《阮籍集校注》，中华书局1987年版。

陈鼓应：《老子注译及评介》，中华书局1984年版。

（晋）陈寿撰，陈乃乾校点：《三国志》，中华书局1959年标点本。

（宋）陈思编撰，崔尔平校注：《书苑菁华校注》，上海辞书出版社2013年版。

（清）陈祚明评选，李金松点校：《采菽堂古诗选》，上海古籍出版社2008年版。

（南朝宋）范晔撰，（唐）李贤等注：《后汉书》，中华书局1965年点校本。

（唐）房玄龄等：《晋书》，中华书局1974年点校本。

伏俊琏：《人物志译注》，上海古籍出版社2008年版。

（清）郭庆藩撰，王孝鱼点校：《庄子集释》，中华书局1961年版。

（宋）郭思编，杨伯编著：《林泉高致》，中华书局2010年版。

何宁：《淮南子集释》，中华书局1998年版。

黄晖：《论衡校释》，中华书局1990年版。

黄节：《谢康乐诗注·鲍参军诗注》，中华书局2008年版。

（南朝梁）皇侃撰，高尚榘校点：《论语义疏》，中华书局2013年版。

（清）黄叔琳注，李详补注，杨明照校注拾遗：《增订文心雕龙校注》，中华书局2000年版。

（晋）慧远著，张景岗点校：《庐山慧远大师文集》，九州出版社2014年版。

（三国魏）嵇康撰，戴明扬校注：《嵇康集校注：典藏本》，中华书局2016年版。

黎翔凤撰，梁运华整理：《管子校注》，中华书局2004年版。

（唐）李延寿：《南史》，中华书局1975年点校本。

（清）刘大櫆著，舒芜校点：《论文偶记》，人民文学出版社1959年版。

（南朝梁）刘勰著，范文澜注：《文心雕龙注》，人民文学出版社1958年版。

（南朝梁）刘勰著，詹锳义证：《文心雕龙义证》，上海古籍出版社1989年版。

（南朝宋）刘义庆著，（南朝梁）刘孝标注，余嘉锡笺疏，周祖谟、余淑宜、周士琦整理：《世说新语笺疏》，中华书局2007年版。

逯钦立辑校：《先秦汉魏晋南北朝诗》，中华书局1983年版。

（晋）陆云撰，黄葵点校：《陆云集》，中华书局1988年点校本。

（唐）欧阳询撰，汪绍楹校：《艺文类聚》，上海古籍出版社1982年版。

（清）阮元校刻：《十三经注疏》，中华书局1980年版。

（东晋）僧肇著，张春波校释：《肇论校释》，中华书局2010年版。

（南朝梁）沈约著，陈庆元校笺：《沈约集校笺》，浙江古籍出版社 1995 年版。
（南朝梁）释慧皎撰，汤用彤校注，汤一介整理：《高僧传》，中华书局 1992 年版。
（南朝梁）释僧祐撰，李小荣校笺：《弘明集校笺》，上海古籍出版社 2013 年版。
（南朝梁）释僧祐撰，苏晋仁、萧炼子点校：《出三藏记集》，中华书局 1995 年版。
（汉）司马迁撰，（宋）裴骃集解，（唐）司马贞索引，（唐）张守节正义：《史记》，中华书局 2014 年修订本。
（宋）司马光：《资治通鉴》，中华书局 2011 年标点本。
（清）沈德潜著，霍松林校注：《说诗晬语》，人民文学出版社 1979 年版。
（南朝梁）沈约：《宋书》，中华书局 1974 年点校本。
（清）苏舆撰，钟哲点校：《春秋繁露义证》，中华书局 1992 年版。
（清）汤球辑，杨朝明校补：《九家旧晋书辑本》，中州古籍出版社 1991 年版。
汪荣宝撰，陈仲夫点校：《法言义疏》，中华书局 1987 年版。
（魏）王弼注，楼宇烈校释：《老子道德经注校释》，中华书局 2008 年版。
（魏）王弼著，楼宇烈校释：《王弼集校释》，中华书局 1980 年版。
王利器：《颜氏家训集解》，中华书局 1996 年版。
王明：《抱朴子内篇校释》，中华书局 1986 年版。
王明编：《太平经合校》，中华书局 2014 年版。
（清）王先谦撰，沈啸寰、王星贤点校：《荀子集解》，中华书局 1988 年版。
（唐）魏征、令狐德棻：《隋书》，中华书局 1973 年点校本。

（南朝梁）萧统编，（唐）李善注：《文选》，上海古籍出版社1986年标点本。

（南朝梁）萧绎撰，许逸民校笺：《金楼子校笺》，中华书局2011年版。

（南朝梁）萧子显：《南齐书》，中华书局1972年点校本。

（南朝齐）谢赫撰，王伯敏标点注释：《古画品录》，人民美术出版社1959年版。

（南朝齐）谢朓著，曹融南校注集说：《谢宣城集校注》，上海古籍出版社1991年版。

（汉）许慎撰，（清）段玉裁注：《说文解字注》，上海古籍出版社1981年版。

（东汉）荀悦，（东晋）袁宏撰，张烈点校：《两汉纪》，中华书局2017年版。

（清）严可均辑：《全上古三代秦汉三国六朝文》，中华书局2017年版。

杨伯峻：《列子集释》，中华书局1985年版。

杨明照：《抱朴子外篇校笺》（上），中华书局1991年版。

杨明照：《抱朴子外篇校笺》（下），中华书局1991年版。

（唐）姚思廉：《梁书》，中华书局1973年点校本。

（唐）姚思廉：《陈书》，中华书局1972年点校本。

（南朝陈）姚最撰，王伯敏标点注释：《续画品录》，人民美术出版社1959年版。

俞剑华标点注译：《宣和画谱》，人民美术出版社2017年版。

张少康集释：《文赋集释》，人民文学出版社2002年版。

张涛译注：《列女传译注》，人民出版社2017年版。

（唐）张彦远：《历代名画记》，中华书局1985年版。

张志烈等校注：《苏轼全集校注》，河北人民出版社2010年版。

（清）赵翼著，王树民校正：《廿二史札记校正》，中华书局2013年版。
（南朝梁）钟嵘撰，曹旭集注：《诗品集注》，上海古籍出版社1994年版。
［日］吉川忠夫等编：《真诰校注》，朱越利译，中国社会科学出版社2006年版。

论著

蔡彦峰：《玄学与魏晋南朝诗学研究》，人民文学出版社2013年版。
曹旭：《诗品研究》，上海古籍出版社1998年版。
陈寅恪：《陈寅恪集·金明馆丛稿初编》，生活·读书·新知三联书店2001年版。
陈寅恪：《陈寅恪集·金明馆丛稿二编》，生活·读书·新知三联书店2001年版。
冯友兰：《三松堂全集》第9卷，河南人民出版社2001年版。
冯友兰：《贞元六书》，中华书局2014年版。
郭绍虞：《中国文学批评史》，商务印书馆2010年版。
郭绍虞主编：《中国历代文论选》，上海古籍出版社1979年版。
侯外庐：《中国思想通史》第3卷，人民出版社2011年版。
胡经之：《文艺美学》，北京大学出版社1989年版。
黄侃：《文心雕龙札记》，上海古籍出版社2006年版。
黄霖：《文心雕龙汇评》，上海古籍出版社2005年版。
黄应全：《魏晋玄学与六朝文论》，首都师范大学出版社2004年版。
孔繁：《魏晋玄学与文学》，中国社会科学出版社1987年版。
李戎：《始于玄冥 反于大通——玄学与中国美学》，花城出版社 2000 年版。
李泽厚、刘纲纪：《中国美学史（魏晋南北朝编）》，安徽文艺出版社 1999 年版。
刘运好：《魏晋哲学与诗学》，安徽大学出版社 2003 年版。
卢盛江：《魏晋玄学与文学思想》，南开大学出版社 1994 年版。
罗宗强：《魏晋南北朝文学思想史》，中华书局 2006 年版。
罗宗强：《玄学与魏晋士人心态》，浙江人民出版社 1991 年版。
缪钺：《冰茧庵丛稿》，上海古籍出版社 1985 年版。
牟宗三：《才性与玄理》，吉林出版集团有限责任公司 2010 年版。
皮元珍：《玄学与魏晋文学》，湖南人民出版社 2004 年版。
钱穆：《国史大纲》，商务印书馆 2010 年版。
任继愈主编、孔繁等撰：《中国哲学发展史：魏晋南北朝》，人民出版社 1988 年版。
盛源、袁济喜：《六朝清音》，河南人民出版社 2000 年版。
舒大刚主编：《儒学文献通论 上》，福建人民出版社 2012 年版。
苏保华：《魏晋玄学与中国审美范式》，社会科学文献出版社 2013 年版。
汤一介：《郭象与魏晋玄学》增订本，北京大学出版社 2000 年版。
汤用彤：《汉魏两晋南北朝佛教史》，商务印书馆 2015 年版。
汤用彤：《魏晋玄学论稿》增订版，生活·读书·新知三联书店 2009 年版。
唐翼明：《魏晋清谈》，人民文学出版社 2002 年版。
万绳楠整理，陈寅恪著：《魏晋南北朝史讲演录》，黄山书社 2000 年版。
王晓毅：《郭象评传》，南京大学出版社 2006 年版。

王晓毅：《王弼评传》，南京大学出版社 2011 年版。
王振复：《中国美学史教程》，复旦大学出版社 2004 年版。
王钟陵：《中国中古诗歌史》，江苏教育出版社 1988 年版。
王瑶：《中古文学史论》，北京大学出版社 1986 年版。
王运熙：《文心雕龙探索》，上海古籍出版社 1986 年版。
王运熙、顾易生主编：《中国文学批评通史》，上海古籍出版社 2007 年版。
徐复观：《中国艺术精神》，华东师范大学出版社 2001 年版。
徐国荣：《玄学和诗学》，中国社会科学出版社 2004 年版。
许抗生等著：《魏晋玄学史》，陕西师范大学出版社 1989 年版。
叶朗：《中国美学史大纲》，上海人民出版社 1985 年版。
叶朗主编：《中国历代美学文库（魏晋南北朝卷）》，高等教育出版社 2003 年版。
余敦康：《魏晋玄学史》，北京大学出版社 2016 年第 2 版。
袁济喜：《六朝美学》，北京大学出版社 1989 年版。
袁济喜：《中古美学与人生讲演录》，广西师范大学出版社 2007 年版。
袁济喜：《魏晋南北朝思想对话与文艺批评》，中国人民大学出版社 2011 年版。
袁济喜、何世剑、黎臻：《中国艺术批评通史（魏晋南北朝卷）》，安徽教育出版社 2015 年版。
章太炎撰，陈平原导读：《国故论衡》，上海古籍出版社 2019 年版。
张伯伟：《中国古代文学批评方法研究》，中华书局 2002 年版。
张海明：《玄妙之境：魏晋玄学美学思潮》，东北师范大学出版社 1997 年版。
张可礼：《东晋文艺综合研究》，山东大学出版社 2009 年版。

张少康：《文心与书画乐论》，北京大学出版社 2006 年版。
赵敏利、吴思敬主编，钱志熙著：《中国诗歌通史：魏晋南北朝卷》，人民文学出版社 2012 年版。
钟仕伦：《〈金楼子〉研究》，中华书局 2004 年版。
钟仕伦、刘敏等：《中古宗教与自然审美》，商务印书馆 2012 年版。
钟仕伦：《南北文化与美学思潮》，四川大学出版社 1995 年版。
钟仕伦主编：《魏晋南北朝美育思想研究》，中国社会科学出版社 2006 年版。
朱光潜：《朱光潜全集》，安徽教育出版社 1997 年版。
宗白华：《宗白华全集》，安徽教育出版社 1994 年版。
［德］瓦格纳：《王弼〈老子注〉研究》，杨立华译，江苏人民出版社 2009 年版。

期刊论文

蔡彦峰：《玄学"言意之辨"与陆机〈文赋〉的理论建构》，《文艺理论研究》2009 年第 2 期。
陈道贵：《从佛教影响看晋宋之际山水审美意识的嬗变——以庐山慧远及其周围为中心》，《安徽大学学报》2000 年第 3 期。
程丽芳：《玄学语境中的诗性人格建构——论郭象的玄学思想与东晋士人的诗性人格》，《社会科学家》2010 年第 10 期。
何善蒙：《魏晋情论》，光明日报出版社 2007 年版。
贾明：《〈文心雕龙〉中对言意关系的认识——兼论"言不尽意"》，《上海师范大学学报》（哲学社会科学版）1999 年第 3 期。
蒋寅：《古典诗学中的"清"概念》，《中国社会科学》2000

年第 1 期。
李昌舒：《郭象哲学与山水自然的发现》，《复旦学报》（社会科学版）2006 年第 2 期。
林伟：《“秀骨清像”中的玄学“风度”——从佛教造像看魏晋玄学对佛教思想的影响》，《江苏社会科学》2007 年第 1 期。
刘国祥、何燕：《简论魏晋玄学与文艺批评》，《广西大学学报》（哲学社会科学版）2007 年第 1 期。
刘敏：《从“冥神”到“畅神”——论佛教与魏晋审美精神自觉》，《文史哲》2014 年第 1 期。
刘敏：《从畅玄到畅神：道教对魏晋审美精神自觉的推动作用》，《四川师范大学学报》（社会科学版）2017 年第 5 期。
刘运好：《论“迹”与“所以迹”郭象本体论诗学》，《苏州大学学报》（哲学社会科学版）2016 年第 1 期。
刘运好：《玄学性情论与魏晋诗学之关系》，《江海学刊》2017 年第 1 期。
王建国：《清谈风尚与东晋南朝文学之演进》，《江汉论坛》2014 年第 8 期。
王玫：《道玄思想与六朝以“清”为美的意识》，《厦门大学学报》（哲学社会科学版）2006 年第 2 期。
王晓毅：《般若学对西晋玄学的影响》，《哲学研究》1996 年第 9 期。
王晓毅：《浅论魏晋玄学对儒释道的影响》，《浙江社会科学》2002 年第 5 期。
徐梅：《人论到文论：魏晋“才性之辨”与〈文心雕龙〉的理论建构》，《南昌大学学报》（人文社会科学版）2013 年第 5 期。

杨鉴生:《王弼〈易注〉的文学价值》,《晋阳学刊》2010年第5期。

袁昌丽:《"清":六朝人才性美、情感美完满而澄明的显现——六朝美学范畴"清"的内涵研究》,《云南民族大学学报》(哲学社会科学版)2009年第4期。

袁济喜:《王弼的阐释智慧与六朝文论》,《江海学刊》2006年第1期。

袁济喜:《汉末魏晋以"清"为美探源》,《中国人民大学学报》2016年第1期。

张恩普:《才性评析与中古文论的"文品"理论》,《东北师范大学学报》(哲学社会科学版)2007年第6期。

张海明:《玄学本体论与魏晋六朝诗学》,《文学评论》1997年第2期。

张兰芳:《中国古代"意象化"风格品评的发展脉络》,《南京艺术学院学报(美术与设计)》2017年第1期。

赵树功:《论"才为盟主"、"以气为主"的整合与文学自觉的标准》,《文艺理论研究》2008年第1期。

钟仕伦:《"人是精神物"与晋宋之际自然审美观的形成》,《北京大学学报》(哲学社会科学版)2010年第4期。

钟仕伦:《王弼的"自然"说与魏晋自然审美观的发展》,《社会科学研究》2011年第5期。

朱志荣:《〈文心雕龙〉的意象创构论》,《江西社会科学》2010年第1期。

后记

宗白华先生曾在《论〈世说新语〉和晋人的美》中谈到，晋人的美的理想，是显著的追慕着光明鲜洁、晶莹发亮的意象。从夏侯太初“朗朗如日月之入怀”始，有王孝伯“濯濯如春月柳”，司马道万“轩轩如朝霞举”，许玄度“清风朗月”，谢氏子弟“芝兰玉树”，一个个士人犹如不断闪亮的光点，在数百年的幽深长夜中，如浩瀚星空。在魏晋南北朝时期，玄学赋予这个时代的，也是一片清新的光亮，它在士人的思想、生活、人生、艺术等各个领域中清露晨流。借用谢太傅评褚季野的赞语“四时之气备焉”，玄学的内部可备四时之气，亦可备四方之气。其中有如冬之幽微肴赜，又有如春之花烂映发；有庙堂之雅人深致，又有山林之漱石枕流，缤纷风景让人绝倒。

魏晋玄学是一个复杂的研究话题，它与文艺的圆融又呈现出诸多形态，其个中因素相互勾连，就我自身的学力而言实是很难明白表出。我自 2017 年进入博士后研究工作开始便关注魏晋玄学与东晋南朝文艺批评的研究，在合作导师钟仕伦教授的指导下确立了这个选题并开始写作，完成了出站报告。后又在此基础之上进行增删修改，最终完成了本书。付梓之时我自觉仍有一些问题未能完满解决，只待后续的进一步探究。本书也期待诸位方家赐教。

从本书的撰写、修订到完稿，钟仕伦教授给予了密切关注和辛勤指导，不辞辛劳反复改稿，在 2022 年冬月饱受疫情之苦的环境下，仍然拨冗为本书作序；博士后出站答辩时，答辩委员会郭齐教授、刘敏教授、董志强教授、李凯教授、李天道教授指出了出站报告稿中的问题，并为下一步的修订提出了诸多修改意见；我的老师袁济喜教授、师兄李俊教授、同侪肖砚凌副教授也对我鼓励鞭策，让我颇受教益。我的研究生柯凯凯、冯琪琪、杜沁、李鹏程帮助我仔细校核原文，调整格式。出版社编辑杨康博士也反复审定书稿，为最后完稿、出版提供了诸多帮助。此外，本书的出版得到了四川师范大学文学院的全额资助。在此一并致以最深的谢意！

黎　臻

2023 年 3 月于成都